Anuncia Freud a María

Gelsys García
Anuncia Freud a María

Cartografía bíblica del teatro cubano

© Gelsys García, 2017
© Fotografía de cubierta: W Pérez Cino, 2017
© Bokeh, 2017
  Leiden, NEDERLAND
  www.bokehpress.com

ISBN 978-94-91515-74-3

All rights reserved. Without limiting the rights under copyright reserved above, no part of this book may be reproduced, stored in or introduced into a retrieval system, or transmitted, in any form or by any means (electronic, mechanical, photocopying, recording or otherwise) without the written permission of both the copyright owner and the author of the book.

Prólogo | Gelsys García 7
El Cristo | Jorge del Busto [1948] 17
Jesús | Virgilio Piñera [1948] 59
Anuncia Freud a María | Niso Malaret [1956] 105
Auto de la estrella | Eugenio Florit [1941] 127
Los mangos de Caín | Abelardo Estorino [1965] 139
Otra vez Jehová con el cuento de Sodoma | José Milián [1967] . . . 161
La noche | Abilio Estévez [1994] 193
El dado Job | Ulises Cala [1996] 251
Yo, Judas | Gloria Maité Hernández Domenech [2002] 259
Daniel y los leones | Maikel Rodríguez de la Cruz [2006] 267
Sangre | Yunior García Aguilera [2006] 305
Epifanía del cangrejo | Reinaldo Montero [2016] 339

Prólogo
Gelsys García

Al contactar a uno de los dramaturgos antologados en este volumen, su respuesta inicial fue: «Mi obra no es un drama bíblico. ¿Usted se lo ha leído? No se deje engañar por el título». A primera vista, el rótulo «teatro o drama bíblico» hace pensar quizá en los papeles de una fervorosa monja (tal vez de la propia Hrosvita) o en los niños de la catequesis o en la representación navideña que contempla toda la parroquia extasiada.

En la bibliografía en español son pocos los investigadores que emplean este término. De hecho, hay una tendencia a rehuir a definiciones y clasificaciones. Están esos tres volúmenes imprescindibles para atestiguarlo: *La Biblia en la literatura española* (2008), *La Biblia en el teatro español* (2012) y *La Biblia en la literatura hispanoamericana* (2016). Sin embargo, es innegable la gran cantidad de autores que han subtitulado sus piezas como «episodio bíblico», «cuadro bíblico», «drama bíblico o sacro-bíblico»… Si para los estudiosos no está muy clara la existencia de un género o subgénero teatral (el bíblico), para los dramaturgos sí.

En otras lenguas no solo se emplea el rótulo sin miramientos, sino también se le define. *Biblischen Drama, Bibeldrama, biblical drama, dramaty biblijne, drames bibliques, théâtre biblique, dramma biblico, teatre bíblic*: todos se refieren a un tipo específico de manifestación medieval, que partía del texto bíblico y lo adaptaba a las circunstancias de la época del autor, realizaba variaciones del original sagrado, en aras del entretenimiento y de ganarse la atención del público. Ya desde el principio de la Edad Media esas variaciones se hicieron famosas, como la del vendedor de perfumes con el que se encuentran las tres María de camino al sepulcro, el diablo que asume la forma de un pirata o un moro, el Mesías convertido en una oveja en pañales puesta en una cuna por un pastor. Sin embargo, este teatro bíblico siempre termina reverenciando la Palabra de Dios como autoridad o, en otros casos, es expresa muestra de la fe o parte de la liturgia, remanente del rito.

El tema bíblico no se detiene en la Edad Media. En los siglos posteriores, los dramaturgos regresan a ese mito fundacional. Son las piezas teatrales y los dramaturgos los que nos obligan a buscar un concepto abarcador que se ajuste a sus creaciones. El mito bíblico ha seguido el mismo itinerario que el clásico: ha sido reescrito y vuelto a conjurar durante siglos, pero en algún punto parece que los estudiosos se han olvidado de él. Los helenistas y latinistas se han encargado de las Electra y las Fedra, pero el drama bíblico se ha perdido en un mundo secularizado en el que la Biblia es el detestable libro que te enseñan en el colegio (o en el catecismo) o un manual que recitan de memoria algunos fanáticos que van de puerta en puerta.

Cuando Virgilio Piñera, por ejemplo, escribe su *Jesús*, es evidente que parodia la pasión y muerte de Jesucristo, que la reescribe y connaturaliza. Y a nadie se le ocurriría representarla el Viernes Santo. ¿Deja de ser bíblica la obra de Piñera porque es irreverente y heterodoxa? ¿Porque no es mística? ¿Tiene que ser el teatro bíblico una manifestación cuyo receptor por excelencia es la señorona de sombrero dominical y escapulario?

¿Qué entender, entonces, por teatro bíblico? Se trata de esbozar un concepto claro que no se torne inaprensible, pues el imaginario y la literatura occidental están plagados de constantes guiños, citas, parodias y alusiones a la Biblia. Hay que restringir y evitar lecturas paranoicas. Cada ocasión en que un personaje repita admirativamente *¡Dios mío! ¡Dios mío!*, ¿estará evocando al salmista o siempre rememorará el antológico salmo: «¡Dios mío! ¡Dios mío, ¿por qué me has abandonado...?!»? ¿Cada vez que se mencione la palabra «Dios» hay necesariamente un intertexto bíblico, un drama bíblico? ¿Cualquier personaje de nombre María o Jesús estaría forzosamente aludiendo a los de la religión cristiana? Sería delirante leer así, se trataría de una suerte de pesquisa infinita. El tipo de lectura indetenible que hay en el mosaico de Kristeva, la máquina perturbadora de sentido de Laurent Jenny, los ecos infinitos de Eco, la biblioteca de Grivel, el laberinto de espejos de Barth, la angustia bloomsiana.

El drama bíblico se define por construirse a partir de la relectura del mito, es un teatro intertextual. Personajes, temas, motivos y argumento proceden del pre-texto. Toma la Biblia no como una cita causal, sino como el intertexto central que irradia nuevas y antiguas lecturas e interpretaciones. Actualiza la historia, la caracterización de los personajes, el mensaje salvífico. No es aquel donde se hallen algunos guiños o referencias bíblicas, una cita o un personaje incidental, sino donde la Biblia es el pre-texto (texto de partida/ de origen, en el sentido de Pfister, Plett y Zumthor).

El teatro bíblico es, también, aquel cuyos personajes son parodias (en el sentido de Hutcheon), reescrituras de los del libro sagrado. Su tema siempre procede del Antiguo y el Nuevo Testamento (desde Adán y Eva, David y Saúl hasta la vida de Cristo y la parusía), lo que excluye tópicos como los relativos a la hagiografía, personajes como Mefistófeles (motivo puesto en boga por Goethe), la tríada monástica cristiana (conformada por monjas, sacerdotes y frailes), procesiones, confesión de pecados y ángeles (salvo los que se ciñan a las apariciones bíblicas: el ángel de la Anunciación o el que habla a Lot). Estos últimos tópicos se sabe que forman parte del drama religioso, pero no así del bíblico. En cuanto al cronotopo, el dramaturgo tendrá libertad de elección y, además, podrán aparecer otros personajes que no procedan de la Biblia (siempre como caracteres incidentales y no como protagónicos).

En fin, es bíblica toda pieza que se construye sobre el intertexto bíblico que puede ser argumental o puede basarse en la reutilización de personajes o motivos bíblicos, que serán actualizados o connaturalizados por el autor y que propondrán una lectura bajtiniana y polifónica. Por ello, se hablará de texto *actualizado* cuando un texto del pasado sea leído (re-escrito) en el presente, cuando en el teatro la Biblia sea un pretexto para hablar de la realidad o viceversa.

Dentro de esta amplia definición ya no hay espacio para aquellas obras que reproducen el texto sagrado sin introducir variaciones o se adaptan con fines religiosos y catequéticos –piezas que no tienen relevancia para los estudios literarios ni persiguen la literaturidad ni tienen finalidad estética ni acusan la presencia de una voz autoral–. Estos podrían llegar a ser dramas bíblicos: en el sentido en que emplean lo dramático (la acción) más el tema bíblico; pero en verdad son representaciones/ dramatizaciones de la Biblia: vertido de una historia en un guion, con personajes, parlamentos y acotaciones.

En el caso de Cuba, lo bíblico en el teatro no ha sido estudiado con detenimiento. En nuestra dramaturgia es posible delinear algunos tópicos que retornan una y otra vez. De los clásicos han sido traídos a escena sus heroínas y otros argumentos por Antón Arrufat (*Los siete contra Tebas*), Abelardo Estorino (*El tiempo de la plaga* que toma como referente *Edipo rey*), José Triana (*Medea en el espejo*), Reinaldo Montero (*Medea*), Norge Espinosa (*Ícaros*), Flora Lauten y Raquel Carrió (*Bacantes*), hasta llegar a los novísimos dramaturgos Yerandy Fleites (*Antígona, Un bello sino, Electra, Retrato de Ifigenia triste, Jardín de héroes*) y Maikel Rodríguez de la Cruz (*Medea reloaded*).

El tema afrocubano comienza su prolífico y popular devenir en las tablas cubanas desde el siglo XX: *Tururí ñan ñan* de Carlos Montenegro; *Agullú-Solá, ondocó* de Paco Alfonso; *Tambores* de Carlos Felipe; *Juana Revolico* de Flora Díaz Parrado; *Yarí-yarí, Mamá Olúa* de Paco Alfonso; *Obá y Shangó, Obedí el cazador, Oshún y las cotorras* y *María Antonia* de Eugenio Hernández Espinosa; *Santa Camila de La Habana Vieja* de José R. Brene, entre muchas otras.

Hay una preocupación por el pasado precolombino que se refleja en *Agüeibaná* de Felipe Pichardo Moya, *Tragedia indiana* de Luis A. Baralt, *Biajaní* de José Cid y Dolores Martí, *El último areíto* de Sánchez Galarraga y *Hatuey* de Francisco Sellén. El tema de las guerras independentistas llega al teatro o desde las voces de los propios testigos o de los luchadores, como teatro mambí, o desde la perspectiva de las generaciones siguientes que comienzan a idealizar a todas las figuras de las luchas por la libertad. La lista al respecto es extensa: *La aurora de la Demajagua* de Gerardo L. Betancourt,

La protesta de Baraguá de Miguel A. Navarrete, *Ignacio Agramonte, caballero sin tacha* de Juan Domínguez Arbelo, etc.

Los telones descubren a personajes de obras literarias y escritores nacionales convertidos en entes de ficción. De Cecilia Valdés afirma Abelardo Estorino que *Parece blanca*, mientras que Norge Espinosa la confunde con *La virgencita de bronce*. Abelardo Estorino cuenta *La dolorosa historia del amor secreto de don José Jacinto Milanés*, mientras Gerardo Fulleda prefiere los *Delirios y visiones de José Jacinto Milanés*; Abilio Estévez devela *La verdadera culpa de Juan Clemente Zenea* y Salvador Lemis, la *Mascarada Casal*.

De los diversos tópicos recurrentes en la escena cubana, es destacable uno que puede hallarse ya desde el siglo XIX y que sigue un itinerario rastreable hasta hoy: la Biblia como fuente a la que acuden los teatristas para lograr esa imbricación entre tradición y actualidad es un hecho constatable desde 1835. Como mismo retornar Ochún y Electra, así también vuelven Adán y Eva, Abel y Caín, Daniel en el foso con los leones, Sodoma y Jesús.

En Cuba no se había hecho un estudio sistemático del teatro bíblico. El teatro cubano ha sido abordado por la crítica desde múltiples perspectivas que van desde los estudios historiográficos de la autoría de Rine Leal y los análisis de determinados momentos de la manifestación en el país como las aproximaciones al bufo y al guiñol de Esther Suárez Durán, hasta las investigaciones que trascienden el texto dramático y se ocupan de la puesta en escena, el público, la recepción y otros aspectos de la teatralidad como es el caso de *Trazados en el agua* de Omar Valiño y de *Festín de los patíbulos* de Abel González Melo o hasta miradas como las de Elina Miranda Cancela que se ha centrado en un aspecto temático (el clásico) y en su decursar en la escena nacional. Sin embargo, similares empresas no se habían llevado a cabo con el tópico bíblico. El drama bíblico era una voz callada, pero no por ello silenciosa; una voz que ha reclamado ser oída.

Ya en 1835 Heredia traducía el *Saúl* de Alfieri, en el que muy poco de creación y de ingenio propio había. Lo que sí se advierte es la voluntad autoral tras el motivo elegido: los desmanes monárquicos de Saúl remiten a los que sufre Heredia en carne propia, el anhelo de libertad de los personajes y el del autor es el mismo. La Avellaneda también habla en clave colonial cuando recurre a dos personajes veterotestamentarios. *Saúl* (1849) es una pieza monárquica que actualiza el mensaje veterotestamentario con un filicidio, con elementos del gusto romántico (una corte, intrigas amorosas, conspiraciones, augurios, pitonisas...) y con un alegato prohispánico: la corte española decimonónica es la davídica, la heredera de Cristo. En *Baltasar* (1856), la polifonía llega a ser contradictoria: la corona está simbolizada en Baltasar y en Joaquín. Baltasar encarna al tiránico gobierno español, mientras que el sufrido pueblo hebreo (representado por Rubén y Elda) es el cubano. El drama habla del triunfo del cristianismo, condena el paganismo, la esclavitud y la situación de la mujer.

En el siglo xx la lista de dramas bíblicos se hace más extensa. Muchos títulos sugieren la estrategia intertextual, pero no pasan de ser simples citas como *Eva* de Eugenio Sánchez de Fuentes, *El eterno Judas* de Flaviano González Sánchez, *Las piedras de Judea* y *María* de Ramón Sánchez Varona, entre otras. Un grupo de autores para niños, Eugenio Florit con sus tres autos navideños, *Siembra de amor* de Faustino Prado, Niso Malaret con su versión psicoanalítica de la anunciación y Jorge del Busto y Virgilio Piñera con sus particulares lecturas mesiánicas conforman la nómina del teatro bíblico antes de la Revolución.

A partir de 1959, la lista continúa engrosando nombres. En los sesenta, se localizan dos obras: *Los mangos de Caín* (1964) de Abelardo Estorino y *Otra vez Jehová con el cuento de Sodoma* (1967) de José Milián. El teatro de creación colectiva en Cuba deja una pieza, *El paraíso recobrao* [sic], que se vale del intertexto bíblico para desacreditar a los Testigos de Jehová. La Biblia no estará ajena a los cambios históricos que se operaban en las primeras décadas revolucionarias. *El paraíso recobrao* (1973) escrita por Albio Paz demuestra el estudio que en torno a los Testigos realizó el colectivo teatral. Desde 1973 hasta la década del noventa desaparece el teatro bíblico.

En 1996, el Estudio Teatral de Santa Clara traía *El lance de David* de Joel Sáez en la que otra vez David y Goliat servían de metáfora al enfrentamiento Cuba-Estados Unidos, pero la pieza no se conserva. El cuarto de siglo que va desde 1973 hasta 1999, solo deja dos obras bíblicas: *La noche* (1994) de Abilio Estévez y *El dado Job* (1996) de Ulises Cala. Casualmente en ambas coincide la figura bíblica principal. Para la situación de penas y de asfixia nacional y para la liberación sexual había un personaje que encajaba en los dos tópicos: Job (el sufriente y el sodomita).

Y con el siglo XXI hay una explosión del tópico. Los novísimos dramaturgos han escrito cuatro dramas bíblicos en un lapso de dos años: *Anestesia* (2006) de Agnieska Hernández, *Daniel y los leones* (2006) de Maikel Rodríguez de la Cruz, *Sangre* (2007) de Yunior García Aguilera y *Partagás* (2007) de Yerandy Fleites. Además, otros autores imposibles de encasillar en una generación o una estética publican cinco dramas más: *Cenizas de Ruth* (2003) y *Huellas de Caín* (2011) de Rubén Sicilia, *Yo, Judas* (2002) de Gloria Maité Hernández Domenech, *José de Nazaret* (2005) de Luis Carmona Ymas y *Epifanía del cangrejo* (2016) de Reinaldo Montero.

En esta antología se han agrupado doce obras. Doce sin ningún tipo de eco evangélico o con él. Solo una mujer, como una Magdalena en plena disputa entre los discípulos. Cuatro piezas fueron escritas antes del triunfo de la Revolución: dos recrean la natividad y las otras dos la pasión de Jesús. Por una parte, la natividad se presenta como juego del absurdo y como evocación poético-mística. María Duplassis pide a gritos un hijo, mientras los pastores de Florit encuentran la estrella que es el mesías mismo. Cristo muere dos veces: asesinado por ser un no-mesías, condenado a representar la puesta en escena de su crucifixión gracias a la alocada mente de su madre. Un Cristo del absurdo y otro pirandelliano.

Después de la Revolución, el drama bíblico se halla unido a ciertas necesidades e imperativos. Estorino emplea la familia genésica para condenar la moral burguesa y el pasado prerrevolucionario. Milián recrea una alianza entre Jehová y Abraham en un hospital de campaña en Vietnam. Ya en los noventa interesa ahondar en cuestiones más universales y menos contextuales. Ulises Cala habla de la condición sempiterna del sufrimiento humano: la vida como una condena jobiana; mientras Abilio Estévez traslada a los personajes al terreno de Eros y Tánatos.

A partir del año 2000 varias obras tratan el tópico bíblico. Hernández Domenech pone en escena a un Judas inocente. Rodríguez de la Cruz vuelve a los leones del libro de Daniel. El verdadero foso en que se halla Daniel es su país, un foso donde lo acosan los leones que no son más que su propia familia, las mismas personas que lo han querido: Pedro, Silvia, John; los leones también son los tabúes, el machismo insular, la muerte que ronda a Daniel y que se posesiona en altamar del cuerpo del balsero Jim, el recuerdo de su tío muerto en la guerra de Angola. En *Sangre*, García Aguilera recrea la primera plaga del Éxodo. David estéril, Judit suicida, Pablo homosexual, el aborto de la Sara violada, Débora víctima del cáncer y dama de blanco, Saúl asesino y violador, Isaac asesinado, Raquel lesbiana y revolucionaria. Un Almendares ensangrentado. Una transfusión, el aborto, la leucemia, el sida. Revolucionarios y disidentes, ateos y fanáticos religiosos, asesinos y violadores, homosexuales, asediados por la conciencia, estériles. El retrato de una Habana, de un país, que sangra por doquier, que ha de purificarse y renacer de sus heridas. En *Epifanía del cangrejo*, hay magos y un Jesús, pero ya nadie cifra sus esperanzas en ellos.

Esta antología va desde la natividad hasta la crucifixión. Dos autores representan la Pasión, otros dos la Anunciación y otros dos la destrucción de Sodoma. Desfilan desde María hasta Rebeca, desde Judas hasta Saúl. El crimen y la sangre parecen ser una marca omnipresente, nuestro sino. Sangra el Director en *El Cristo* y muere Jesús García a manos de un gánster. Muere Daniel producto del coma y su tío en la guerra y Jim en altamar devorado por los tiburones. Job asesina a su mujer. Se desangran Jehová y Abraham en un hospital de campaña. Fluye incesantemente la sangre de Sara, Débora, Judit, Isaac... Es la sangre del teatro cubano: ofrecida en un sacrificio ritual consumado en las tablas. El cuerpo y la sangre de Cristo. Amén.

El Cristo
Jorge del Busto

[1948]

A GUISA DE PRÓLOGO

El superbarbudo Shaw tiene la bonita costumbre de escribir jugosos prefacios a sus obras teatrales. Si mal no recuerdo, en el que corresponde a los Three Plays for Puritans *se da el gustazo de decir que él escribe esos prólogos por dos razones, muy convincentes: porque le da la gana y porque puede hacerlo. Esto parece el colmo de la inmodestia, pero G.B.S. demuestra seguidamente la sinrazón de la modestia y es lo bastante honrado para informarnos, por si no lo sabíamos, que no puede atribuirse la paternidad de esa costumbre, ya que Dryden hacía lo mismo en sus buenos (y malos) tiempos.*

Digo todo esto porque alguna que otra alma cándida pudiera pensar que trato de imitar al dramaturgo irlandés haciendo un prologuillo. Que yo sepa, G.B.S. no tiene la exclusiva de prólogos por sus autores, ni creo que se expidan patentes de ese tipo, pero la realidad descarnada es que solo deseo exponer unas ideas ligeras en torno a la pieza que sigue.

El título que le he dado es bastante común; me imagino que existen muchas obras de igual nombre, pero no tengo una lista a mano para darla a conocer. Lo que sí sé es que el manso Longfellow escribió un «misterio» con el mismo título. Lo de «farsita dramática» indica muy a las claras que es una obra breve; sin embargo, consta de tres actos, y esto me parece que pide una explicación.

En nuestra época atómica la gente trata decididamente de acortar todo para procurarse más tiempo que dedicar a otras cosas. Como, desgraciadamente, el día sigue teniendo veinticuatro horas y necesitamos «vivir» —o sea, hacer cincuenta cosas seguidas para agotarnos convenientemente, incluyendo el trabajo para subsistir, los pasatiempos y manías (léase «hobbies») para fastidiarnos, y las distracciones (cine y teatros, deportes y juegos) para estropearnos la vista, los músculos y el bolsillo—, por mucho que lo estiremos el tiempo no alcanza. De paso quiero decir que ya va siendo hora de hacerle una reformita al calendario, pues al cabo de tantos años como días tiene uno la gregoriana ha alcanzado el rango de anticuada.

Lo natural es que para «estar al día» acudamos al señor Morfeo y le hagamos una rebajita en las horas que a él dedicamos. Aunque al principio protesta enérgicamente, luego dice que a fin de cuentas no es él precisamente el que más se perjudica. Un nuevo Confucio (con perdón de Lin-Yutang) pudiera sugerir una filosofía apropiada para nuestros tiempos y demostrar el tremebundo error en que incurrimos los occidentales. Conste que el que esto escribe no desea «confucionar» a nadie...

Es por eso que esta obra es cortísima, para que haya tiempo suficiente para otros menesteres. Y tiene que ser así porque obras de párrafos tan bellos y de intelectualismo tan depurado como L'annonce faite á Marie *de Claudel o la* Electra *de Giraudoux (franceses, desde luego), se montan usando la tijera donosamente y así y todo observamos algún que otro discreto cabeceo femenino para alejar la modorra del verbo fluido que tan magnífico paralelo hace con el* melos *wagneriano.*

Mi farsita no tiene nada de importante; ni siquiera está bien hecha. De ahí el lema alla zoppa *que le puse al presentarla en un concurso donde se le concedió una mención honorífica.*

Sin hacerle ninguna modificación me he decidido a publicarla, porque a ciertas personas a quienes la di a leer les pareció tonta y desagradable y algunas de ellas, de intenso espíritu crítico, me hicieron notables objeciones. Esas personas cobayudas o cobayosas (el diccionario es parco en adjetivos y gusta de léxicos entecos e insípidos) me han confirmado en mi opinión de publicarse y así lo hago. Es mi primera obra de este género y tal vez sea la última, porque mis impulsos literarios no siguen siempre la misma dirección.

Para terminar, diré que hay un motivo en la farsita que puede parecer irrespetuoso a las personas de profundo sentido religioso. Me refiero a la introducción de personajes ficticios relacionados con la teología cristiana. Esto puede oler a sacrilegio si se siguen las doctrinas de San Pablo con una nariz absolutamente ortodoxa, pero si el lector se toma el trabajo de llegar al final verá que no hay tal intención y que el desenlace disipa las brumas religiosas.

Creo que es suficiente lo antes dicho. Si este prefacio es inadecuado, vendrá bien con la obra. En último caso, sugiero al lector que, como en la revista-zarzuela española, lo tome con seltz.

J.B.

Personajes

    La madre
    La tía
    La criada
    María
    Jesús
    Pedro
    Magdalena
    Un individuo
    Otro individuo
    Director
    Dos o tres espectadores

Primer acto

Comienzos de la segunda década de nuestro siglo. Sala de recibo de gente acomodada. Muebles, cuadros y adornos a discreción. En la pared del fondo una ventana y una puerta, que dan hacia el exterior, a la calle. A la izquierda otra puerta, que comunica con el resto de la casa.

La Madre y la Tía, ambas cincuentonas, están en escena, sentadas en un sofá, frente a la cuarta pared. La Madre, vestida con ropa oscura, gruesa, con ese aspecto entre respetable y aburrido que tienen muchas mamás, da muestras de estar algo nerviosa; hojea una revista apresuradamente, sin leerla. La Tía, también vestida de oscuro, es delgada y más bien alta, de carácter vivaz e inclinada a ver el lado humorístico de las cosas. Teje o cose por hacer algo.

La Madre y la Tía pudieran ser del mismo tipo (asténico o pícnico), pero creo que el contraste debe lucir mejor a los espectadores, si hay alguno.

MADRE. *(Abandonando la revista).* Hoy estoy preocupada por María, aunque sin saber por qué. Últimamente he venido notando en ella ciertos cambios de carácter algo bruscos, pero yo misma comprendo que eso no es motivo de preocupación. No me explico a qué se deberá esta zozobra mía.

TÍA. A alguna bobería que ha hecho tu hija como de costumbre, y que tú imaginas ser algo grave. No es la primera vez que te ocurre y, desgraciadamente, me temo que no sea la última. Eso es todo y nada más, como decía el cuervo.

MADRE. *(Con recelo).* ¿Qué cuervo?

TÍA. ¡Oh! Un cuervo muy hablador que repetía siempre esa frase. Parece que nunca le enseñaron otra.

MADRE. Déjate de cuervos ahora. Tú siempre estás de broma. Es una suerte tener ese carácter tuyo.

Tía. Si no fuera por él lo pasaría muy mal, teniendo en cuenta lo atractivo del ambiente familiar aquí y los enormes alicientes con que cuenta una solterona en nuestra sociedad...

Madre. ¿Quieres dejar el tema? En eso te pareces tú al cuervo de tu cuento. *(Breve pausa durante la cual la Madre toma la revista otra vez, la hojea y la deja de nuevo).* Tengo la impresión de que Mariita tiene algún problema que no me quiere confiar. Ella ha sido siempre una criatura de carácter muy dulce, casi angelical...

Tía. Claro, si hasta quería meterse a monja.

Madre. Tal vez hubiera sido mejor. Estoy convencida de que no deben frustrarse las vocaciones. Yo he sido un poco egoísta, pero tengo mi disculpa. Es difícil renunciar a una hija única.

Tía. De todos modos, tendrás que renunciar a ella cuando se case. ¿O esperas que la nueva familia fructifique aquí? Si hay algo de eso estimo que debes avisarme con tiempo.

Madre. *(Volviendo a su tema).* Una madre no se equivoca fácilmente. Estoy segura de que tú misma, a pesar de tus bromas y de tirarlo todo a guasa, has notado en el comportamiento de Mariita algo anormal *(rectificando ante la mirada medio asombrada de la Tía)*, bueno, yo diría simplemente algo raro. A veces me parece que tiene un sufrimiento oculto. No creo que sea por mi negativa a que profesara, porque ya hace un par de años de eso y después ha estado tan tranquila y satisfecha como si el incidente no hubiera ocurrido nunca. Ni siquiera lo ha vuelto a nombrar.

Tía. Me figuro que todo eso no es más que el resultado de su sentido místico. ¡No está haciendo una novena?

Madre. Sí, pero ha hecho muchas anteriormente sin que hubiera nada de particular. Yo la encuentro muy irritable, malhumorada... tiene gestos violentos que nunca ha tenido conmigo.

Tía. Naturalmente; los gestos violentos siempre se han reservado para la tía.

Madre. Hablo en serio. No sé qué pensarás, pero a veces cuando le hablo me mira de un modo extraño, como si no me comprendiera o como si su pensamiento estuviera ausente.

Tía. *(Abandonando su tono festivo).* Yo lo he notado también. No quise decirte nada para evitar alarmarte, pero me alegro de que lo hayas observado tú misma. Debe ser algo pasajero, naturalmente; la edad, los estudios, ¡quién sabe! De todos modos, para salir de dudas, yo creo que debemos llevarla a un médico.

Madre. ¡Luce tan saludable! María siempre ha sido una niña muy sana y su aspecto es excelente. No se ha quejado de nada y no creo que esté enferma como para llevarla a un médico.

Tía. No, ella luce bien y por lo mismo no debes preocuparte así. Tú sabes que hay muchas cosas que influyen en el carácter de las chicas, especialmente a esa edad. Tengo una idea vaga de que cuando yo tenía más o menos su edad soñaba con príncipes orientales como los que describían en las poesías y en los cuentos románticos y a veces me quedaba extasiada al oír a lo lejos el sonido argentino de las campanillas del corcel del príncipe soñado, que no recuerdo si era azul o carmelita, para volver luego a la dura realidad al darme cuenta de que era simplemente la campanilla de un vendedor de helados.

Madre. *(Poniéndose de pie y dando pasos de un lado a otro).* Hay algo de razón en todo eso. Las madres estamos siempre en acecho, temiendo un peligro imaginario que pueda afectar a nuestros hijos y que no nos deja vivir en paz. Yo he sido muy dichosa con mi hija y a veces tanta dicha me asusta. *(Se acerca a la ventana y mira).*

Tía. Oh, déjate de argumentos de novela de horror y misterio, que ya están pasados de moda. Eres la antítesis de tu marido. El pobre Juan sí era divertido, aunque la mayor parte de las veces la diversión era a costa mía. Me parece estarlo viendo todavía y decirle a Mariita, que apenas le comprendía: «Mariita, hija mía, no se te ocurra nunca quedarte soltera. Cásate de cualquier manera y luego veremos qué hacemos». La idea era que yo lo oyera, porque lo hacía expresamente con esa intención.

MADRE. *(Volviendo al sofá)*. Nunca fue un ejemplo de moralidad para su hija y yo traté de contrarrestar su influencia haciendo que Mariita se educase en un colegio religioso, aunque ya te he confesado que ha habido ocasiones en que me he arrepentido de haberlo hecho.

TÍA. No creo que debas darle más importancia a eso. Cuando nos la llevamos de temporada a la finca dejó de leer historias de santos, vírgenes y mártires y aprendió en cambio a montar a caballo. El contacto con la naturaleza le hizo mucho bien, pero lo que me parece más importante es que dejó de frecuentar a las amiguitas del colegio, que eran todas por el estilo de ella y cuyas conversaciones giraban continuamente alrededor de temas religiosos. Todavía, cuando algunas vienen de visita, al verlas juntas me parece que están aún en el colegio y que esperan ver la toca monjil de la maestra a cada momento.

MADRE. Hace tiempo de todo eso. Ella cambió mucho después. He titubeado mucho en darle libertad completa, pero tenía que hacerlo para oponer algo a su misticismo. En esta época de renovación es imprescindible que la mujer aprenda a moverse sola y conozca lo que es conveniente y lo que no lo es. Tú y yo estamos hoy aquí para aconsejarla, pero ¿quién estará mañana? He creído que sería peor exponerla de golpe a los vaivenes del mundo y he preferido que lo conozca poco a poco. La universidad y el trato con estudiantes le servirán de mucho, porque Mariita es una muchacha inteligente y que sabe adaptarse. Aunque esté sufriendo una prueba la transición no le será muy dolorosa. La juventud es flexible en sus ideas. De todos modos, siempre le quedará como una gran base moral la religión cristiana que le hemos enseñado.

TÍA. Sí, estoy de acuerdo con lo que dices. *(Pausa)*. Ya debía haber llegado. ¿Qué hora es?

MADRE. *(Mirando un supuesto reloj situado en la pieza contigua).*
Son más de las seis. Antes de esta hora suele estar de regreso. Claro que hay muchas cosillas que pueden haberla demorado.

TÍA. *(Sonriendo).* Un principio de galanteo, por ejemplo.

MADRE. Eres igual que tu hermano cuando hablas así. *(Muy seria).* Eso que dices vendrá después, naturalmente, pero estoy segura de que Mariita no piensa ahora más que en sus estudios.

TÍA. Y en su ropa. La he notado muy cuidadosa en estos días. Parece que quiere causar buena impresión.

MADRE. Es lógico que así sea, puesto que ha de rodearse de gente joven que estará bien arreglada.

TÍA. Así y todo, yo creo que ella debe tener ya algún enamorado. Una chica no se acicala así de la noche a la mañana por puro gusto. *(Ante un gesto de impaciencia de la madre).* No te sulfures, mujer; no es más que una suposición. Lógica detectivesca de buena calidad.

MADRE. Es que cuando tú dices algo casi siempre tienes algún motivo, aunque aparentemente hables en broma. *(Muy seria).* Y en este caso si hay alguno yo debo conocerlo.

TÍA. ¿Motivo? No, ninguno. Un muchacho —o dos—, tal vez tres, que hablen con Mariita de vez en cuando o que la acompañen hasta casa no quiere decir nada, absolutamente nada. Después de todo ella tiene suficiente edad y así se empieza... *(con un dejo de amargura)* o dicen que se empieza, porque yo no soy autoridad en la materia. *(Entra la sirvienta, que viste como todas las de su oficio, y se dirige a la madre).*

CRIADA. Son las seis y media, señora. ¿Voy preparando la mesa o esperamos a que llegue la señorita?

MADRE. Debe estar al llegar, de manera que puedes ir poniéndola. *(La fámula va a retirarse cuando la voz de la madre la detiene).* Oye. Yo no estaba aquí cuando ella salió. ¿Sabes si iba a la universidad?

CRIADA. Supongo que sí, porque llevaba unos libros. Pero no dijo una palabra. Además... *(Indecisa).*

MADRE. ¿Qué?
CRIADA. Puede ser que me equivoque, pero me pareció que había llorado.
MADRE. ¿Por qué?
CRIADA. Porque tenía los ojos hinchados, como cuando una llora.
MADRE. No te pregunto eso, sino por qué causa puede haber llorado.
CRIADA. Ah, no sé, señora; yo no me fijé más que en los ojos hinchados.
MADRE. Bueno, bueno. Ve a poner la mesa.
CRIADA. Sí, señora *(vase)*.
MADRE. *(Levantándose y yendo hacia la ventana).* No me explico por qué tarda tanto. *(A la tía).* ¿Notaste tú algo?
TÍA. ¿De qué? ¿Se trata de una nueva pista?
MADRE. Dice la sirvienta que parecía haber llorado. ¿Notaste algo?
TÍA. No. Yo estaba en el patio detrás de la casa ocupada con unas flores. Me gritó desde la sala «adiós, tía», como siempre hace, y no noté nada raro en su voz.
MADRE. Debe ser un error de la criada. Como todo lo hace al revés, puede haberse equivocado también.
TÍA. Sí, a lo mejor se estaba riendo y ella vio lo contrario. Esas cosas suelen suceder. *(Con entusiasmo).* Una vez vi un caballo desbocado corriendo calle abajo…
MADRE. *(Interrumpiéndola apresuradamente).* Ya me has contado eso varias veces.
TÍA. *(Enfriada).* Perdona, hermana.
MADRE. *(Volviendo a su tema).* Si lloró sería porque se daría algún golpe.
TÍA. Claro. Se llora cuando pasa algo, sea alegre o triste.
MADRE. Yo no lloro de alegría. Esas son cursilerías de novelas. *(Trata de concentrar de nuevo la atención en la revista, pero tras un breve silencio la deja y se pone de pie, nerviosa).* Ya debería estar aquí. *(La Tía se levanta y sale de la habitación, sin decir palabra, con muestras evidentes de cargarle la conversación).*

MADRE. *(Atisbando por la ventana).* Ah, menos mal. Ya era hora. ¡Y qué despacio viene! *(Alegre).* Ya está aquí. *(Va hacia la puerta que da a la calle y la abre. Entra María, delgada y pálida. Es muy joven y de mirada soñadora. Trae un vestido blanco, muy vaporoso, y unos libros al brazo).*
MARÍA. Buenas tardes, mamá. *(La besa maquinalmente).*
MADRE. Buenas, hijita. ¿Por qué has demorado tanto?
MARÍA. No sé. Debe ser la misma hora que todos los días. Nunca me fijo en la hora. *(Con desgano).* De todos modos, vamos a comer, ¿no?
MADRE. No me preocupo por eso, sino por ti.
MARÍA. *(Resignadamente).* Bueno.
MADRE. Parece que no tienes muchas ganas de hablar.
MARÍA. No.
MADRE. Me dijo Julia que cuando te fuiste le pareció que habías llorado. ¿Es cierto?
MARÍA. ¿Quién? *(Sin interés aparente).*
MADRE. Tú. Contéstame. ¿Te ha ocurrido algo?
MARÍA. No, nada. ¿Qué podía ocurrirme?
MADRE. Cualquier cosa. Puedes haberte dado un golpe, haber perdido algo, yo qué sé…
TÍA. Hay muchas cosas que quitan el apetito.
MARÍA. No tengo nada que perder. Ni que ganar tampoco.
TÍA. *(Entrando y oyéndola).* Filosófica estamos. ¿Qué estudiaste hoy? De fijo hubo alguna conferencia indigesta sobre las reacciones sensitivas del ratón ante las diferentes clases de quesos.
MARÍA. No era ese el tema, pero se parecía mucho.
TÍA. Te lo creo sin que lo jures.
MADRE. Bueno, lávate, que ya está puesta la mesa. Supongo que traerás apetito.
MARÍA. No, no ahora. Tal vez luego. *(Se deja caer en el sofá).*
MADRE. No me explico qué le pasa a esta muchacha. A su edad el apetito debe ser excelente y más después de haberse pasado toda la tarde estudiando.

TÍA. Hay muchas cosas que quitan el apetito.
MADRE. Déjate de indirectas ahora. No es el momento oportuno. Vamos, Mariita. *(Se adentra en la casa).*
TÍA. ¿Qué te pasa? Te encuentro de mal humor y bastante fea. ¿Te pegaron en la escuela? *(María la mira hoscamente, en silencio).* ¡Jesús! ¡Qué mirada más tétrica! ¿Quieres verte en un espejo? Pareces una actriz de película de miedo.
MARÍA. ¡Déjame! No estoy para bromas.
TÍA. Tú nunca estás para nada, como no sea para dar disgustos a tu madre. Tienes todo lo que necesitas; vives cómodamente, sin preocupaciones. No es justo que nos las des a nosotras. Hoy te has demorado más que de costumbre y tu madre estaba muy alarmada y yo, aunque lo disimulaba, más que ella, porque te conozco mejor.
MARÍA. *(Con el mismo desgano).* Nadie debe alarmarse por mí.
TÍA. Cuéntaselo a tu madre.
MARÍA. No es necesario. *(Con aire súbito de ausencia del ambiente).* No. Yo sigo mi vida y mi destino.
TÍA. *(Llevándose las manos a la cabeza).* Oh, el melodrama. ¿A qué viene eso ahora?
MARÍA. *(Sin mirarla).* No importa. No lo comprenderías. Hoy me he dado cuenta de muchas cosas que ni tú ni ella ni nadie comprenderían.
TÍA. *(Burlona).* ¿Sí? ¡Olé los cerebros privilegiados!
MARÍA. *(Seria).* Sí, nadie lo comprendería.
TÍA. Bueno, dígnate darme alguna explicacioncita; a lo mejor no soy tan obtusa como tú me crees y entiendo algo.
MARÍA. *(Violentamente).* Voy a tener un hijo.
TÍA. *(Asombrada).* ¿Eh?
MARÍA. Lo que has oído. Voy a tener un hijo. Hace tiempo que lo presentía. Ahora lo sé.
MADRE. *(Entra la madre).* Bueno, ¿vienen a comer?
MARÍA. Yo no. Que vaya tía.

MADRE. *(Mirando a la tía y notando que sucede algo anormal).* Y a ti, ¿qué te pasa?

TÍA. Nada, nada.

MADRE. ¡Qué familia! Una con aire de bobalicona y la otra con aspecto de atontada. *(Un silencio).* ¿Qué pasa aquí? ¿A qué viene esto ahora?

MARÍA. Pasa mucho. Supongo que querrás saberlo y es natural que así sea.

TÍA. *(Tratando de evitar explicaciones).* ¡Mariita! *(Asiendo a la madre del brazo y tratando de llevarla a la otra pieza).* No le hagas caso. Hoy está imposible. Ven.

MADRE. *(Desasiéndose).* No. Las cosas hay que aclararlas y quiero una explicación.

TÍA. *(Antes que Mariita pueda hablar, precipitadamente).* Mariita ha estado leyendo una novela estúpida y quiere representar el papel de protagonista. Le ha dado por el teatro. Dice que tiene facultades asombrosas y me estaba dando una muestra. ¡Ganas de perder el tiempo! Ven.

MADRE. *(No convencida).* ¡Hum! ¿Qué te sucede, Mariita?

MARÍA. *(Mística, caminando por el escenario).* Hay algo grande dentro de mí que me llena de dicha y que necesito vocearlo para que todos lo sepan. *(Acentuándose).* ¡Qué dulzura tan grande la de ser la escogida! Poder elevarme sobre tanta impureza y subir, subir…

TÍA. *(Canturreando).* Para subir al cielo, se necesita…

MADRE. *(A la Tía).* ¡Cállate! *(A María).* ¿Qué estás diciendo, muchacha?

MARÍA. *(Deteniéndose, seria y pausadamente).* Voy a tener un hijo, mamá.

CRIADA. *(Asomándose a la puerta que comunica con el interior de la casa).* Señora, los platanitos fritos se enfrían.

MADRE. *(A María).* ¿Qué dices?

CRIADA. Que los platanitos fritos se enfrían.

MADRE. *(Rabiosa)*. ¡Qué me importan a mí los plátanos! Váyase. *(La criada se encoge de hombros y se va)*. Habla, Mariita, pero no digas necedades, que bastantes disgustos me has dado ya.

MARÍA. Ya te lo he dicho. Y se lo he contado también a tía. Parece no creerlo y tú tampoco.

TÍA. ¿Quién va a creer esas cosas? Son tonterías de cerebros extraviados. *(Aparte, en voz baja)*. Creo que el cerebro no tiene nada que ver con esto.

MADRE. *(A Mariita)*. ¿Por qué dices eso?

MARÍA. *(Cansada)*. Porque es verdad. Ya lo saben. No me molesten más. Déjenme tranquila ahora.

MADRE. *(Sentándose al lado de ella)*. Eso que dices es una chanza, ¿verdad?

MARÍA. No. Hablo muy en serio. Todo lo que me sucede es muy serio. Dios lo quiere. *(Volviéndose mística)*. Cúmplase su voluntad.

MADRE. *(Desorientada)*. Explícate. No comprendo cómo pueden ocurrir ciertas cosas...

TÍA. *(Para sí)*. Yo sí me lo explico.

MARÍA. No lo comprenderías, aunque te lo explicara. Pero... ¿es que se puede explicar? Una cosa tan suave, tan íntima, tan dulce, tan sagrada...

TÍA. *(Escandalizada)*. ¡Sagrada!

MARÍA. *(Protestando)*. Sí. Viene de Dios.

MADRE. ¿Te has vuelto loca? ¿Por qué mezclas a Dios en esas barbaridades? ¿Qué has estado haciendo esta tarde? Tú no estás en tu juicio.

MARÍA. Sí, lo estoy. Esta tarde no ha sucedido nada, nada nuevo, hasta que...

MADRE. *(Ansiosa)*. Hasta que...

MARÍA. Al venir hacia acá, pasando frente a la iglesia me fue revelado todo.

TÍA. ¿Todo qué?

MADRE. *(Anonadada)*. ¡Dios mío!
TÍA. ¿Con quién has andado? Si es verdad lo que dices hay que hacer algo. Esas cosas no pueden dejarse así. *(Confidencialmente)*. Generalmente se pueden arreglar de una manera discreta. Habla, explícate.
MARÍA. Es inútil. Así será. El Señor lo ordena.
MADRE. *(Aterrada)*. Entonces, es verdad eso… que vas a tener un hijo… que estás em… embarazada.
MARÍA. Ya te lo he dicho.
TÍA. ¿Cómo lo sabes?
MARÍA. Eso no se pregunta. *(Lírica)*. ¿Cómo se sabe que va a amanecer? ¿Cómo se sabe el color de una estrella? *(Prosaica)*. Claro que tú nunca lo sabrás. *(Luego, como arrepentida de su mordacidad)*. Sin embargo, yo rogaré por ti y acaso…
MADRE. ¡Mariita!
TÍA. ¿Quién es él?
MARÍA. ¿Él? ¿El qué?
MARÍA. ¿Novio? No. Esposo. Esposo querido y amante, que no me abandonará jamás. *(Exaltada)*. Atiéndanme. Hace tiempo, no recuerdo cuándo, tuve el presentimiento de estar destinada a ser algo grande en el mundo, o a realizar cosas extraordinarias que causarían asombro a todos y una gran dicha a mí misma. No sabía de fijo qué era, pero me sentía plena de fe y esperaba, esperaba… Más tarde, cuando salí del colegio, quise profesar. En un convento podría huir de la idea que me perseguía y refugiarme por completo en la religión, en el olvido del mundo, pero ustedes me disuadieron. Después de todo es mejor que haya sido así. Ignoraba si mis alucinaciones eran pecado o si por el contrario se debían a la influencia divina, como en el caso de Juana de Arco. Hoy ya no existe tal duda para mí. La cortina se ha descorrido y mi amante ha penetrado en lo ignoto, en el más allá. Es una gran dicha para nosotros.
TÍA. *(Interrumpiéndola secamente)*. Gran desdicha, dirás.

Madre. *(Retorciéndose las manos, desesperada).* Mariita, por favor, dinos cómo ha ocurrido esa cosa espantosa, si conocemos a la familia del muchacho.

María. No hay tal familia. *(En voz muy baja, con tono sibilino).* ¿Quieren saber quién es él? ¿Quién es mi esposo? ¿No lo dirán a nadie?

Tía y Madre. *(A la vez).* Di, di. ¿Quién?

María. *(Solemnemente).* El Espíritu Santo.

Tía. *(Indignada).* ¡Deliras!

Madre. ¡No estás en tu juicio!

María. *(Encogiéndose de hombros).* Ya lo sabía. Es inútil explicarles nada. *(Se levanta y va hacia el interior de la casa).* No me molesten. No las necesito.

Madre. ¡Mariita!

María. *(Se detiene en el umbral y se vuelve hacia ellas. En tono cortante a la madre).* No me llames más Mariita. Yo no soy ya Mariita. *(Lenta y solemnemente).* Ahora soy la Virgen María.

(Telón)

Segundo acto

Han pasado unos siete lustros desde el acto anterior. Pueden contarlos con los dedos porque estos alcanzan.

Aposento principal de una casa de campo, que lo mismo sirve de salón de recibo como de lugar de distracción. Mobiliario con detalles que indican que los que allí habitan son gente de ciudad que está en el campo de temporada. Al fondo, a un lado, una abertura que comunica con otra pieza de la casa, viéndose parte de la escalera que lleva a los altos. Al centro una ventana y a la derecha, también del fondo, una panoplia con armas antiguas, donde se destaca una lanza. Una puerta a la derecha comunica con el exterior y otra a la izquierda con otra habitación de la casa. A cada lado del escenario una columna, que aparentemente sostienen el techo. La tarde ha caído y obscurece gradualmente.

Se abre la puerta que da al exterior y entran Jesús y Pedro, el primero con la ropa que se pone la gente de los lugares urbanos cuando está en áreas rurales, el segundo con traje de ciudad. Se nota que han sido compañeros de estudios. Pedro es alegre, despreocupado, grueso, con aspecto de «bon vivant»; Jesús serio, atlético, responsable. Ambos han pasado los treinta.

Pedro. (*Mirando alrededor con satisfacción*). No se está mal aquí. Creo que pasaré bien el tiempo.

Jesús. Estarás una semana por lo menos, ¿verdad?

Pedro. Depende. Tú conoces cómo es nuestra profesión, aunque no te interesa mucho ejercerla.

Jesús. La medicina nunca me llamó la atención. Me hice médico solamente por la enfermedad de mi madre. Y ya ves, ha sido inútil, porque no he logrado curarla.

Pedro. No desesperes todavía. Hay algunos trastornos mentales que logran curarse si se sigue durante largo tiempo un método apropiado; otros, por el contrario, se curan por sí solos súbitamente. ¡Ejem! Tengo la garganta seca. Parece que el paseíto me ha dado sed. ¿Tienes por ahí algo líquido que no sea veneno?

JESÚS. *(Acercándose a un bar portátil y sacando botellas y vasos).* ¿Qué prefieres? ¿Coñac o whisky?

PEDRO. Coñac, sin agua; las mezclas me hinchan el vientre. No comprendo cómo la gente puede tomar vaso tras vaso de un poco de bebida con una gran cantidad de agua carbonatada. Los griegos tenían la costumbre de echarle agua al vino para debilitarlo, pero estoy seguro de que nunca hubieran tomado un *high-ball*.

JESÚS. Allá tú. Despáchate a tu gusto. *(Se sienta).*

PEDRO. Gracias. *(Va hacia el bar, saca un vaso pequeño y lo llena).* Yo creo que tú debías haber consultado con alguien que se dedicara específicamente al tipo de dolencia que aqueja a tu mamá. Un clínico no es un especialista en enfermedades mentales, como tú sabes muy bien. Acaso podré darte algún consejo o hacerte una observación por experiencia, no por dedicación. Tú debías haber consultado el caso con otro. *(Se sienta para beber tranquilamente).*

JESÚS. No he sido bastante franco contigo. La verdad es que ya lo he hecho. Todos dicen lo mismo *(en tono recitativo)*: enfermedad nerviosa, necesita mucho reposo, no hay peligro alguno mientras continúe el estado de misticismo *(volviendo al tono normal)* y por el estilo. Algunos me han agregado que su mal puede curarse con el tiempo, puede permanecer estático y puede empeorar. Te he expuesto el caso y te he preguntado tu opinión por... no sé por qué. Tal vez porque todavía creo que la ciencia puede hacer milagros a veces y que a ti puede ocurrírsete alguna idea genial que sugiera un tratamiento más satisfactorio que los que me han indicado hasta el presente. ¡Qué sé yo!

PEDRO. Me apena mucho desanimarte, Jesús, pero no queda más remedio que hacer frente a la realidad. Yo no creo que pueda serte útil en este caso; a lo sumo, tal vez te pueda hacer alguna que otra observación, pero estoy seguro de que tú ya las conoces y las has probado todas. Desde luego que haré todo lo que esté a mi alcance, pero tú sabes tan bien como yo hasta dónde llega nuestra ciencia.

Jesús. Sí, ya sé. *(Pausa)*. El caso de mi madre me es muy doloroso y, por otra parte, no me permite disfrutar absolutamente nada de mi propia vida. *(Vivamente)*. Claro que no quiero curarla por egoísmo, sino por el cariño que le he tenido siempre y por la inmensa lástima que me causa verla en ese estado desesperante. Además *(sombrío)*, a veces tener una madre demente es un obstáculo que se interpone a cada paso en el camino de uno.

Pedro. Comprendo lo que quieres decir. No hay, sin embargo, motivo alguno para que dediques toda tu vida a ella. Has hecho ya más de lo que humanamente se puede hacer; has estudiado una carrera que no te interesaba en tu afán de encontrar un remedio a su triste locura. Eso lo harían muy pocos hijos y tú tienes tu conciencia muy tranquila por ese lado. Ahora no te queda otra alternativa que vivir tu vida y aceptar las cosas como son. Es inútil a veces luchar contra el destino, aunque la frase esté muy manoseada. ¿Qué edad tienes ahora?

Jesús. Treinta y tres años. *(Breve silencio. Pedro llena su vaso de nuevo. Una mujer joven y atractiva, bien vestida, cruza la escena. Sonríe amablemente a los dos y desaparece)*.

Pedro. ¿Quién es?

Jesús. Una especie de dama *(recalcando la palabra)* de compañía de mamá. En realidad, algo peor. Es otra de las chifladuras de mamá. Ella cree que es la Magdalena.

Pedro. ¿No me digas? ¿María Magdalena?

Jesús. Sí, la célebre María de Magdala. Pero eso no es todo. Hay otros personajes bíblicos además de ella, descontándome a mí, por supuesto.

Pedro. *(Con una sonrisa)*. Chistoso. ¿Cuáles son los otros?

Jesús. Varios, pero son individuos que van y vienen, que no afectan en nada su modo de vivir. Ella les da apodos o nombre de la época en que cree desenvolverse... pero de ahí no pasa. En cambio, Magdalena es una excepción, porque es una calamidad permanente.

PEDRO. *(Interesado).* Sigue.

JESÚS. Según he podido informarme, era una prostituta, una viciosa de la peor especie, a pesar de su juventud. He tratado de alejarla de aquí, pero no me ha sido posible. Mi madre le tiene un cariño y una fe ciega y no permite que se aleje de su lado. Es su confidente y debo confesar que se está portando bien ahora. Sí, desde que está aquí no tengo nada que reprocharle, como no sea que a veces se acuerda de su antiguo oficio y saca a relucir gestos harto provocativos. *(Pedro bebe en silencio).* Ya ves si tengo motivos para esforzarme en curar a mi madre, acudiendo a unos y a otros, ya que mis estudios han sido baldíos.

(Magdalena cruza la escena otra vez y se va por donde entró primeramente).

PEDRO. *(Picaresco).* Siempre fueron vistosas las Magdalenas.

JESÚS. Me lo figuro.

PEDRO. Yo en tu lugar la hubiera echado de todos modos de aquí, y no ahora, sino en el preciso momento en que entró. De todos modos, yo no creo que el complejo religioso de tu madre se agrave por eso. *(Interesado).* ¿Y de dónde la sacó? ¿Cómo ha venido aquí? Eso es muy curioso.

JESÚS. No sé. Hace dos años, allá en la ciudad, me la encontré un día instalada en casa. Parecía una mosquita muerta y se mostró muy humilde. Claro que yo no sabía entonces qué cosa era. Mi madre nunca me ha querido decir de dónde la sacó y me figuro que ni siquiera lo sabe. Inexplicable, si quieres, pero es así. Y ella... ella no dice más que lo que le conviene. Me ha dado ya tres o cuatro versiones distintas, a gusto del consumidor, en este caso del preguntón. Debe tener algún motivo para continuar aquí, porque de loca no tiene nada.

Pedro. ¡Hum! *(Mirándolo significativamente)*. Me parece que sospecho ese motivo.
Jesús. *(Medio en broma)*. ¿Tú crees?
Pedro. Estoy casi seguro. Esa te ha echado el ojo. Las intenciones las ignoro, pero estoy seguro de que te las puedes imaginar.
Jesús. Ya yo he pensado eso. Pero es estúpido. Además, no correspondo a sus sentimientos; se lo he dicho claramente repetidas veces y hasta en forma bastante brutal, aunque esté mal decirlo, pero peor fue hacerlo. Hay mucha distancia entre ella y yo, aunque no sea más que moralmente.
Pedro. ¿Y ella?
Jesús. Como si nada. Sigue igual. Cuando me pongo de mal humor cambia de actitud y acude a la farsa. Ya sabes, ella es la pobre Magdalena y yo el Cristo malo. Finge a las mil maravillas y acaba por desesperarme. Cuando me doy por vencido entonces termina la comedia bíblica… y hasta otra.
Pedro. Vaya, vaya, la verdad es que llevas una vida interesante aquí. No siempre se topa uno con cosas semejantes.
Jesús. Alégrate de ello.
Pedro. Bueno, mira, me voy a tirar en la cama un rato antes de comer. Estoy cansado. Hoy pienso acostarme temprano. Mañana trataremos otra vez el asunto. Anímate, tal vez logremos algo. *(Va hacia la puerta del centro)*. De todos modos, dentro de unos días tendré que irme *(picaresco)* y quizá me lleve a Magdalena. *(Se va)*.
Jesús. No es mala idea.

(Entra Magdalena. Jesús hace como que no la ve).

Magdalena. Jesús… *(Jesús se va por la puerta a la izquierda)*. Siempre igual o cada vez peor. Eres testarudo, pero yo los he conocido más que tú y al fin y al cabo se rindieron. Es cuestión de tiempo. Veremos quién gana al final. *(Observando las botellas y los vasos)*. Y el amigo parece que es aficionado a los tragos. Me gusta eso. Probablemente haremos buenas migas. *(Observando a alguien que se acerca).* Ahí viene la vieja.

María. *(Vestida a la usanza judía en época de Cristo, con túnica hasta los pies, sandalias, manto y algún cachivache en la cabeza. Camina lentamente y con aire majestuoso).* Magdalena, hija mía, ¿cumpliste mi encargo?

Magdalena. Sí, señora. Prometieron venir hoy mismo al anochecer, de modo que llegarán dentro de un rato. Les dije que procuraran no ser vistos y que yo estaría al tanto de su llegada, tal como usted me ordenó.

María. Gracias, Magdalena. Tú obtendrás la recompensa eterna conjuntamente con la absolución de tus pecados.

Magdalena. Sí, madre.

María. Ahora, hija mía, quiero que me hagas otro favor. Esos señores que han de venir tratarán conmigo asuntos graves y privados, pero que atañen a mi divino hijo. Es preciso que logres distraerlo hacia otros lugares de la casa y que él no sepa nada de esta visita.

Magdalena. Entonces, ¿Jesús no debe enterarse de que vienen? Yo creía que él estaba al tanto de todo.

María. No, y cuento contigo para que no se entere. *(En tono imperioso).* De modo que procura obedecerme. *(Dulcificándose).* Háblale de tu sincero arrepentimiento. Él te escuchará complacido y en nombre del Señor te perdonará.

Magdalena. Madre, Jesús no gusta ya de mi compañía; tengo que forzarle a aceptarla. Por más que le hable dulcemente, es inútil; no me escucha y se aleja de mí con desagrado.

María. Calla, calla, Magdalena, no hagas reproches a su actitud. Olvidas quién eres y quién es él.

Magdalena. Verdad es. No puedo aspirar a nada.

María. ¿Te parece poco estar cerca de él y vivir bajo su mismo techo? ¡Cuántas darían cualquier cosa por semejante dicha! ¡Ah! Si las hermanitas del convento que hay en este pueblo lo supieran... Piensa en eso, Magdalena. ¿Llegaste alguna vez a ser tan feliz como lo eres ahora? *(Grandilocuente)*. No, gran pecadora arrepentida, no tienes motivos de queja. ¿Qué diré entonces yo, yo, que he velado amorosamente por él desde que era pequeño y que pronto experimentaré el dolor más grande de mi vida al perderlo?

MAGDALENA. ¿Perderlo? ¿Se va acaso al extranjero?

MARÍA. Magdalena, tus palabras no tienen sentido. Estás aún en las garras del pecado, porque tu mente está cerrada a la gracia divina. Oyes y no entiendes. Aún no sé si podremos salvar tu alma. Presta atención a lo que voy a decirte. Jesús tiene ya treinta y tres años *(con énfasis)*, ¡treinta y tres años! Pronto será sacrificado para redimir los pecados de la humanidad. Mi dolor ha de ser grande, mi sufrimiento inmenso, pero después de tantas penas alcanzaré la gloria, la bienandanza, la felicidad eterna.

MAGDALENA. Madre, es extraño, pero sigo sin comprenderla.

MARÍA. Solo los puros de espíritu comprenden. Tú asistirás a su muerte aparente y entonces comprenderás todo. Ese privilegio será tuyo.

MAGDALENA. Jesús... ¿ha de morir?

MARÍA. Así sucederá. Y serán siete puñaladas las que traspasarán mi corazón; siete dolores que tendré que soportar en el momento fatal.

MAGDALENA. ¿Y cómo ha de ser eso? ¿Cuándo?

MARÍA. Mañana, tal vez hoy mismo. ¿No viste a Judas con él?

MAGDALENA. *(Comprendiendo la situación)*. ¿El doctor que llegó hoy de la ciudad?

MARÍA. ¿Doctor? No, Judas no está clasificado entre los doctores de la ley. Judas es simplemente un traidor, el que lo venderá a la cruz.

MAGDALENA. Entonces, madre...

MARÍA. Esos hombres que espero son los que ejecutarán la obra nefanda. Todo está preparado. Judas huirá y se ahorcará. Jesús será el Cristo crucificado, pero solo para resucitar triunfante y permitirnos a todos ganar la gloria y la felicidad eternas. Magdalena, falta poco, muy poco, para que todos tus pecados, por indignos y numerosos que sean, sean borrados por el sacrificio divino, como… *(buscando una comparación)* como… como la tinta por esos líquidos saca-tinta que hay ahora.

Magdalena. *(Alarmada).* No pueden hacer eso. Está prohibido; es contra la ley. No se puede matar a un hombre así.

María. El momento se acerca. La cruz está dispuesta. *(Señalando la lanza en la pared).* Aquella será la lanza que traspasará su costado. Pero él triunfará sobre todo. ¡Qué gran dolor, Magdalena! ¡Y qué alegría tan grande después! *(Mirando hacia el techo).* Señor, Señor, cúmplase tu voluntad. *(Cae de rodillas en éxtasis).*

Magdalena. ¡Oh! ¡Van a asesinarlo! ¿Delira usted, madre? Por favor, explíquese.

María. Loado sea el Señor. Magdalena, hija mía, es preciso que me ayudes en este momento angustioso. *(Levantándose).*

Magdalena. ¿Y si los que van a venir no quieren prestarse a eso? ¿Si rehúsan? ¿Y si Jesús se resiste?

María. *(Doctrinal).* Los verdugos son instrumentos inocentes que cumplen con su deber. Jesús los perdonará a ellos también. Él mismo espera ansioso el desenlace, que naturalmente conoce de antemano. Su reino no es de este mundo, Magdalena. Lo habrás oído decir muchas veces. Su bondad ha sido infinita estando con nosotras hasta ahora, mas, pronto estará en el alto sitial que le corresponde, libre de la inmundicia de este mundo. Ve, ve, hija mía, cumple mi encargo. Es tarde ya y pronto comeremos. Te avisaré cuando sea llegado el momento de acompañarme para mejor soportar mi dolor. *(Reteniéndola).* No, espera, es preferible que yo vea a esos señores en la alcoba gris y no aquí. Sí, cuando lleguen condúcelos allí y procura mantener a Jesús alejado. Yo estaré en ella esperando. Sobre todo no hagas ruido. No debemos perturbar su silencio porque en ese momento estará en comunicación espiritual con su augusto padre. *(Vase por la izquierda).*

Magdalena. ¡Menudo lío es este! Yo pasando por arrepentida, por una Magdalena barata y mocosa, con la esperanza de hacer una pesca gorda, y ahora resulta que me quieren escabechar el pez. ¿Qué diablos haré? Si me quedo aquí me veré comprometida de mala manera en algún embrollo serio; si la vieja persiste en matar al hijo habrá complicaciones, habrá policía y habrá cárcel o manicomio. Por otra parte, puedo impedir el crimen avisándole a Jesús lo que pretende hacer su dignísima y santísima mamá. Estando ella loca de remate no habrá responsabilidades, y a lo sumo la recluirán en un sanatorio para evitar peligros futuros. Quedan los pandilleros que van a venir; ellos me conocen, siquiera ligeramente, y pueden complicarme en el asunto si la policía les echa mano. No puedo despedirlos a cajas destempladas después de haberlos llamado y de haberles hecho prometer parte de lo que reciban de la vieja. No se andan con chiquitas y podrían retorcerme el pescuezo antes de irse. ¡Ah! Pero yo no me imaginaba ni remotamente que la operación me iba a tocar tan de cerca y mucho menos que fuera a tener lugar aquí mismo. Si le aviso a Jesús, ¿me agradecerá que le advierta el peligro que corre? ¿Creerá que lo hago por amor? Veremos. A lo mejor me resulta bien la jugada así, aunque sea por la vía del agradecimiento. Tendré que convencerlo para que se aleje por unas horas. Al no estar el pájaro, los matones se irán y aunque exigirán algo no será tanto como si hicieran un trabajo completo. ¡Uf! ¡Y qué clase de trabajo! Naturalmente, yo insistiré en mi parte, para evitar sospechas y para tener algo con que defenderme si tengo que dejar la casa por cualquier motivo.

(Entra Jesús).

Jesús. ¿Qué haces aquí todavía?
Magdalena. Nada. Ahora me iba.
Jesús. Bueno, lárgate.

MAGDALENA. No tan aprisa, Jesús. Tengo que decirle algo que creo le interesará. Algo muy serio.

JESÚS. Lo dudo.

MAGDALENA. Ya es tiempo de que usted cambie un poco su actitud hacia mí. He tratado de hacérmele lo más agradable posible, pero usted se empeña en tratarme equivocadamente.

JESÚS. *(Secamente)*. Aquí la única equivocación es la tuya.

MAGDALENA. *(Dominándose)*. Jesús, por esta vez no quiero discutir. Lo que deseo decirle es algo que le atañe personalmente. Está usted corriendo un gran peligro.

JESÚS. ¡No me digas! *(Con guasa)*. ¿Han armado alguna ratonera gigante?

MAGDALENA. Hablo en serio, Jesús. Sé que le parecerá un poco raro, pero le juro que es la verdad. *(Sinceramente dramática)*. Su mamá ha decidido matarlo. Esta noche...

JESÚS. *(Indignado)*. ¡Cállate! ¿No te basta con engañarla miserablemente, aprovechándote de la falta de juicio de esa pobre anciana para lucrar con todo lo que te viene a la mano? ¿Es necesario que inventes ahora una patraña más? Es inútil tanto fingimiento. Estoy harto de cuentos idiotas. ¿Qué es lo que te propones ahora? Hay momentos en que te haría trizas. *(La sacude por un brazo)*.

MAGDALENA. *(Con calma)*. Por ese camino no llegaremos a ninguna parte.

JESÚS. Es que no tenemos que ir a ninguna parte.

MAGDALENA. Yo no, pero usted sí. Y por ahí irá derechito al infierno.

JESÚS. ¡Ya salió aquello! Cuando no es cielo es infierno. El infierno lo tengo yo aquí, en esta casa, por consentir imbécilmente lo que ocurre. *(Furioso)*. Hace tiempo que debías haber desaparecido de él y aunque no puedo recuperar el tiempo y la tranquilidad que he perdido, me propongo sacarte de aquí a puntapiés.

MAGDALENA. *(Fríamente)*. Hay pocas probabilidades de eso. Es una lástima que trate así a la pobre Magdalena. Podríamos llegar a entendernos admirablemente. Yo no soy tan mala como usted se imagina ni tan despreciable tampoco. *(Contoneándose).* Y la figura no es del montón que digamos. Además, sé dar lo que muchas no saben *(acercándosele insinuante, con acento cada vez más apasionado),* soy capaz de amar, de besar y de acariciar como pocas. *(Jesús le vuelve la espalda).* ¡Tonto! ¡Y tú me rechazas! *(Confidencial).* Escucha, te propongo un negocio, una transacción: tu mala voluntad contra mi buena fe. Yo no gano nada con decirte que tu madre quiere tu muerte.

Jesús. Eso es una estupidez.

Magdalena. De locos se puede esperar todo.

Jesús. ¡Basta ya! ¡Vete! ¡Déjame en paz!

Magdalena. Aunque yo te lo suplique, aunque yo te lo jure por lo que considero más sagrado, ¿no me creerás? *(Jesús hace ademán de alejarse y ella lo retiene).* Mírame, Jesús. Soy sincera. Créeme esta vez que te hablo con el corazón en los labios. Si no fuera por este amor ciego que te tengo no haría lo que hago ni te diría lo que te digo ahora. Por favor, Jesús, atiéndeme, va en ello tu vida; hazme caso o te pesará.

Jesús. No. Es inútil. Tus cantos de sirena no tienen atractivo para mí. *(Brutal).* Eres una hembra bonita, pero no me gustas. Hay algo en ti que me repele. No te deseo y nunca me importarás nada. *(Mortificante).* Oye, ¿por qué no te marchas con el doctor Pedro? A él le gustaría hacerte compañía. Ha estado elogiándote.

Magdalena. ¡Canalla!

Jesús. Así eres más tú. Cuando hablas así te descubres como eres, sin disfraz alguno. Trataste de hacérmelo olvidar y no has podido. Siento tu fracaso. En esta casa no podemos coexistir y ya encontraré la manera de que vuelvas cuanto antes a tu elemento.

Magdalena. Eres odioso cuando hablas así. Te complaces en echarme en cara mi procedencia. Todo lo que yo haga por olvidarla es inútil, porque siempre hay almas nobles como la tuya que se deleitan en que no pueda salir jamás de su miseria la que ha pecado, según el concepto de la gente buena, decente y santa. ¡Humanidad vana, vengativa y rastrera, que se complace en darse golpes de pecho con una mano mientras con la otra desgracia a un semejante! Tú perteneces a esa humanidad, como todos los demás, y ni tú ni nadie cambiará jamás, pero yo, tonta, ilusa, creí que podía redimirme, aun a costa de jugar esta farsa indigna. ¡Bien! Volvamos a la Biblia. *(Irónica)*. En verdad te digo, como que me llamo María y soy de Magdala, que te pesará. No es noble tratar así a un semejante y menos a uno que todavía puede defenderse. Te acordarás de esto.

Jesús. *(Un poco avergonzado)*. No fue mi ánimo ofenderte. Es que después de tanta superchería me he vuelto impermeable, pero sea como fuere no quiero discutir más el asunto. *(La deja sola)*.

Magdalena. *(Rabiosa)*. ¡Ah, maldito! Las pagarás todas juntas, y pronto. Yo misma me ofrecerá a ayudarlos si hace falta. Creo que va a ser una cosa horrenda. ¡Tanto mejor! He tratado de salir del lodo y a él me echan. Me enfangaré bien y salpicaré a todos los que pueda. Lo que venga después me da igual. Siempre pensé que acabaría mal: la cárcel, el hospital, la soledad, todo es lo mismo. La vida es una basura y solo los canallas medran. *(Tocan a la puerta quedamente)*. Deben ser ellos. *(Apaga la luz y la estancia queda iluminada ligeramente con el reflejo de luz que viene de otros aposentos de la casa. Mira por la ventana)*. Sí, en efecto. *(Abre la puerta que da al exterior y entran dos hombres, que por la semioscuridad parecen dos sombras. Magdalena cierra sin ruido la puerta, va delante de ellos y les indica el camino hacia la puerta de la izquierda, apartándose en el umbral para dejarlos pasar. Desaparecen. Magdalena queda sola, iluminada a medias. Con decisión)*: ¡Abajo el Cristo!

(Telón)

Tercer acto

Mismo lugar que en el acto anterior. La escena está alumbrada débilmente con luz procedente de otras estancias de la casa. Entran sigilosamente María y Magdalena, arrastrando una enorme cruz de madera, y avanzan hacia el centro del escenario.
(Búsquese un escenario bastante grande).

Magdalena. ¡Cómo pesa esto, madre! No me explico cómo pudo arreglárselas para tenerla oculta en su habitación sin que nadie lo notara.
María. Calla, Magdalena, no hagas comentarios tontos. *(Dejando caer la cruz suavemente).* Aquí está bien. *(Magdalena deposita también en el suelo una caja y un martillo. La madre, mirando alrededor).* El martillo… los clavos… ¿está todo listo?
Magdalena. Sí, todo está aquí.
María. Bien, hija mía; ahora alcánzame la lanza aquella. *(Señalando la lanza en la panoplia).*
Magdalena. ¿Para qué la quiere, madre?
María. Necesitamos una lanza, Magdalena. Me extraña tu ignorancia. *(Explicando).* La lanza forma parte del ritual. Un centurión la usará cuando él esté en la cruz. *(Magdalena trae la lanza y la deposita en una silla. La madre vuelve a inspeccionar los objetos para cerciorarse de que no falta nada).*
María. Bien. Esperemos. Ya se acerca el momento. El espectáculo que vas a presencia, Magdalena, será realmente odioso. Jesús en su bondad infinita se dejará sacrificar por salvar al mundo. Tus pecados muy pronto no existirán y tu alma gozará de eterna paz. Quiero que estés aquí a mi lado para ayudarme a soportar mi intenso dolor. Son siete los puñales que han de atravesar mi corazón de madre, siete dolores que lo taladrarán profundamente y dejarán una huella que solo será borrada al alcanzar la dicha inmarcesible que me espera.

(*Se oye afuera un forcejeo. Entran los dos individuos del acto anterior conduciendo a Jesús a la fuerza. Jesús viste solo un pantalón de pijama, tiene las manos atadas a la espalda y está amordazado. Los individuos tienen la facha que les vemos en las películas a los pandilleros norteamericanos*).

Uno. Aquí está su Cristo. Démonos prisa, porque esto es muy irregular.

Otro. ¿Tiene todo preparado?

María. Creo que sí. Veamos otra vez *(corriendo con la vista los objetos)*: la cruz, el martillo, los clavos, la lanza. ¡Ah! Faltan varias cosas. Magdalena, ¿dónde está la corona? *(Severa)*. La has dejado olvidada. También faltan el látigo y la soga.

Magdalena. Es verdad. *(Disculpándose)*. ¡Son tantas cosas!

María. Ve a buscarlas en seguida. *(Magdalena sale)*.

Otro. No hace falta nada de eso que van a traer. *(Jesús forcejea de nuevo. Otro le pasa un brazo por el cuello y lo inmoviliza)*.

María. *(Condescendiente)*. No es que haga falta, es que tiene que ser así. Pero no temáis nada ni os asustéis, porque él no sufrirá. Recordad que es un dios. Vosotros tendréis su perdón inmediato si vuestro arrepentimiento es sincero y tenéis plena fe en él.

Magdalena. *(Entrando)*. Aquí está todo lo que faltaba. *(Aparte)*. Espero que no se le ocurra nada más a esta vieja loca.

María. *(Tomando la soga de manos de Magdalena y entregándosela a Uno)*. Hay que sujetarlo a la columna.

Uno. Así no vamos a acabar nunca, señora. Esto no entraba en el programa. Nosotros quedamos en que lo clavaríamos y nos iríamos en seguida.

Otro. Es verdad. Esto es un trabajo aparte y además es muy peligroso.

María. No os ocupéis por eso. Tendréis lo que pidáis. Por otra parte, no me explico de qué peligro habláis. ¿Es que aun no os habéis dado cuenta de lo que vais a hacer? Vamos, vamos, daos prisa, que él debe morir antes del amanecer, ¿no es así, Magdalena?

Magdalena. *(Sin pensarlo)*. No sé, madre, pero he oído decir que Cristo murió antes del anochecer. Seguramente lo sacrificaron de día.

María. *(Asustada)*. ¿Habremos cometido un error? ¿Crees que debía ser de día, verdad? Me parece que tienes razón. La noche no me gusta y no es muy a propósito. Todo lo que se relaciona con nuestro amado Jesús debe ser claro y limpio y efectuado a la luz del día. *(Pensativa)*. Sería un grave error que continuásemos. *(A los hombres)*. ¿Os importa esperar a que sea de día? ¿O preferís volver mañana temprano?

Uno. *(Mirando su reloj de pulsera y haciendo visiblemente un esfuerzo para mantener la calma)*. Señora, es solo poco más de media noche. ¿Es esto una cosa seria o un juego de niños? Cuando nosotros prometemos algo lo cumplimos y cuando se nos promete algo hay que cumplir con nosotros también. Si hemos de obrar habrá de ser ahora. Si no es así, nos vamos y exigimos nuestro dinero de todos modos, pero no espere volver a vernos.

María. *(Angustiada)*. ¡Qué desesperación, Magdalena! ¿Estás segura de lo que has dicho? *(Ansiosa)*. ¿Fue de día o de noche?

(Magdalena va a contestar. Jesús la mira intensamente: su suerte depende de su respuesta).

Magdalena. *(Dándose cuenta, vacila)*. Pues… a decir verdad, a mí parece que fue de día… pero quién sabe, pudo haber sido de noche. Es difícil averiguar. Nadie lo recuerda… *(Con decisión súbita)*. Sí, sí, para mí que fue de noche. *(Sonríe a Jesús)*. Sí, es muy probable que fuera de noche.

María. *(Aliviada)*. ¡Ah! ¡Tú crees que sí! *(Alegre)*. Entonces estaríamos procediendo bien.

Uno. *(Impaciente)*. Bueno, ¿en qué quedamos? ¿Hay fiesta o no?

María. Sí, sí, podéis continuar. Sujetadlo a la columna. *(Señalando una de las columnas a cada lado del escenario)*.

Uno. *(Resignado)*. Bueno.

(Los individuos atan a Jesús por los brazos a una de las columnas).

MARÍA. Ponle la corona, Magdalena.
MAGDALENA. *(Retrocediendo).* No, yo no.
MARÍA. No importa, cualquiera puede hacerlo. *(Va a dársela a Otro cuando de repente lo mira asombrada de arriba abajo, extrañada, y repite la misma operación con Uno).* ¡Oh, pero qué ropas más raras lleváis! No podéis usarlas. Tenéis que poneros otras.
OTRO. *(Exasperado).* ¿Qué demonios pasa ahora con la ropa?
MARÍA. *(Plácidamente).* Esa ropa no sirve, es inadecuada.
MAGDALENA. *(Explicando).* Quiere decir que no son de la época.
UNO. ¿Qué época?
MAGDALENA. La época en que se supone que sucedió esto.
OTRO. ¡Bah! Está completamente chiflada. Todos son problemas.
MAGDALENA. Señora...
MARÍA. Di, Magdalena.
MAGDALENA. Realmente esos trajes no tienen nada de raro.
MARÍA. ¿No?
MAGDALENA. No, madre. Lo que sucede es que estos hombres no son de Judea y, claro, su vestimenta no es exactamente igual a la nuestra. Recuerde que han venido de fuera.
MARÍA. *(Convencida).* Es verdad. Lo había olvidado. Bueno, vamos, continuad, pues.
MAGDALENA. Hay que darse prisa. Puede despertarse el doctor.
UNO. *(Al armado).* ¿Qué doctor?
OTRO. ¿Hay alguien más en la casa?
MAGDALENA. Sí, hemos alejado a los criados, pero tenemos una visita en la casa.

(Los individuos se miran como consultándose).

MAGDALENA. No hay nada que temer, porque está durmiendo. Además, yo cerré la puerta de su habitación por fuera cuando lo dejé. *(Se acerca a Jesús, en voz baja).* Seguí tu consejo, mi vida, solo que en vez de irme con él permanentemente me fui o

me dejé ir por un rato. Tú sabes, Cristico, un pecado más no importa y mucho menos cuando tu sangre los lavará pronto.
MARÍA. Adelante, empezad en seguida.

(En ese momento se oye a lo lejos una voz que se va acercando. Tiene un timbre baritonal y canta a todo pecho un aria operática de las más conocidas. Todos quedan inmóviles).

UNO. *(En voz baja).* ¿Quién viene?
MAGDALENA. *(También en voz baja).* Es el dueño de la finca que linda con la nuestra. A menudo va a la ciudad y luego regresa medio borracho y cantando. A veces se detiene aquí y entra a charlar un rato, porque solemos acostarnos muy tarde. Espero que esta vez no lo haga.

(La voz sigue acercándose. Uno saca un revólver y espera. De pronto, la voz cesa. Nadie se mueve en escena. Transcurren unos minutos en silencio y vuelve a oírse la voz, pero más distante, y al final se va alejando perceptiblemente).

MAGDALENA. ¡Menos mal!
MARÍA. *(Impaciente).* Bien, daos prisa, empezad. *(Le da el látigo a uno).*
UNO. *(Molesto).* ¿Qué se supone que haga con esto?
MAGDALENA. Ustedes deben haber leído la historia sagrada cuando eran chiquitos o habrán visto seguramente alguna película de la Pasión, y habrán observado cómo se desarrollaban las cosas. Hemos llegado ahora al momento de los azotes, tal como le sucedió a Jesús antes de crucificarlo.
UNO. *(Que ha estado oyendo como si no comprendiera).* ¡Qué imbecilidad! Me niego a hacer eso. *(Coge el látigo y lo arroja al suelo).*
OTRO. *(A la madre).* ¿Quiere usted que lo crucifiquemos ahora mismo o no?
MARÍA. Hijos míos, hay que proceder de acuerdo con la ley. Pilatos dictó la sentencia y hay que cumplirla al pie de la letra. Él está arriba, durmiendo. Si no me creéis podéis ir a preguntarle.

Magdalena. Me parece que es mejor dejar tranquilo a Pilatos. Si lo despertamos me temo que lo que hará no será precisamente confirmar la sentencia.

María. ¿Y por qué no? Cuando un gobernador romano ha dado su palabra no puede volverse atrás. *(Malhumorada)*. ¡Tonta que soy discutiendo contigo estas tonterías! Me haces perder el control, Magdalena, con tus observaciones estúpidas. Lo que hay que hacer se hará. ¿Ignoráis acaso que todo el pueblo exigió a gritos la sangre del Justo y que la vacilación de Pilatos casi ocasionó un motín? De muy lejos debéis venir, oh, extranjeros, cuando tales nuevas no han llegado aún a vuestros *(acercándose a los individuos y mirándolos para cerciorarse de la exactitud de las palabras que va a pronunciar)* no muy limpios oídos. Y habláis de pedir una confirmación de sentencia. ¿Quién ha oído semejante cosa? Barrabás está suelto y Jesús ocupa su lugar. El sacrificio hay que llevarlo a cabo, pero de acuerdo con la ley de Judá y no según vuestra comodidad y conveniencia personales. ¡Ay de vosotros si no es así!

Uno. *(Aburrido)*. Señora, lo sentimos mucho, pero no cuente con nosotros para eso. Accedimos a hacer una cosa que nos repugnaba y la llevaremos a cabo, pero no queremos detalles macabros e inútiles.

María. Es necesario. ¡Yo lo ordeno!

(Uno se encoge de hombros y hace seña a Otro para retirarse).

María. *(Violenta)*. ¡Haced lo que os digo, verdugos!

Magdalena. *(Interponiéndose)*. Vamos, madre, cálmese.

María. ¡Déjame, Magdalena! Cada cual ha de cumplir el destino que de arriba le tienen señalado y no debes intervenir en lo que no tienes derecho. *(A los individuos)*. ¿No habéis oído mis órdenes? *(Señalando el látigo en el suelo)*. ¡Tomad el látigo y azotad al Cristo!

Uno. *(De mal humor)*. ¡Váyanse al diablo usted y su Cristo! *(Da un puntapié al látigo, que cae cerca de la madre).*

María. *(Furiosa, recogiendo el látigo y azotando a Uno).* ¡Toma, canalla! ¡Para que obedezcas a la Virgen!
Magdalena. *(Tratando de dominarla físicamente).* ¡Quieta! ¡Cuidado con lo que hace!
María. *(Rechazando a Magdalena violentamente).* ¡Toma! ¡Toma! *(Le lanza el látigo a Uno y recogiendo inmediatamente del suelo el martillo y la caja de clavos los lanza también contra Uno y Otro, que logran esquivarlos).*
Magdalena. *(Excitada).* ¡Le ha dado un arrebato! Más vale que se vayan.
Uno. *(Sujetando a la madre, que se defiende a mordidas y arañazos).* ¡Quieta, vieja maldita! ¡Uf! *(Da un grito al ser mordido y la suelta).*
María. *(Libre momentáneamente, toma la lanza).* ¡Te mataré, te arrancaré los ojos! *(Se abalanza sobre Uno, que saca un puñal).*
Uno. Toma, vieja loca. *(El puñal desciende repetidas veces sobre el cuerpo de la madre, que cae al suelo con un gemido. Jesús se agita violentamente).*
Magdalena. *(Aterrada).* ¿Qué has hecho?
Uno. Da igual. ¿Dónde está el dinero?
Magdalena. En un sobre, en la habitación de ella.
Uno. Tráelo y vámonos. *(Magdalena se interna en la casa).*
Otro. *(Señalando a Jesús).* ¿Qué hacemos con este?
Uno. Liquídalo.

(Otro se acerca a Jesús, toma la lanza y la balancea como si fuera a lanzarla).

Otro. Deja ver si tengo puntería con este artefacto.
Uno. Espera un poco. Magdalena tiene parte en todo y debe dar su opinión. *(Regresa Magdalena).*
Magdalena. Vámonos. Ya tengo el dinero.
Otro. ¿Qué te parece que hagamos con este? ¿Lo despachamos? Un lanzazo bien dado y ¡listo! Silencioso y eficaz.

Magdalena. No, déjenmelo a mí. Tengo una venganza especial que satisfacer. *(Toma la lanza y se acerca a Jesús. Se oye un golpe sordo).*
Uno. Oigo ruido arriba. Parece que están golpeando una puerta.
Otro. Vámonos, apúrate.
Magdalena. ¿Está el auto afuera?
Uno. Sí. *(Yendo hacia el exterior, seguido del otro).* Termina pronto. Te estamos esperando. *(Salen).*
Magdalena. *(Alzando la voz para que la oigan).* En seguida voy: echen a andar el motor. *(Se oye un ruido más violento, seguido de otros). (A Jesús).* Tu amigo debe estar rompiendo la puerta. *(Con calma).* ¿Qué te parece un lanzazo entre los ojos? ¿O lo prefieres en otra parte? *(Se ríe, deja caer la lanza y le quita la mordaza. Toma la cabeza de Jesús en sus manos y lo besa en la boca).* Adiós, Jesús. No quiero hacerte daño. Magdalena no es tan mala como tú piensas.
Uno. *(Apareciendo en la puerta, revólver en mano).* Vamos, apúrate. *(Al ver a Jesús sin mordaza).* ¡Oh, qué imprudencia! Toma, así no gritarás. *(Le da un golpe con el revólver en la cabeza. Agarra a Magdalena por una mano y se van. Se oye el ruido de un automóvil que se aleja. Luego silencio. Jesús está desmadejado, retenido en pie por las cuerdas que lo sujetan. Se oyen pasos precipitados y entra Pedro).*
Pedro. ¿Qué pasa en esta casa? ¿Qué es eso de encerrar a los huéspedes? *(En la semioscuridad no nota nada hasta que tropieza con la cruz).* ¿Qué es esto? ¡Rayos! *(Advierte a Jesús y el cuerpo yacente de María. Jesús exhala un quejido. Pedro va hacia él y lo desata rápidamente).*
Pedro. ¿Qué ha sucedido, Jesús? ¿Qué significa esto? *(Jesús se acerca penosamente al cuerpo de su madre y cae al lado de ella).*
Jesús. *(Con voz apagada).* ¡Madre, madre!
Pedro. *(Que toca a la madre y retira la mano manchada de sangre).* ¡Está herida! ¿Quién ha hecho esto? ¿Dónde se enciende la

luz? *(Inclinándose bien para mirar las heridas).* No se distingue con claridad.

Jesús. *(Con voz firme y triste).* No enciendas, Pedro. Está muerta. La han asesinado unos canallas.

Pedro. *(Que ha estado examinando muy de cerca el cadáver).* ¡Qué atrocidad! ¡Le han dado siete puñaladas!

Una Voz. *(Imitándolo, con burla).* ¡Qué atrocidad! ¡Le han dado siete puñaladas! *(Con energía).* ¡Qué manera de decir eso! ¿Hasta cuándo va usted a hablar con ese desgano? ¡Luz! ¡Luz!

(Se encienden las luces y muestran el escenario con las cortinas bien corridas hacia los extremos, dejando al descubierto los laterales del escenario, desnudos, sin decorado. En un lado está el Director, a quien pertenece la voz que habló últimamente. Para que parezca un director teatral pueden ponerle una boina y una bufanda. Se levanta de una silla y va hacia los actores. Los personajes del primer acto están también allí, en sendas sillas. Hay dos o tres personas más, al parecer mirando la representación. En el lado opuesto están Magdalena y los dos individuos).

Pedro. *(Con indignación).* ¡Usted la ha cogido conmigo! Todo lo que yo hago está mal hecho. Esto lo he ensayado tantas veces que ya ni las recuerdo y usted nunca está conforme. Siempre con el cuento del desgano. ¡Pues se acabó, no lo hago más!

Jesús. *(Levantándose y poniéndose un saco de pijama que hay en una de las sillas).* Por mí es el último ensayo. Ustedes se mueven y parlotean, pero yo no puedo hacer nada de eso y estoy tan cansado que me dormiría aquí mismo. *(Se extiende en el suelo y se incorpora sobre un codo para añadir).* Cuando solucionen su problema, avísenme. Mientras, voy a descansar un poco.

Magdalena. *(Ayudando a levantar a María).* ¡Qué escenario más polvoriento! Para la representación tendrá usted que hacerse otra bata porque esa está ya tan sucia que la van a tomar por una indigente. *(Sacudiendo el polvo).*

María. *(Levantándose resignada).* ¡Qué le vamos a hacer! Tendrán que fabricarme una en material lavable.

Director. ¡Cállense un momento! ¡Silencio! No puedo decir que esté satisfecho con el trabajo de todos ustedes, pero puede pasar. Tal vez mañana salga mejor. Pero usted, señor *(dirigiéndose a Pedro)*, usted es un caso perdido. ¡Repita la escena usted solo! A ver. «¡Qué atrocidad! ¡Le han dado siete puñaladas!». ¿No se da usted cuenta de lo que está diciendo y de lo que está viendo? ¿No lo comprende y no lo siente?

Pedro. *(Con indiferencia)*. No. Ni lo comprendo ni lo siento.

Director. *(Acercándosele, con intensidad dramática)*. ¿Nunca le han dado a usted puñaladas? Debían hacerlo para que se diera cuenta de lo que son siete puñaladas *(contando con los dedos, con mucho énfasis)*: una, dos, tres, cuatro...

Pedro. No se moleste. Sé contar hasta siete. ¡Mire! Cinco, seis, siete...

Director. *(Desesperado)*. ¡Oh! ¡Váyanse, váyanse todos! Necesito estar a solas con el señor para ver si logro sacar algo de él.

(Todos se levantan y empiezan a desfilar charlando entre ellos).

Magdalena. *(A Pedro, con una mueca)*. ¡Felicidades!

Jesús. *(También a Pedro)*. ¿Gustas de una ducha?

Uno. *(Dándole a Pedro con disimulo el martillo al pasar junto a él)*. Defiéndete, compañero. *(Se van todos)*.

Director. A ver, fíjese bien. Usted llega y en la semioscuridad descubre... ¿qué es lo que descubre primero?

Pedro. *(Con el martillo a la espalda, dándole vueltas)*. Según. Como tengo buena vista puedo descubrir varias cosas a la vez. ¿Qué es lo que usted quiere que yo descubra?

Director. *(Con énfasis)*. La cruz, señor mío, la cruz.

Pedro. *(Dándole un puntapié a la cruz y con énfasis también)*. Cruz, estás descubierta.

Director. Sin guasa, amigo. Arte con guasa no es arte ni es nada. Bien. Después que ha observado la cruz, con el consiguiente asombro, ¿qué ve después?

Pedro. La vieja en el suelo.

Director. *(Indignado)*. ¡La vieja en el suelo! ¡Qué expresión! Si usted piensa y habla así normalmente, no me extraña que fracase en el teatro. Usted encuentra en el suelo a la señora de la casa, la madre de su amigo, la anciana demente... cualquier cosa menos esa frase rastrera de la vieja en el suelo.

Pedro. *(Resignado)*. Está bien. La anciana demente en el suelo.

Director. *(Calmándose)*. Mejor, mejor. ¿Y por último?

Pedro. ¿Por último qué?

Director. ¿A quién ve por último?

Pedro. *(Grandilocuente)*. ¡A mi amigo, al hijo de la señora de la casa, al vástago de la anciana demente!

Director. *(Con entusiasmo)*. Así, así. Eso es otra cosa. Vamos por el buen camino. Bien. En este punto usted ya ha dominado la situación. Se da cuenta vaga de lo que sucede, pero sin llegar a captar el verdadero significado de la tragedia ni muchos menos los motivos del...

Pedro. *(Interrumpiéndolo)*. Los motivos del lobo.

Director. *(Violento)*. ¡No, señor! ¡Ningún lobo! Los motivos del drama.

Pedro. ¡Ah!

Director. Entonces usted, que es médico... *(Súbitamente)*. ¿Se ha olvidado usted de que es médico?

Pedro. *(Con dignidad cómica)*. Nunca, señor. Un profesional de prestigio no reniega de su profesión.

Director. Su profesión no es médico, sino actor, según me ha dicho, aunque tiene más de médico que de actor.

Pedro. Me refiero al espíritu teatral: un profesional médico representado por un actor.

Director. Bien, bien. Entonces usted que es médico reconoce a la señora...

Pedro. *(Otra vez grandilocuente)*. A la señora de la casa, a la madre de mi amigo, a la anciana demente.

Director. *(Encantado)*. Así, así se hace arte. Usted reconoce a la señora y descubre que tiene sangre *(gritando)*. ¡SANGRE!

Sangre significa herida y usted con celo profesional la examina y descubre… ¿Qué descubre?

Pedro. Si el examen es superficial y el paciente se encuentra provisto de ropas…

Director. No, no, nada de eso. Usted es solo un médico teatral. ¿Qué dice cuando la examina?

Pedro. *(Un poco animado)*. ¡Qué atrocidad!

Director. Eso, ¡qué atrocidad!, ¿y qué más?

Pedro. ¿Le parece poca atrocidad? Podemos añadir salvajismo.

Director. No, no, no. ¿Qué es lo que dice el libreto después de atrocidad?

Pedro. Dice… *(Recitando)*. ¡Qué atrocidad! ¡Le han dado siete puñaladas!

Director. Eso es. ¡Qué atrocidad! ¡Le han dado siete puñaladas! A ver, repita esa frase con sentimiento, con convicción, después de cerciorarse de la muerte de la pobre señora y de la forma atroz de su deceso.

Pedro. *(Con voz doliente)*. ¡Qué atrocidad! ¡Le han dado siete puñaladas!

Director. No, no, no. No es así. Fíjese. Son siete las puñaladas que le han dado. Cada una representa algo terrible. Son las siete puñaladas bíblicas, los siete dolores tradicionales. ¿Se da cuenta? *(Vuelve a contar los dedos)*. Una, dos, tres, cuatro, cinco, seis, siete.

Pedro. *(A toda prisa, mirando su reloj de pulsera)*. Oh, las siete de la tarde. Tengo que irme. *(Le asesta un martillazo al Director en la cabeza, seguido de seis golpecitos para ayudarlo a caer)*.

Director. *(Girando lentamente mientras cae al suelo)*. Siete… siete martillazos.

(Al llegar aquí el público puede abandonar el salón porque el telón ha ido descendiendo lentamente).

Jesús
Virgilio Piñera

[1948]

Personajes

Jesús
Cliente
Madre
Mujer Primera
Mujer Segunda
Pedro
Pancho
Detective Primero
Detective Segundo
Policía
Reverendo
Condesa
Prostituta
Profesor
Ríos
Asesino

Jesús fue representado por primera vez el día 20 de septiembre de 1950 en el teatro «Valdés Rodríguez». Dirección: Francisco Morín. Escenografía: M.M.

Acto primero

La escena representa un salón de barbería, cerrado al fondo por espejos. Un solo sillón de barbero. Varias sillas, una mesa con revistas. En el lateral derecho un cuadro de gran tamaño del Sagrado Corazón. Al descorrerse el telón aparece Jesús cortando el pelo a un cliente.

Jesús. *(Haciendo sonar las tijeras).* ¿Cómo va la vida, amigo?
Cliente. Así, así... Más mal que bien... Pero yo me las arreglo.
Jesús. ¿Y qué me dice de la guerra? Ya la tenemos encima...
Cliente. Va a ser la guerra del fin del mundo.
Jesús. ¿No le parece que esta vez tendremos que pelear?
Cliente. Somos un pueblo muy pequeño, pero de todos modos creo que nos echarán el guante... Dicen que van a utilizar hasta el último hombre.
Jesús. *(Cambiando de posición).* Y hablando de lo nuestro: ¿ha visto que la carne brilla por su ausencia?
Cliente. *(Pasando las páginas de la revista que lee).* La carne y todo lo demás... Además, falta la fe; ya no hay fe.
Jesús. Sí, ya no hay fe. *(Pausa).* Yo, por mi parte, he perdido la fe.
Cliente. Hace falta un acontecimiento.
Jesús. ¿La guerra?
Cliente. No, la guerra no. Eso no arreglaría las cosas. La guerra solo engendra guerras.
Jesús. ¿Qué, entonces?
Cliente. Por ejemplo: la segunda llegada de Cristo a la tierra.
Jesús. *(Poniéndose frente al Cliente, lo mira, se sonríe).* ¿Usted cree en esas cosas?
Cliente. *(Cerrando la revista).* Ni creo ni dejo de creer. *(Pausa).* A lo mejor, resulta cierto. *(Pausa).* Y si se lo proponen acabarán por inventar al nuevo Jesús.
Jesús. ¿Quién lo inventará?

Cliente. ¡Caramba! No me meta en camisa de once varas...
Jesús. *(Deja de manipular las tijeras, se queda pensativo).* ¿Cómo empiezan estas cosas? *(Pausa).* Nunca se acaba por saber bien.
Cliente. *(Riendo).* Por mi parte ya pueden empezar. Tengo la seguridad que no seré crucificado. *(Pausa).* ¿Y usted?
Jesús. *(Bajando la cabeza).* ¡Tampoco! No tengo madera de santo. *(Pausa).* ¿Le corto todavía un poco más?
Cliente. *(Mirándose en el espejo).* Está bien así. *(Pausa).* A lo mejor ya el nuevo Jesús está en camino...
Jesús. ¿Y el pueblo, le hará algún caso?
Cliente. Desde el momento en que lo inventen el pueblo no lo dejará a sol ni a sombra.
Jesús. ¿Y qué nombre pondrán al Jesús moderno?
Cliente. *(Riendo ruidosamente).* ¡Compadre! Cómo se va a llamar si no Jesús y nada más que Jesús. Jesús, Jesús, como el otro...
Jesús. ¿Le parece? *(Pausa).* No veo por qué tendría que llamarse precisamente Jesús. *(Pausa).* A lo mejor se llama Juan, Ambrosio, Orlando, qué sé yo... *(Pausa).* Todo esto es nada más que pura bobería: cuando uno suelta la lengua se dicen muchos disparates.
Cliente. *(Un tanto asombrado por el exabrupto).* ¡Cálmese, amigo! Nadie dice que usted será el nuevo Jesús.
Jesús. *(Confundido).* Yo no lo he dicho. Ha sido usted. Yo he dicho...
Cliente. *(Lo interrumpe).* Sí, ya sabemos... Usted ha dicho que el nuevo Jesús...
Jesús. *(A su vez lo interrumpe).* ...podría llamarse Juan...
Cliente. *(Lo interrumpe de nuevo. Con sorna).* Ambrosio, Orlando... *(Pausa).* Déjelo ahí... Ni usted ni yo seremos crucificados.
Jesús. *(Con tono cortante).* Eso espero. *(Pausa).* ¿Un poco de brillantina?
Cliente. Como guste. *(Pausa).* Pero dese prisa. Aquí donde me ve, tengo un hijo muy grave...
Jesús. Lo siento mucho, pero...

Cliente. *(Mira a Jesús esperando que este prosiga la frase).* Pero… ¿qué?
Jesús. Nada, no decía nada.
Cliente. Es que se ha puesto usted tan pálido.
Jesús. *(Dejando caer los brazos).* No me siento nada bien; este calor… y con el problema que tengo arriba…
Cliente. Todo el mundo tiene problemas, pero para que no diga que no soy humanitario, cuénteme el suyo.
Jesús. *(Moviendo la cabeza).* Déjelo ahí.
Cliente. Todavía no me ha dicho cómo se llama usted. Yo me llamo Rafael.
Jesús. ¿Por qué me lo pregunta?
Cliente. ¡Vaya! Por lo que se preguntan las cosas en las barberías. Por matar el tiempo. *(Pausa).* Además, usted es un barbero simpático. ¿Sabe que me gusta mucho?
Jesús. *(Camina hacia el espejo, coge un cepillo).* ¡Me lo temía! Me he puesto de moda.
Cliente. ¿Qué dice?
Jesús. Nada. *(Pausa).* Pues me llamo *(Regresando).* Jesús. Jesús de Camagüey: así me dicen los amigos porque soy de allí. *(Empolvándolo).*
Cliente. Entonces tenga cuidado, Jesús de Camagüey; a lo mejor, usted es el hombre que todos esperan.
Jesús. *(Continúa cortándole el pelo con la maquinilla).* No estoy para bromas. A mí no me espera nadie.
Cliente. ¡Ay! Me hala los pelos. *(Pausa).* Yo no tengo la culpa de que usted se llame Jesús. *(Pausa).* Si resulta usted tan buen Cristo como barbero, nos iremos todos al barril.
Jesús. Pues mire: si soy un mal barbero, como Jesús sería todavía peor. *(Jesús le coloca el espejo de mano detrás de la cabeza).* ¿Le gusta?
Cliente. No está mal… *(Se levanta, va a la percha, coge la corbata y va hacia el espejo).* Dígame, ¿usted cree en los milagros?

Jesús. Nunca los he visto. *(Sacude el paño)*. Sin embargo, la gente dice que los milagros existen.

Cliente. Eso es lo que pasa: uno siempre llega después del milagro. Entonces nos vienen con el cuento.

Jesús. Eso no es nada: es mucho peor cuando se ponen a decir que hacemos milagros.

Cliente. *(Aproximándose a Jesús)*. ¿Cómo?

Jesús. Sí, así como suena: que hacemos milagros.

Cliente. Cuando el río suena...

Jesús. No basta con decirlo, hay que probarlo.

Cliente. Si nadie ha hecho un milagro, no veo por qué van a decir que lo hacen.

Jesús. No crea... *(Pausa)*. ¿Quiere que le confiese algo?

Cliente. Soy todo oídos.

Jesús. *(Va hacia la puerta, echa una ojeada a la calle, vuelve junto al Cliente y le dice en voz baja)*. Hace varios días que la gente del barrio anda diciendo que yo hago milagros.

Cliente. *(Se aparta un poco, mira al barbero de pies a cabeza)*. ¡Anjá! *(Se acerca de nuevo)*. Qué guardado se lo tenía. *(Pausa)*. ¿Y qué clase de milagros?

Jesús. *(Apartándose)*. ¡Ninguno, ni uno solo! *(Pausa, como hablando consigo mismo)*. Todo el mundo está dispuesto a creerlo. *(Pausa, al Cliente)*. No sé en qué se basan para decir que yo hago milagros.

Cliente. Pero, dígame: ¿usted ha tenido que ver con curaciones, con resucitados; caminó sobre las aguas, devolvió la vista a los ciegos? *(Con sorna)*. ¿Levantó un rascacielos en un día?

Jesús. *(Vivamente)*. No, no he hecho nada de todo eso, y ni siquiera mucho menos. Si lo afirman es porque les da la gana. *(Pausa)*. A lo mejor, porque me llamo Jesús. ¿No le parece?

Cliente. *(Se acerca a Jesús)*. Sabe, Jesús... Tengo un hijo muy grave.

Jesús. *(Se aparta)*. ¿No ve? *(Alzando la voz)*. También usted entra en el juego. ¿Y con qué derecho? *(Agarra la navaja)*. ¿Acaso le corté la cabeza con esta navaja y después se la volví a poner sobre los hombros?

Cliente. *(Se acerca).* Dios sabe lo que usted es capaz de hacer. De cualquier manera, usted, Jesús, tiene cara de milagrero.

Jesús. *(Mete la navaja en el bolsillo del pantalón).* Bueno, piense lo que más le guste. No voy a convencerlo. Siento mucho que su hijo esté enfermo. *(Va a la percha, coge el saco del Cliente y se lo alcanza).* Tome, vaya a la Iglesia y pídale a Dios que restablezca la salud a su hijo. *(Pausa).* Me debe medio peso.

Cliente. *(Mientras se pone el saco registra los bolsillos, saca una cartera).* Tome un peso, quédese con el vuelto. *(Pausa).* Me gustaría verlo por mi casa. A lo mejor, Dios me falla. Vivo en Octava Avenida número doce. *(Pausa).* A lo mejor, usted no falla. *(Pausa).* ¿Quiere que lo venga a buscar esta noche?

Jesús. Se lo agradezco, pero el único milagro mío es que los pelados me queden bien. Con eso me conformo.

Cliente. *(Molesto).* Ahora me viene con chistes, ¿no? ¡Y que a mi hijo lo parta un rayo! *(Pausa).* ¿Lo hace por el dinero? *(Saca de nuevo la cartera).* ¿Cuánto quiere? Pida por esa boca.

Jesús. *(Poniéndole la mano en el hombro).* Vamos, amigo, cálmese. Ya le he dicho que no hago milagros.

Cliente. Pero la gente dice que usted los hace. Tiene que ser verdad. *(Pausa. Pasa la mano por la cabeza de Jesús).* Su fama va a ser inmensa.

Jesús. *(Apartando la cara).* ¡Dios mío, qué horror! *(Va de nuevo a la percha, toma el sombrero del Cliente y se lo alcanza; al mismo tiempo lo empuja hacia la puerta).* Ya sabe… Aquí me manda. He tenido mucho gusto. *(Ya en la puerta).* Que su hijo se cure pronto.

(El Cliente está en el dintel de la puerta, Jesús un poco más adentro. De pronto se escuchan gritos de ¡Jesús, Jesús! El barbero retrocede, se oculta detrás de una cortina de cretona que se ve al fondo. Entra, llorando, una mujer con un niño en los brazos. La acompañan dos mujeres y dos hombres).

Mujer Primera. *(Al Cliente).* ¿Dónde está Jesús?
Mujer Segunda. ¿No ha llegado todavía?
Cliente. *(Señalando hacia la cortina).* Allí está. Jesús, aquí lo buscan.
Jesús. *(Vuelve a salir).* ¿Qué pasa?
Madre. *(Cayendo de rodillas).* ¡Jesús! ¡Jesús! Salva a mi hijo. Haz un milagro. *(Le ofrece el niño).*
Jesús. *(Retrocediendo).* ¡Está loca de remate! *(A la madre).* ¿De dónde sacó que yo puedo curar a su hijo? Ni a su hijo ni a nadie. ¿Lo oye? *(Pausa).* Pídaselo a Dios o... al médico.
Madre. *(Llorando).* ¡Jesús, Jesús! Un milagro. Los médicos lo han desahuciado, sálvalo tú.
Cliente. *(Se acerca a Jesús).* Haga algo. ¿No le parte el corazón el dolor de esa madre?
Jesús. Pero, ¿qué puedo hacer yo? No soy un santo, soy un barbero...
Cliente. ¡Y qué más da! Jesús era hijo de un carpintero; él mismo sabía de carpintería. Sin embargo, resucitó a la hija de Jairo y cambió el agua en vino. *(Pausa).* Usted será barbero, pero también puede hacer milagros. *(Lo empuja hacia la madre).* ¡Vamos, hombre, que no se diga...!
Madre. *(Besando los pies de Jesús).* ¡Jesús, no deje que Dios me lo lleve!
Mujer Primera. No te niegues, Jesús; todo el barrio sabe que tú haces milagros.
Mujer Segunda. Todo el barrio, Jesús. ¿Qué trabajo te cuesta? ¡Milagro, Jesús, milagro!
Jesús. ¡Qué milagros ni qué niño muerto! ¿Dónde están esos pretendidos milagros? ¡Vamos, precisen, hablen, cuenten, digan, aunque sea uno!
Madre. No importa. Dicen que tú los haces, y si lo dicen tiene que ser verdad.
Cliente. *(A la Madre).* ¿No será uno de tantos infundios?
Mujer Segunda. ¿Infundios, no? Usted cree que nos dejamos embutir así como así... *(Señalando a Jesús).* Él sí hace milagros. Lo que pasa es que ahora se le metió entre ceja y ceja no hacerlos.

(*Pausa. A Pedro*). Pedro, ¿no fuiste tú quien me dijo que él hace milagros?

PEDRO. Yo mismo. ¿Qué pasa? A mí me lo dijo Pancho. *(A Pancho)*. ¡Eh, Pancho!, ¿no me lo dijiste?

PANCHO. Efectivamente, mi socio. A mí me lo dijo Ñica la Gambá. Y por fin es que todo el barrio lo dice.

JESÚS. *(A Pancho)*. ¿Qué milagro me vio hacer? ¡Vamos, dígalo de una vez por todas!

PANCHO. Todo el barrio lo dice. *(Pausa)*. ¡Acaba, viejo, acaba de soltar el milagro; mi tierra, esto no es vida…!

MUJER SEGUNDA. *(A Pancho)*. ¡Qué lenguaje de chuchero con Nuestro Señor! *(A Jesús)*. Perdónalo, Jesús.

JESÚS. No puedo perdonarlo, no soy Jesús.

MADRE. *(Histérica)*. ¡Tú sí eres Jesús, tú sí eres Jesús! ¡Jesús, Jesús, Jesús!

(*Rueda por el suelo presa de convulsiones; el niño se le cae de los brazos. Las mujeres la levantan; una se lleva al niño, la otra a la madre*).

CLIENTE. *(Alcanzando a la mujer que lleva al niño, pone el oído sobre el corazón de este, le mira a los ojos. A Jesús)*. Jesús, se murió. Está muerto.

JESÚS. No es culpa mía. Si Dios no lo salvó, ¿cómo pretende que yo lo salvara?

CLIENTE. *(Le da una bofetada en la mejilla derecha)*. ¡Infame!

JESÚS. *(Le devuelve la bofetada)*. ¡Te la devuelvo! No te la puedo aceptar.

CLIENTE. ¿Por qué?

JESÚS. Lo siento: no soy Jesús para ofrecerte mi mejilla izquierda.

(*Se oye el silbato de un policía*).

CLIENTE. *(A Jesús)*. ¿Oíste?… Anda cerca la autoridad… ¡Ten cuidado!

PANCHO. Ten cuidado, Jesús, te va a coger la confronta.

MUJER SEGUNDA. *(Entrando agitada)*. Jesús, pronto, huye, la policía…

JESÚS. No soy Jesús milagroso, soy Jesús el barbero. No tengo que huir.

(Entran dos detectives acompañados de dos policías).

DETECTIVE PRIMERO. *(Adelantándose).* ¿Vive aquí un tal Jesús García?

JESÚS. *(Tocándose el pecho).* Yo soy Jesús García.

DETECTIVE PRIMERO. ¿Es usted al que llaman Jesús de Camagüey?

JESÚS. El mismo.

DETECTIVE SEGUNDO. ¿Sabe que se le acusa?

JESÚS. ¿De qué?

DETECTIVE SEGUNDO. De ser el segundo Mesías.

JESÚS. Soy nada más que un barbero. ¿A qué viene esta acusación? ¿Dónde está la prueba de que soy el segundo Mesías?

DETECTIVE PRIMERO. *(Soltando una carcajada).* Ya sabemos que usted no es el segundo Mesías. No hay más que verlo. *(Pausa).* Pero usted se lo cree.

JESÚS. Es la gente la que lo afirma.

DETECTIVE SEGUNDO. ¡Y cómo no lo van a creer si usted se encarga de propalarlo a los cuatro vientos!

JESÚS. *(Muy excitado).* ¿Que yo me encargo de propalarlo a los cuatro vientos? Pero si paso el santo día encerrado entre estas cuatro paredes, si no hablo con ningún vecino; ¿de dónde sacan tales cosas? ¿De dónde?

DETECTIVE PRIMERO. ¿Cómo se llaman sus padres?

JESÚS. José y María.

DETECTIVE SEGUNDO. Así que niega ser el segundo Mesías y resulta que sus padres se llaman José y María. *(Al Detective Primero).* ¿No te parece muy sospechoso todo esto?

DETECTIVE PRIMERO. *(Al Detective Segundo).* ¡Claro, viejo, este tipo se las trae!... *(A Jesús).* Reconozca que es mucha coincidencia: Jesús, María y José. ¡La Sagrada Familia! *(Lanza una carcajada).*

JESÚS. No veo que tenga que ser necesariamente el segundo Mesías por el simple hecho de llamarse mis padres José y María. Muchos padres y madres se llaman así.

Madre. *(Entra enloquecida y gritando).* ¡Jesús, Jesús, se murió mi hijo! *(Cae de hinojos).* ¡Hágase tu voluntad! *(Todos los actores caen de rodillas, excepto detectives y policías).*
Jesús. ¿Cómo puedes decir que se cumpla mi voluntad si no soy el Mesías?
Madre. *(Gritando).* ¡Oh, Jesús, no digas eso; tú eres Jesús y sabrás por qué no salvaste a mi hijo!
Detective Primero. Esta mujer dice que usted hace milagros. Si es así, ¿por qué dejó que la muerte se lo arrebatara?
Jesús. Señor Detective, no hagamos mayor la confusión. Usted dice que yo no soy Jesús; al mismo tiempo usted afirma que yo me lo creo. En ese caso hubiera hecho lo imposible por devolver la salud al hijo de esta mujer. Pregúntele cuál ha sido mi conducta en todo esto.
Detective Primero. *(A la Madre).* Diga si él no hizo nada para salvar a su hijo.
Jesús. *(Al Detective).* La pregunta está mal formulada. Usted parte de una facultad que no tengo.
Detective Primero. *(Rudamente).* ¡Al diablo con su fraseología! *(A la Madre).* ¿Usted cree que él es Jesús? ¿Pudo salvar a su hijo?
Madre. Es Jesús, es nuestro Jesús. Él hace milagros. *(A Jesús).* ¡Hágase tu voluntad!
Detective Primero. Está bien. *(A los vecinos).* Desalojen. Váyanse tranquilos. Nosotros nos encargaremos de arreglar las cuentas al nuevo Jesús.
Madre. *(Se pone de pie, se encara con el Detective).* ¿Piensa detener a Jesús? Pues lo sacaremos de la cárcel.
Mujer Primera. ¿Por qué se meten con Jesús? Déjenlo en libertad. Nosotros lo convenceremos de que vuelva a hacer milagros.
Pancho. *(A las mujeres).* Ustedes tienen la culpa.
Detective Segundo. *(A los policías).* ¡Saquen a toda esta gente! Pónganse en la puerta, no dejen entrar a nadie. ¡Vamos, pronto!
Policías. *(Dando golpes en el suelo con los clubs, empujando a los vecinos).* ¡Vamos, despejen, circulen…!

(*Los vecinos se alejan protestando*).

Detective Primero. *(Advirtiendo al Cliente. A Jesús)*. Y este, ¿qué hace aquí?

Jesús. Es un cliente.

Cliente. *(Al Detective)*. Si me permiten... Creo que este hombre dice la verdad cuando afirma que él no es Jesús. Me ha convencido. Es un hombre honrado.

Jesús. *(Sonriendo)*. Serás mi primer discípulo.

Detective Segundo. Eso lo veremos. ¿Sabe que tiene sanción penal el declararse santo?

Jesús. Lo sé. Nunca me pasó por la cabeza declararme santo ni mucho menos.

Detective Primero. Entonces, ¿por qué lo dicen los vecinos? Pues lo dicen porque a usted se le ocurrió declararse santo. ¿Será que usted tiene eso que se llama...? ¿Cómo se dice? *(Pausa)*. ¡Ah, sí, ya me acuerdo!: ¿Usted tendrá aura?

Jesús. Si tengo aureola o no la tengo, me tiene sin cuidado. Me basta con saber que soy barbero.

Detective Segundo. Jesús, no nos convence usted. Si quiere que le sea franco: nos resulta bastante sospechoso.

Detective Primero. Pidámosle un milagro ahora mismo. Saldremos de dudas.

Detective Segundo. ¡Eso es: un milagro! Aquí mismo. *(Al Detective Primero)*. ¿Qué milagro se te ocurre?

Detective Primero. *(Pensativo)*. Déjame pensar. *(Pausa. Va al lavabo, coge un vaso, lo llena de agua, vuelve junto a Jesús)*. ¡Vamos a ver, Jesús: harás el milagro de cambiar esta agua en vino! *(Le pone el vaso en las manos)*.

Jesús. Será inútil. Si de mí depende, esta agua seguirá siendo agua y nada más que agua.

Detective Segundo. *(Dando una patada)*. ¡Pues lo harás! Contaré hasta tres, cambiarás el agua en vino. ¡Qué te has creído! *(Cuenta en voz alta)*. ¡Uno, dos, tres!

Jesús. *(Apretando el vaso, apretando las quijadas, mirando hacia el suelo).* Me hubiera gustado ver esta agua convertida en vino para convencerme a mí mismo que soy el nuevo Jesús. *(Pausa).* Sin embargo, sigue y seguirá siendo agua. *(Deja el vaso sobre una mesita).* No soy otra cosa que un pobre barbero. *(A los detectives).* Lo único que puedo hacer en obsequio de ustedes será cortarles gratuitamente el cabello. *(Señalando el sillón).* ¿A cuál de los dos arreglo primero?

Detective Primero. *(Furioso).* ¡Anjá! Conque bromitas… Soy yo quien te va a arreglar…

Detective Segundo. *(Se le acerca).* ¿Así que encima de resistirte a la autoridad te das el lujo de burlarte de nosotros?

Detective Primero. Pues mira bien, Jesús de Camagüey: no estoy nada peludo. *(Le pone la cabeza bajo los ojos).*

Detective Segundo. *(Haciendo lo mismo).* Tampoco yo. Me pelo todas las semanas.

Jesús. Está bien, señores detectives. No hay que ofenderse por tan poca cosa, y si ofrecí mis servicios ha sido con la mejor intención. Un corte de cabellos gratuito es siempre una ventaja en estos tiempos de depresión. *(Pausa).* Por otra parte, no sé por qué razón se me exigen milagros que no está en mi mano producir. Soy un pobre diablo que mantiene a sus padres. Eso es todo. Hoy se vive con bastante dificultad. ¿No saben que la gente se pela con menos frecuencia? *(Pausa).* Sin embargo, a pesar de la carestía de la vida y de la falta de clientes, me sentía feliz. *(Pausa).* Nunca me aterraron las dificultades de la tierra, pero ahora, si me van a venir con el cuento de que soy el nuevo Mesías, de que debo hacer milagros, en verdad que me aterraré. No tengo la menor idea del oficio de santo.

Cliente. *(Excitado).* Así es, señor detective, él no tiene la menor idea… Déjelo en paz.

Detective Primero. *(Al Cliente).* No se meta donde no lo llaman. *(A Jesús).* ¿Crees que esto se queda así? Esto se hincha. *(Agarra*

un brazo a Jesús y se lo tuerce). Jesús, por última vez te digo, ¡haz un milagro! *(Vuelve a torcer el brazo)*. ¡Hazlo, Jesús, hazlo!
Jesús. *(Retorciéndose de dolor)*. ¡No puedo, no puedo!
Detective Segundo. Te daremos dinero si lo haces.
Jesús. No puedo, no me interesa el dinero. Déjenme en paz.
Detective Primero. ¿En paz, dices? Paz te vamos a dar... ¡Cochino!
Detective Segundo. ¿Sabes lo que te espera por haber opuesto resistencia a la autoridad?
Jesús. *(Gritando)*. No opuse tal resistencia; simplemente dije que no puedo hacer milagros. ¿Lo oyen? ¡No puedo, no puedo!
Detective Primero. ¡Habrá mayor cinismo! Pues sí, te has negado. Y sufrirás las consecuencias.
Jesús. No me negué. He tratado de hacerlo, no pude. Esa es la pura verdad.
Detective Segundo. Un ladrillo da más aceite que este barbero. Allá él. *(Pausa)*. Es un descarado. *(Pausa)*. Le pondremos las esposas. *(Saca un par de esposas)*.
Jesús. ¡Oh, no, eso no!
Detective Segundo. *(Le pone las esposas)*. ¡Oh, sí, eso sí!
Detective Primero. Ya que te niegas a operar el milagro ante nosotros, tendrás que hacerlo ante el juez. No te arriendo la ganancia. Te harán algo peor que retorcerte el brazo.
Jesús. *(Hablando consigo mismo)*. Yo mismo complico las cosas: ¿Por qué me exigen milagros y por qué no puedo hacerlos? Estoy metido en un callejón sin salida.
Detective Primero. ¿Qué estás murmurando?
Jesús. Nada. *(Pausa)*. ¿Me van a llevar así por la calle?
Detective Primero. De ti depende. *(Pausa)*. Te daremos una última oportunidad. ¡A ver, záfate las esposas!
Jesús. *(Hace un violento esfuerzo de concentración. Las esposas permanecen en sus muñecas. Rompe a llorar)*. ¡No puedo, no puedo, no puedo!
Cliente. *(A los detectives)*. ¿No están convencidos? Él no es Jesús.

DETECTIVE PRIMERO. ¡A otro perro con ese hueso! *(Agarra a Jesús por el hombro y lo empuja hacia la puerta).* Vamos, le dirás al Juez: ¡no puedo, no puedo, no puedo!
DETECTIVE SEGUNDO. Y el Juez te responderá: ¡Puede, puede, puede!...
JESÚS. *(Desde la puerta).* Tienen ojos y no ven, tienen oídos y no oyen.
DETECTIVE PRIMERO. Esas son palabras de Cristo.
JESÚS. Por eso mismo puedo decirlas; no soy Jesús.

(Salen en medio de las aclamaciones de los vecinos. Cortina lenta).

Acto segundo

Cuadro primero

En la barbería. La mesa que antes contenía revistas sirve ahora de escritorio. Correspondencia por despachar en la mesa. Doble fila de sillas de tijera, que están ocupadas por los prosélitos de Jesús. Al subir el telón, Jesús está sentado en el sillón de barbería. El Cliente, sentado a la mesa, despacha la correspondencia.

Jesús. *(Al Cliente).* ¿Está al día la correspondencia?
Cliente. Solo falta contestar algunas cartas. *(Pausa).* Cada día tenemos más público. Si sigue aumentando, tendremos que alquilar un local más amplio.
Jesús. ¿Te parece? No te hagas muchas ilusiones. Esto no va a durar mucho. *(Pausa).* ¿Pusiste en correos mi respuesta al director del periódico?
Cliente. Hoy por la mañana. A propósito: si te obstinas en rechazar las dádivas, acabaremos por no tener ni para un sello de dos centavos. *(Pausa).* Este mes todavía no hemos pagado el alquiler.
Jesús. No te alarmes. Ya veremos de dónde sale el dinero. No puedo aceptar un centavo de toda esa gente. Se creerían con derechos; volverían a pedirme que obrara milagros. *(Pausa).* Ya sé que es mucho sacrificio vivir, por así decirlo, de la caridad pública. Pero no hay otra salida si queremos alcanzar la suprema victoria.
Cliente. *(Se pone de pie).* ¡Qué hermoso día cuando sobre la faz de la tierra nadie crea que tú eres el nuevo Mesías!
Jesús. Confío que la luz se hará en todas las mentes, aunque en casos como el presente dudo mucho de la iluminación de las mentes. Mi caso hay que tomarlo o dejarlo. Creer o no creer. *(Pausa).* Quién sabe si no será necesaria mi muerte…

Cliente. *(Cogiendo una carta)*. Hay aquí una carta de los católicos de Montreal que, resumiendo, contiene los siguientes puntos. Primero: preguntan muy intrigados, en virtud de qué, si eres Jesús y operas milagros, niegas tu santidad. Segundo: piden datos concretos sobre tu vida y tu obra. Tercero: acompañan giro bancario por mil dólares. *(Pausa)*. Eso es todo.

Jesús. Devuelve los mil pesos, incluye uno de los volantes con mi declaración detallada de que no soy Jesús; sobre mi vida y mi obra remítelos a la Nota inserta en dicho volante, y en la cual se aclara que mi vida ha sido la de cualquier hijo de vecino, y mi obra el corte de cabellos humanos, sistemáticamente practicado desde la tierna edad de quince años hasta los actuales treinta y tres, que son los que llevo en este valle de lágrimas.

Cliente. Hoy hace justamente un mes, Jesús, que saliste de la cárcel.

Jesús. Poca cosa: tres días de encierro, una tortura de primer grado para obligarme a obrar un milagro. Nada menos que pretendían que echara abajo de un soplido la estatua ecuestre del capitán balaceado en el gobierno anterior. *(Pausa)*. Cuando se convencieron que por más que soplaba, el capitán permanecía firme, me metieron en la bartolina. Pasados tres días me echaron a la calle bajo no sé cuántas amenazas.

Cliente. Dime, Jesús, ¿no te parece que la gente se obstina en tomarte como el nuevo Cristo precisamente porque te empeñas en negarlo a brazo partido? ¿No será tu misma negación lo que los *fanatiza*?

Jesús. ¡Que revienten! El pueblo es sincero en su manifestación, pero también yo soy sincero. He aquí dos sinceridades que chocan. Alguien echó a rodar la bola de que yo hago milagros, el pueblo recibió esa bola con los brazos abiertos, y ahora espera grandes cosas de parte mía. Quisiera complacerlos, pero no puedo. Toda mi fuerza y diría que hasta mi posible santidad —al revés, se entiende— se encierra en la negación rotunda, sistemática de que no soy ni seré nunca el nuevo Mesías. Si me declarara como tal, sería olvidado en una semana. Me sé de memoria lo efímero de los santos de ocasión. Es cosa de turnos. *(Pausa)*. Por otra parte, no me quejo, tengo mis discípulos.

Cliente. Somos tan contados los que te seguimos…

Jesús. ¡Bastan! Piensa que el Jesús bíblico tenía poquísimos adeptos. Con la ventaja para él que obraba milagros probados y reconocidos. Es mucho más cómodo creer en un hombre que hace milagros que en otro que no los hace.

Cliente. Al final de todo esto creerán en ti precisamente por no haber efectuado un solo milagro. *(Se sienta de nuevo)*.

Jesús. Quién sabe. *(Pausa)*. Pero dejemos esta casuística que no lleva a ninguna parte. *(Pausa)*. Contesta a las Hijas de María que agradezco mucho el homenaje que proyectan rendirme en la persona de mi madre –sabrás que han acordado hacerla Camarera de la Virgen–, pero que declinó tal honor en vista de que no soy el nuevo Mesías. *(Con tono humorístico)*. Además de que las buenas Hijas incurren en contradicción: si soy el nuevo Mesías, mi madre será, por tanto, la nueva Virgen María, con lo cual quedaría destronada, *ipso facto*, la de Jesús de Nazaret.

Cliente. *(Mirando su reloj de muñeca)*. Jesús, las cuatro pasadas. *(Pausa)*. Tenemos tres audiencias esta tarde.

Jesús. ¿A quién esperamos?

Cliente. *(Leyendo)*. Reverendo Padre M. Salgado S.J., sacerdote español de paso por La Habana en labor catequística.

Jesús. ¡La Iglesia siempre alerta! *(Pausa)*. Prosigue.

Cliente. *(Continúa leyendo)*. Doña Julia de Medina, Condesa de Toro, líder de la alta sociedad. Por último, Augusto Ríos, agente publicitario.

Jesús. ¿Están informados de que las audiencias son ante público?

Cliente. Por supuesto. No han formulado objeciones.

Jesús. En este caso, podemos empezar. Haz pasar al público.

(Se escuchan voces que gritan Jesús).

Cliente. *(Se pone de pie, se dirige a la puerta).* Ya tenemos aquí al pueblo. Y qué fieles te son: hace más de una hora que esperan al sol.

(Entran, en silencio, hombres, mujeres, niños. Al ver a Jesús se prosternan).

Jesús. *(Con firmeza).* Quiero advertirles que si insisten en adorarme me veré precisado a echarlos. *(Pausa).* Pueden sentarse. *(Al Cliente).* Tráeme un vaso de agua.

(El Cliente desaparece por la cortina).

Jesús. *(En voz baja).* Ustedes serán mis verdugos.

(Reaparece el Cliente con el vaso de agua. Suena el timbre. El Cliente le da el vaso a Jesús. Abre la puerta).

Cliente. *(Anunciando).* El Reverendo Padre M. Salgado.

(Aparece el Reverendo: bajito, rechoncho, entrado en años. Llega junto a Jesús. Le estrecha la mano).

Reverendo. ¿Tengo el honor de dirigirme a Jesús García?
Jesús. En efecto, ese es mi nombre. *(Pausa).* ¿Cómo está, Reverendo Padre?
Reverendo. Se ha hecho usted famoso de la noche a la mañana.
Jesús. Triste fama la que no se merece.
Reverendo. ¿Sabe usted lo que se merece? Eso es don de Dios. Sus designios son inescrutables.
Jesús. *(Cortante).* Opino todo lo contrario: sé muy bien lo que me merezco.
Reverendo. Pasemos adelante. *(Pausa).* Bueno, usted sabe, su manera de actuar resulta, digamos, conflictiva... Quiero decir conflictiva en lo que respecta a la Iglesia.
Jesús. ...Militante y Triunfante. ¡No me diga, Reverendo...!
Reverendo. Búrlese usted si ello le place. *(Pausa).* Pero debo decirle que, si la Iglesia jamás aceptará que usted se declare Jesús, mucho menos aceptaría que usted lo negara.

Jesús. Ustedes los eclesiásticos son tan sutiles que yo pierdo pie. *(Pausa)*. Además, si voy a hablar con entera franqueza, le diré que no me interesa la opinión de la Iglesia sobre mi persona.

Reverendo. Lo sabemos. Es usted muy soberbio. Me consta que no es Jesús por esa manifiesta incapacidad que tiene para ser humilde.

Jesús. *(Sarcástico)*. A lo mejor, el Cristo moderno deberá ser soberbio, escéptico; no creerá en el Padre Eterno, no hará milagros…

Reverendo. Aparte de que los blasfemos van derecho al Infierno, le diré que las verdades de la Iglesia son eternas.

Jesús. Dejemos eso… *(Pausa)*. ¿Qué ha venido a proponerme concretamente?

Reverendo. *(Cortante)*. Proponer: nada. Aconsejarle: todo.

Jesús. Pierde su tiempo: echaré sus consejos en saco roto…

Reverendo. Una de las virtudes mayores de la Iglesia es la insistencia. Nosotros somos humildes, nosotros nos humillamos ante el soberbio. Que Dios se encargue de juzgarlo. *(Pausa)*. Por tanto, insisto en darle buenos consejos. *(Pausa)*. Para entrar en materia me remitiré a la circular enviada por Su Santidad a todas las iglesias católicas, la que expone su caso.

Jesús. ¡Anjá! La tengo sobre mi mesa.

Reverendo. Entonces sabrá que, aunque la Iglesia estima que usted obra de buena fe cuando niega de plano que no es el nuevo Mesías, no obstante, ella se ve impedida de aceptar dicha negación.

Jesús. *(Cambiando una mirada con el Cliente)*. ¿Y qué quiere que haga?

Reverendo. Le aconsejaría rechazar la negación.

Jesús. ¿La de que no soy el nuevo Mesías?

Reverendo. En efecto. Sería más saludable.

Jesús. Entonces, ¿afirmo que soy el nuevo Mesías?

Reverendo. ¡No! ¡Tampoco! La Iglesia no apañaría semejante superchería. Tenemos los santos y la vida bienaventurada para que nos veamos en el caso de recurrir a la propaganda. *(Pausa)*. Nada de afirmaciones pues.

JESÚS. ¿En consecuencia?...
REVERENDO. *(Acercando su boca al oído de Jesús).* Yo usted...
JESÚS. *(Echándose a un lado vivamente).* ¡No, Reverendo, nada de secretos! ¡Nada confesional; todo en público!
REVERENDO. *(Retrocediendo espantado).* ¡Es usted el mismísimo demonio! *(Pausa).* Bien, lo diré muy alto.
JESÚS. Así lo espero.
REVERENDO. Pues no sostenga ni una cosa ni la otra. Manténgase entre dos aguas. Deje decir, no oponga resistencia a la voz del pueblo. *Vox populi, vox Dei.* Por otra parte, neutralice la voz del pueblo mostrándose indiferente. Le aseguro que su caso será olvidado en el término de un mes.
JESÚS. Siento no poder complacerlo, Reverendo, pero tengo una sola actitud: no soy el nuevo Mesías. Y de ahí no me apartaré un ápice.
PÚBLICO. *(Gritando).* ¡Tú sí eres Jesús, Jesús, Jesús!
REVERENDO. *(Viendo que Jesús se dispone a hablar).* No les conteste, no los excite. Abandone discretamente el local.
JESÚS. *(Sonriendo).* Reverendo, usted es un jesuita que se las trae... Pero también soy un no-Jesús que se las trae. *(Pausa. Al público).* Si vuelvo a oír que soy Jesús, desalojo la barbería. ¿Entendido?
REVERENDO. *(Iniciando la retirada).* ¡Por el señor, que es usted terco! *(Pausa).* De todos modos, la Iglesia le ha aconsejado el buen camino. Si se empeña en tomar el malo, allá usted. Sufrirá las consecuencias.
JESÚS. La vida siempre se pierde; hay que morir de algo.
REVERENDO. Nosotros tenemos los mártires de las causas justas.
JESÚS. ¡Y qué! Yo soy el mártir de las causas perdidas. Estamos a la recíproca. Si pierdo la vida, pues que me entierren.
REVERENDO. Se pierde esta terrenal, pero se gana la Eterna. *(Pausa).* Después de todo, para qué seguir argumentando. Con usted, es tiempo perdido. Me marcho. Dios, en su infinita bondad...
JESÚS. *(Lo interrumpe).* ¡Ya sé, ya sé...!

Reverendo. *(Saludando y caminando)*. Buenas tardes. *(Llega a la puerta)*.

Jesús. ¡Reverendo: diga a todo el mundo lo que vio y oyó en esta barbería!

Reverendo. *(Se inclina)*. En el momento supremo acuda a Dios. *(Sale)*.

(Jesús ha caído en profunda meditación. El Cliente se acerca, seguido por la Condesa, que acaba de cruzarse con el Reverendo).

Condesa. *(En voz baja, al Cliente)*. ¿Se ha dormido?

Cliente. *(A la Condesa)*. A lo mejor duerme, a lo mejor nos está escuchando. *(Toca a Jesús en el hombro)*. Jesús, aquí está la señora Medina.

Jesús. *(Alzando la cabeza)*. ¡No, no dormía, meditaba! Perdón. ¿Es usted la señora Medina?

Condesa. *(Asintiendo con la cabeza, al mismo tiempo le tiende la mano)*. ¡Pero es usted muy joven! Yo esperaba encontrarme con un viejo.

Jesús. Bueno... No tanto. Tengo la edad de Cristo: treinta y tres.

Condesa. Pronto entramos en materia.

Jesús. Hija, le doy el pie... *(Pausa)*. Ahora bien, hay una ligera diferencia entre Cristo y yo.

Condesa. *(Con curiosidad)*. ¿Cuál?

Jesús. Cristo era realmente Cristo; yo, en cambio, ni lo soy ni lo seré jamás.

Condesa. Pero todos se encargan de afirmar que usted es el nuevo Jesús.

Jesús. Al freír será el reír... *(Pausa)*. Mire, Condesa, tengo mis prosélitos, verdad que pocos, pero los tengo.

Condesa. *(Señalando al público)*. ¿Son esos?

Jesús. ¡Qué más quisiera yo! Pero no, ellos están empeñados en que yo soy el nuevo Mesías.

Condesa. Entonces, no me explico la presencia...

Jesús. *(La interrumpe)*. Ellos vienen porque me adoran como el nuevo Jesús y yo los recibo para meterles en la cabeza que me deben adorar —si de adoración se trata— como a no-Jesús.

Condesa. Comprendo. *(Pausa)*. Dígame, si usted niega ser el nuevo Mesías, ¿cómo habla entonces de prosélitos?

Jesús. Tengo una verdad: la de no ser el nuevo Mesías. Aquellos que la comparten son mis discípulos.

Condesa. Me pierdo en su... filosofía. *(Pausa)*. He venido a pedirle que nos honre con su presencia en una fiesta de caridad que daremos el próximo domingo.

Jesús. ¿A base de aparecer como el nuevo Jesús?

Condesa. ¡Por supuesto! Venderemos miles de entradas. Hay un entusiasmo enorme por verlo a usted.

Jesús. Mire, señora Medina, voy a proponerle algo que llenará su fiesta lo mismo que si me presentara en ella como el nuevo Jesús.

Condesa. Lo dudo mucho. Es difícil que exista algo más interesante que el nuevo Mesías.

Jesús. ¡Se equivoca!: yo, en mi papel de no-Jesús, soy más apasionante que el nuevo Jesús. *(Por lo bajo)*. Y más trágico.

Condesa. ¡Pero eso sería una locura! Todos se sentirían defraudados. No se venderá una entrada.

Jesús. Se venderán todas. Diga que a su fiesta asistirá un barbero que se niega a ser el nuevo Mesías. Habrá trompadas y empellones por verme. ¡Caramba! Será una fiesta bien original.

Condesa. *(Histérica)*. ¡No puedo, no puedo! Usted es Jesús. ¿Por qué se empeña en negarlo? ¿Por qué no acepta su cruz?

Jesús. Yo tengo mi cruz.

Condesa. Solo hay una cruz: la de Cristo. El resto es soberbia.

Jesús. Si aceptara la cruz del Salvador no sería otra cosa que un triste mixtificador. En cambio, llevando la mía particular y privada, afirmo mi autenticidad.

Condesa. Cuídese de la justicia divina.

Jesús. No diga que me cuide de la justicia divina porque implícitamente me está negando como lo que usted cree que yo soy, es decir, como el nuevo Jesús. *(Pausa)*. Además, nadie sabe una palabra sobre la justicia divina.

Condesa. No lograremos ponernos de acuerdo. De todos modos, no desespero de verlo en nuestra fiesta. Por si acaso cambia de parecer, aquí tiene mi tarjeta. *(Le entrega una tarjeta de visita)*.

Jesús. *(Tomando la tarjeta)*. Le diré otro tanto: si usted cambia de parecer ya sabe dónde encontrarme.

Condesa. Dios dirá… *(Camina hacia la puerta. En ese momento tocan. El Cliente abre. Entra, muy agitada, una Prostituta de ínfima clase. Lleva de la mano a un hombre de aspecto apocado)*.

Prostituta. *(Se acerca a Jesús)*. ¡Jesús, Jesús…!

Jesús. ¿Qué pasa, mujer?

Prostituta. *(Señalando al hombre)*. El profesor se quiere casar conmigo.

Jesús. Bueno, si él quiere…

Prostituta. Él le va a decir una cosa… *(Al Profesor)*. ¡Vamos!

Profesor. Me quiero casar, pero ella no es virgen. Me encantan las vírgenes. Se lo dije. Entonces ella me dijo que usted podía hacer un milagro.

Prostituta. ¡Sí, Jesús, haz un milagro! ¡Quiero ser virgen!

Jesús. ¡Qué locura! Si perdiste tu virginidad ya no hay remedio. *(Al Profesor)*. Pero usted, si la quiere, ¿por qué no prescinde de ese requisito?

Profesor. ¡Nunca! Me encantan las vírgenes. Me buscaré una virgen auténtica. *(A la Prostituta)*. Lo siento por ti.

Prostituta. *(Furiosa)*. ¡Jesús, me las pagarás!

Público. ¡Jesús, Jesús, haz un milagro!

Condesa. *(Desde la puerta, a Jesús)*. ¿Es cierto que no puedes hacer un milagro Jesús?

Prostituta. *(A la Condesa)*. ¡Sí puede, sí puede, pero el muy cochino no quiere! ¡Me las pagarás!

Condesa. ¿Realmente no puede?

Jesús. *(Se limpia las lágrimas).* Realmente, no puedo. ¡Oh, qué angustia! *(Deja caer la cabeza sobre el pecho).*
Profesor. *(A Jesús).* Entonces, usted no es Jesús. *(A la Prostituta).* Me engañaste miserablemente.
Prostituta. *(Al Profesor).* Todo el barrio dice que él hace milagros.
Jesús. *(Al Profesor).* Es cierto, te engañaron, pero yo no te engañaré. *(Pausa).* Puedes creer en mí porque no soy Jesús.
Profesor. Enseñaré tu verdad. Cuenta conmigo.
Prostituta. *(A la Condesa).* Nosotras no pintamos nada aquí. Se acabó lo que se daba...
Condesa. *(A la Prostituta).* Váyase tranquila. Ya encontrará otro hombre que no crea en la virginidad. *(Irónica).* Es la época de la incredulidad.
Jesús. *(A la Condesa).* Señora Medina, aprende usted rápidamente mis enseñanzas.
Condesa. *(Se aleja seguida por la Prostituta).* Hago por creer en ti. *(Salen).*

(El Cliente, que las ha acompañado hasta la puerta, echa una ojeada a la calle. Después cierra).

Cliente. *(Caminando hacia la mesa).* ¡Qué audiencias borrascosas! *(Pausa).* Las cuatro y media largas... Ya debía estar aquí Augusto Ríos.
Ríos. *(Que está sentado en el público se pone de pie).* Presente Augusto Ríos.
Jesús. Original manera de introducirse. Señor Ríos, aquí me tiene en la brecha...
Ríos. *(Se acerca a Jesús).* Cuando venía para tu casa, me puse a pensar; ¿será este barbero realmente el nuevo Jesús? Entonces se me ocurrió sentarme en el público. Me dije: Si él es el nuevo Jesús enseguida me reconocerá. *(Pausa).* ¡Fallaste, viejo, fallaste!
Jesús. Entonces, ¿crees en mí?

Ríos. A mí las creencias no me interesan. En cambio, el dinero... Por un peso camino veinte leguas. He venido a proponerte un negocio brillante.

Jesús. Bueno, no me queda otro remedio que oírte. No soy Jesús para echarte del templo. *(Ríe)*.

Ríos. *(Riendo)*. Ya sabía yo que haríamos buenas migas.

Jesús. Un poco más despacio, Ríos. Veamos qué clase de negocio.

Ríos. *(Carraspea)*. Como ya sabes, soy agente de publicidad. Agencia acreditada. Capital propio. Seriedad. Garantía, etc., etc. *(Pausa)*. Vengo a proponerte una extensa *tournée* por Estados Unidos. Te doy el cincuenta por ciento de las ganancias. El setenta en exhibiciones privadas para millonarios. No tendrás que hablar. La exhibición consiste en hacer milagros. Por supuesto, milagros preparados. Por ejemplo, caminar sobre las aguas... Bueno, tú me entiendes.

Jesús. ¿Quieres decir que uno de mis milagros se titulará Cristo caminando sobre las aguas?

Ríos. Por supuesto.

Jesús. Denegado.

Ríos. Cómo..., ¿no aceptas?

Jesús. De plano. *(Pausa)*. Ahora bien, si me presentas como no-Jesús, entonces...

Ríos. *(Lo interrumpe)*. ¡Ya sé, ya sé...! Ya oí tus argumentos. *(Pausa)*. ¿Es tu última palabra?

Jesús. La última.

Ríos. Jesús, ¡eres intratable! No irás muy lejos. *(Pausa)*. Me voy: mis minutos valen oro. *(Camina hacia la puerta)*. ¡Vivir para ver! Cuando se lo cuente a mi socio... Se caerá de la silla... *(Se encuentra con el Cliente, que lo ha precedido para abrirle la puerta)*.

Cliente. *(A Ríos)*. Lo sentimos mucho, señor Ríos.

Ríos. *(Al Cliente, en voz baja)*. Si logra convencerlo, le regalaré mil pesos.

Cliente. ¿Y quién me convence a mí?

Ríos. *(Saliendo)*. ¡Váyanse los dos al diablo!

Jesús. *(Se pone de pie, se dirige al público)*. Supongo que estarán más que convencidos.

Público. *(Se arrodillan)*. ¡Jesús, Jesús, bendícenos!

Jesús. *(Conminatorio)*. ¡Arriba! ¡De pie! ¡Pronto!

(El público se pone de pie).

Jesús. ¡A la calle! ¡Fuera! ¡Me piden imposibles! ¡Fuera, he dicho!

(El público comienza a salir).

Jesús. Terminarán haciéndome picadillo.

(El público acaba por salir).

Jesús. *(Al Cliente, que acaba de cerrar la puerta)*. ¡Pronto: tráeme un calmante! ¡Siento miles de espinas en la frente!

(El Cliente abre de nuevo la puerta. Sale. Jesús se sitúa frente al cuadro del Sagrado Corazón. Lo mira atentamente. Se vuelve a los espectadores, deja caer los brazos en gesto de desaliento).

Jesús. ¡Se cansa uno!

(Telón lento).

Cuadro segundo

Sótano de techo muy bajo. Escalera al fondo. Tres bancos adosados a las paredes. Mesita y radio portátil. Poca luz. Escena desierta. Se escucha un programa de noticias.

Voz del locutor. *(Alta)*. Hoy a las diez de la mañana tomó posesión de su cargo el nuevo Administrador de la Aduana. Ayer fue atropellado por el auto chapa doce mil doce el menor Rafael Pozo. *(Pausa)*. ¡Flash! ¡Último minuto! Se escapó de la Oncena Estación el ciudadano Jesús García, el hombre que no quiere ser Cristo. Jesús García, de oficio barbero, con negocio instalado en Aguacate número cinco, viene negando sistemáticamente desde hace meses haber hecho milagros. La excitación popular ha alcanzado tales proporciones que ayer, García fue apedreado en el Prado, costando gran trabajo a la Policía arrancarlo de las manos del populacho. Habiendo sido detenido, logró escapar en la tarde de hoy. Se le busca activamente. Seguiremos informando.

Cliente. *(Que ha bajado al sótano y se ha puesto a escuchar. Apaga la radio).* Esto pinta mal… *(Coge un periódico que está sobre la mesita).*

(Se sienten pasos. Aparece el Profesor).

Cliente. *(Dejando el periódico. Se para. Va al encuentro del Profesor).* ¡Por fin! ¿Alguna novedad?

Profesor. *(Mirando a uno y otro lado).* ¿Se puede hablar?

Cliente. Estamos solos.

Profesor. Acabo de ver a Jesús en casa del lechero. Dentro de unos minutos llegará. Viene escondido en el carro de la leche. *(Pausa).* ¿Ya le avisaste a todos los compañeros?

Cliente. He citado a todo el mundo a las tres de la madrugada. *(Mirando su reloj).* Falta poco, son las tres menos cuarto.

Profesor. No pude hablar con Jesús. Estaba extenuado. *(Pausa).* ¿Qué fue exactamente lo que pasó en el Prado?

Cliente. Te diré: ayer sobre las cinco, cuando salíamos de casa del nuevo prosélito, que vive en Prado y Refugio, Jesús acertó a ser reconocido por un grupo de muchachos. Verlo y empezar a silbarlo fue todo uno. Por fin nos rodearon y le pidieron a Jesús toda clase de milagros. Mal que bien íbamos saliendo del paso, cuando llegó, jadeante, un muchachito que llevaba en los brazos un perro muerto. El muchacho se plantó ante Jesús y le pidió que le devolviera la vida a su perro. Lo acababa de matar un auto. *(Pausa).* Imagínate: momento terrible. La expectación crecía por momentos. *(Pausa).* Entonces Jesús puso su mano sobre la cabeza del perro y dijo sencillamente: «Este perro está muerto y muerto se quedará». El muchacho se echó a llorar, viendo lo cual, uno del grupo zarandeó a Jesús y lo insultó. Echamos a correr. Yo me escondí detrás de una columna, y desde allí vi como el pueblo lapidaba a Jesús. Una de las piedras le dio en la frente. Jesús cayó de rodillas. En ese momento llegó la perseguidora, la gente echó a correr y se llevaron a Jesús para la Estación.

PROFESOR. ¿Y cómo logró escapar?

CLIENTE. Bueno, esa es la segunda parte de la aventura, que Jesús nos contará cuando llegue.

(Se sienten pasos arriba. En seguida empiezan a bajar los discípulos de Jesús).

PROFESOR. *(Se pone de pie)*. Ahí está la gente.

(Aparecen la Condesa, la Prostituta, cuatro hombres, dos ancianos, dos mujeres. Se sientan).

CLIENTE. *(A la Condesa)*. ¿No hubo problemas para llegar hasta aquí?

CONDESA. Ninguno. Todavía no les han dado el soplo de este nuevo escondite. Andamos de la ceca a la meca... *(Pausa)*. Tarde o temprano nos echarán el guante.

CLIENTE. La situación es grave.

CONDESA. Más que grave, crítica. El asesinato de Jesús es cosa resuelta.

CLIENTE. ¿Te basas en algo preciso?

CONDESA. Anoche estuve de visita en casa del comandante Lar. Estaban presentes otros jefes. Se habló muy claramente de liquidar a Jesús.

CLIENTE. ¿No sería posible sacarlo del país?

CONDESA. *(Vivamente)*. ¡No quiere! ¡Se niega! Hace quince días —y entonces la situación no era tan crítica— con motivo del incidente en el parque de la Fraternidad, le supliqué que se exiliara, que se fuera a Miami por un tiempo. Pues se negó de plano, me dijo que moriría al pie del cañón. Esas fueron sus palabras.

Cliente. Aunque tengo muy en cuenta la gravedad de la situación no debemos olvidar que Jesús se debe a una causa.
Profesor. *(Lo interrumpe).* Bueno, a una causa perdida.
Cliente. Para el caso, es lo mismo. Cuando Jesús habla de morir al pie del cañón, está aceptando implícitamente que su causa está perdida.
Condesa. Con todo, insisto en que se vaya. Más vale un ratón vivo que un león muerto.
Cliente. No debemos empujar a Jesús a una muerte cierta, pero no es menos cierto que somos sus discípulos, que pensamos como él y que debemos aceptar su negativa.

(Se escucha, lejano, el motor de un camión. Los actores se ponen de pie. Pausa larga. Se sienten pasos. Pausa. Aparece Jesús, con la frente vendada. Baja por la escalera seguido por el lechero).

Jesús. *(Se detiene en el último peldaño).* Buenas noches. *(Avanza al centro de la escena).* ¿Qué novedades tenemos?
Cliente. La radio no hace otra cosa que hablar de tu fuga. Por su parte la policía… *(Se interrumpe, mira a la Condesa).* Anoche, Julia…
Condesa. *(Lo interrumpe).* Después hablaremos de eso. *(A Jesús).* ¿Qué proyectos tienes?
Jesús. Un hombre como yo nunca hace proyectos, Yo voy con la ola… *(Pausa).* Solo sé que hoy es una pedrada *(se toca la frente)*; mañana será algo más decisivo.
Cliente. A propósito, ¿cómo te escapaste?
Jesús. Una escapatoria muy cómica: casi desvanecido por la pedrada, caí en la perseguidora. A toda velocidad me llevaron a la Estación. El Capitán, expeditivo, me dijo: «Señor García, ya usted constituye un problema de orden público. No podemos permitir que usted dé un *meeting* en cada cuadra». *(Pausa).* Entonces se levantó de la silla, me cogió por los hombros y echándome el aliento, me gritó: «Le doy a escoger: o hace declaraciones por el periódico aceptando ser el nuevo Jesús o lo meto de cabeza en

el Príncipe». *(Pausa)*. Hubiera podido argumentar con sutilezas hasta cansarlo, pero preferí decirle, lisa y llanamente que elegía la cárcel. El Capitán lanzó cuatro ajos, me dio una bofetada, y la orden de que me llevaran. *(Pausa)*. Ahora viene la coyuntura feliz: los policías me empujan hacia la perseguidora. Enorme público se ha congregado en la puerta de la estación. Casi no podemos pasar; en ese momento el pueblo empieza a silbar a la policía. Reparten palos, se forma una batalla campal. Me pierden de vista. Me tiro al suelo, repto cosa de diez metros, alcanzo la plaza, corro, corro, y me salvo. *(Pausa)*. ¡Por el momento, señores, me salvo por el momento!

CONDESA. Insisto en que debes irte para Miami.

JESÚS. *(Como si no la escuchara)*. Debemos estar preparados.

CLIENTE. ¿...Preparados?

JESÚS. Así es, preparados para mi muerte. Voy a morir en fecha muy cercana.

CLIENTE. Nos llenas de angustia.

JESÚS. Los lleno de certidumbre.

CONDESA. Pero en Miami...

JESÚS. También se muere en Miami.

PROFESOR. Entonces, Jesús, ¿nada se podrá evitar? Hay otros países...

JESÚS. Dejémonos de irrealidades. Para detener mi muerte habría que detener el mundo. Esta muerte forma parte de una marcha ineluctable. *(Pausa)*. Cambiemos el tema, ¿quieren? *(Pausa. A la Condesa)*. Julia, ¿me quieres ceder para mañana a la noche el gran comedor de tu casa?

CONDESA. ¿Mi comedor? No entiendo...

JESÚS. Tu comedor. Mañana me despediré de todos ustedes con una cena regia.

CONDESA. Como broma no está mal.

JESÚS. Bromeo con mi muerte. Ahora bien, nuestra última cena no será, como mi muerte, una broma pesada sino un festín de locura.

Condesa. *(Conteniendo las lágrimas).* Tiraremos la casa por la ventana... *(Rompe a llorar, también el resto de las mujeres).*
Jesús. ¿Por qué llorar, mujeres? *(Pausa).* Ya saben... mañana, a las diez de la noche. Nos vamos a divertir en grande. Hasta pronto.

(Los actores permanecen en sus puestos. Jesús sube por la escalera. Telón lento).

Acto tercero

Cuadro primero

Comedor enmarcado por espejos. Del techo cuelgan lámparas que arrojan luz cegadora. Los actores visten todos de blanco y están maquillados en blanco. Se desea producir un efecto de disolución por el choque de la luz con lo blanco. Servicio de mesa para comida de aparato. En el momento de descorrerse el telón la cena toca a su fin. Jesús está sentado al centro de la mesa; a su derecha el Cliente, a su izquierda la Condesa. El resto de los actores puede ser ubicado en la mesa según el criterio del director.

JESÚS. *(Altisonante)*. ¡Comed de este pan porque él es mi carne *(arroja afectadamente panecillos a diestra y siniestra)* y bebed de este vino porque él es mi sangre! *(Ofrece una copa a la Condesa).*

(Todos los actores cogen sus copas y beben).

JESÚS. Poco o nada me gusta usar las palabras efectistas de Jesús, pero resulta tan absurdo lo que me pasa que puedo permitirme plagio tan inocente. *(Pausa).* Porque, en verdad, en verdad os digo que ni ese pan es mi carne ni ese vino es mi sangre. *(Pausa).* ¿Y si la situación se hiciera más absurda y me viera obligado a decir: Bebed de este pan porque él es mi sangre y comed de este vino porque él es mi cuerpo? *(Pausa).* Y si más absurda se hiciera, ¿no se me trabaría la lengua y alteraría los términos lógicos de la oración? Oíd: comed de esta carne porque ella es mi pan y bebed de esta sangre porque ella es mi vino... *(Lanza una carcajada).*

(Los actores ríen).

JESÚS. *(Se pone de pie, levanta la copa)*. ¡Los límites se borran, la razón se oscurece, la lógica se quebranta! *(Pausa)*. ¡Amigos, brindo por la muerte eterna!

(Los actores se levantan y brindan en silencio).

JESÚS. ¡Siéntense, amigos, siéntense! *(Pausa)*. Ahora vamos a divertirnos. *(Pausa)*. Diré a cada uno de ustedes la clase de muerte que le está reservada. Lo haré de izquierda a derecha, *(Se dirige al extremo izquierdo de la mesa, donde está sentado el lechero)*. Para ti, el puñal... *(A la Prostituta)*. En una copa de ron, y algo más que termina tus días. *(A uno de los ancianos)*. Te hundes... Te hundes... Desapareces bajo las aguas. *(A uno de los hombres)*. Se rompe un andamio: caes, caes, caes... *(A una de las mujeres)*. Dos manos en tu garganta: estrangulada un martes... *(A la Condesa)*. Bella Condesa, espionaje, tarde gris, un foso, diez disparos. *(Al Cliente)*. Amigo mío, te falta el aire, cada vez más te falta... ¿Por qué dejaste abierta la llave del gas? *(A uno de los ancianos)*. De una viga una cuerda, y de la cuerda tú... *(A una de las mujeres)*. Te operan demasiado tarde... *(A uno de los hombres)*. Matas, te matan... *(A uno de los hombres)*. Un desplome: enterrado vivo. *(Al Profesor)*. *Delirium tremens*: ratones, murciélagos, gusanos, putrefacción.

CLIENTE. *(Se levanta, corre al extremo de la mesa donde se ha quedado Jesús con la mano puesta en la espalda del Profesor)*. ¡Jesús, Jesús!: ¿será realmente como lo vaticinas?

JESÚS. *(Caminando hacia su puesto en la mesa)*. ¿Por qué me lo preguntas? No soy Jesús para contestarte. Jesús dependía del Padre Eterno, yo dependo del azar. *(Se sienta)*.

CLIENTE. *(Que lo ha seguido, y ahora está a sus espaldas)*. Pero según lo que acabas de decirnos, todos sufriremos muerte violenta.

JESÚS. ¡Cuánta inocencia! ¿No acabas de comprender que no siendo Jesús puedo darme el lujo de unos cuantos embustes?

CLIENTE. *(Se sienta)*. Supón que se cumplen tus vaticinios.

JESÚS. Entonces habré tocado la flauta por casualidad.

Condesa. Una casualidad inquietante. *(Pausa)*. Si morimos como acabas de predecir, no habremos hecho otra cosa que justificarte.
Jesús. *(Levantando la copa)*. Entonces, ¡a la recíproca!
Cliente. *(A Jesús)*. Pero tu muerte, la tuya, esa nadie la ha vaticinado.
Jesús. No hacía falta. Me la fabriqué yo mismo.
Cliente. ¿Pero las nuestras?
Jesús. Son muertes de escenarios. Las únicas que puedo predecir.
Condesa. ¿Por qué?
Jesús. Dicen que las verdaderas, las terribles, pertenecen a Cristo.
Condesa. ¿Y si morimos realmente de esas muertes de escenarios?
Jesús. En ese caso yo sería Cristo.

(Se escucha un toque de clarín).

Jesús. *(Se levanta)*. Ahora, para fortalecer la fe de ustedes en mi doctrina, voy a operar unos cuantos milagros.
Todos. ¿Milagros…?
Jesús. Sí, mis milagros, milagros *made in home,* milagros fabricados, milagros al por mayor, milagros de feria. *(Da la vuelta por el extremo izquierdo de la mesa y llega hasta una mesita donde está colocada una redoma llena de agua)*. ¡Cambiaré el agua en vino! *(Pausa. Pone la mano sobre la redoma)*. ¡Hágase! *(El agua se colorea de rojo)*.

(Los comensales estallan en aplausos. Jesús saluda afectadamente).

Jesús. Ahora multiplicaré los peces. *(Va hacia la mesa de comer y coge un gran pez de nylon que está en una fuente; lo rompe con un cuchillo y del pez salen pececitos de nylon. Redoblan los aplausos, Jesús vuelve a saludar)*. Ahora le llega el turno al más memorable de mis milagros. *(Llega frente a la puerta del comedor)*. ¡Lázaro, levántate y anda!

(Se abre lentamente la puerta y aparece un maniquí, que es una réplica de Lázaro. Avanza unos pasos y se detiene. Todos los actores se levantan y rodean a Jesús).

Cliente. Señor, propagaremos tu doctrina por toda la tierra.
Jesús. Propagad los falsos milagros. Si el pueblo los prefiriera a los divinos, yo hubiera aceptado con gusto el mesianismo. *(Pausa)*. Sé que he de morir en estos días, no por revelación, por cálculo lógico. Ahora bien, lo importante no es mi muerte, sino mi vida. *(Pausa)*. Yo era un simple barbero, un día corre el rumor de que hago milagros. He ahí el primero de los absurdos en que se me ha enredado. Nunca coloqué mi mano sobre la frente de nadie para calmar un simple dolor de cabeza; mucho menos sané a ningún enfermo, e infinitamente menos devolví la vida a los muertos. Pero a pesar de esta lógica aplastante, el absurdo siguió tendiendo sus redes. Estas redes me han hecho parar en el antagonista del Jesús. *(Pausa)*. ¿Cuáles son las consecuencias? El pueblo cree, quiere milagros, quiere que yo los haga. Que yo tenga escrúpulos, que me desespere, que pueda morir, eso lo tiene sin cuidado. Le basta con creer. Si algo se opone a su creencia lo destroza. *(Pausa)*. Y he ahí mi caso: no acepto ser Jesús. En revancha, me aplastan. *(Pausa)*. ¿Por qué me niego? Cuando me llegó el rumor de que yo era Jesús, me opuse rotundamente a tal mesianismo. Si existe la revelación, a mí me revelaron que yo no era Jesús. Pensé ingenuamente que excitaría la fe del pueblo negando mi divinidad. En esa negación estaba mi fuerza y también mi muerte. *(Pausa)*. Soy divino, lo confieso, pero de la tierra para acá. *(Pausa)*. ¿Una enseñanza? Los hombres sabrán por mí que no hay salvadores del género humano, en otras palabras, cada hombre es Jesús o no Jesús de sí mismo. *(Pausa)*. Voy a morir, porque toda creencia necesita víctimas propiciatorias. *(Pausa)*. Ha llegado, pues, el momento de parodiar la frase suprema de Cristo. Y mi parodia es esta: «Yo soy la mentira y la muerte». *(Al concluir la frase se ilumina el cuerpo de Jesús, para lo cual se apagarán las luces del comedor y se proyectará sobre Jesús. El Profesor rompe a llorar)*.
Jesús. ¿Por qué lloras? ¿No me ves? Estoy lleno de luz.
Profesor. ¡Oh, Señor, tú eres Jesús!

Jesús. ¡Cómo…! ¿Me niegas?
Profesor. No sé lo que digo, pero te pareces a Jesús.
Jesús. Sí, pero desde otro ángulo: no viviré por los siglos de los siglos, mas moriré por los siglos de los siglos.

(Suena el timbre del teléfono, colocado junto a la puerta).

Condesa. *(Mirando a Jesús).* El teléfono… ¿A estas horas? ¡Pronto, Julia! No perdamos esa llamada.

(Sigue sonando el timbre).

Condesa. *(Va al teléfono y descuelga).* Oigo… *(Pausa. A Jesús).* Te llaman…
Jesús. *(Corriendo al teléfono, lo coge).* Oigo… *(Pausa).* Sí, está hablando con Jesús García… *(Pausa).* ¡Ah, entonces será muy pronto! *(Pausa).* No, no bromeo; solo digo que me alegra que sea cuanto antes. *(Pausa).* ¡Por supuesto: no trataré de evitarlo…! Sí, sé que me buscan. Gracias, de todos modos, por su advertencia. *(Cuelga).*
Cliente. *(Se acerca a Jesús).* ¿Quién llamó?
Jesús. Un desconocido. Para el caso da igual. Se precipitan los acontecimientos.
Condesa. *(Se acerca también).* Coge el avión, estás todavía a tiempo.
Jesús. *(A la Condesa).* Dejemos a otros el avión, ya tengo mi vehículo. *(Pausa).* Amigos, nada mejor a esta hora que la frase: «Mañana será otro día»… *(Pausa).* Vamos a despedirnos definitivamente: después de nuestra muerte no nos vamos a encontrar ni en el paraíso ni en el infierno. *(Pausa).* No estrechemos nuestras manos. En cambio, será mejor lavárselas. Así. *(Mete sus manos en la redoma).* Uno siempre acaba por lavarse las manos. *(Se dirige hacia la puerta. Levanta el cuello del saco).*
Cliente. ¿Tienes frío, Señor?
Jesús. *(Caminando).* Sí, siento ya el cuchillo…

(Los actores permanecen en escena. Se escuchan, vibrantes, las notas del clarín. Cortina lenta).

Cuadro segundo

En la barbería. Al levantarse el telón estará sentado en el sillón un hombre de unos cuarenta años, vestido de negro, calvo por completo. Lee un periódico a la altura de sus ojos, de manera que el espectador solo acierta a ver su calva. La puerta de la calle abierta de par en par.

Jesús. *(Entra y cierra la puerta. Va recto a la mesa con revistas. Se inclina, se vuelve a incorporar, entonces ve al hombre).* ¿Qué se le ofrece, amigo?

Asesino. *(Bajando el periódico, mirando a Jesús con sorna).* ¡Ah, por fin llegó...! *(Pausa).* ¿Qué se me ofrece? ¡Pues pelarme! ¿No es usted el barbero?

Jesús. *(Se acerca al sillón).* El barbero, eso es, nada más que el barbero. *(Pausa).* ¿Así que ha venido a pelarse?

Asesino. No estoy sentado aquí para que usted me dé vueltas como un trompo. Quiero que me pele, y pronto, ¿oyó?

Jesús. *(Pasa la mano por la calva del Asesino).* ¡Pero si es usted calvo, completamente calvo!

Asesino. *(Soltando la carcajada).* ¿Qué tiene que ver? Me encantan las barberías, me encantan los barberos y me encanta pelarme. Así que péleme.

Jesús. ¡Oiga!, ¿quiere decirme dónde le meto la tijera? ¿No ve que no tiene un solo pelo?

Asesino. *(Gritando).* ¡Y vuelta a lo mismo! Déjese de tanta verborrea y empiece a pelarme.

Jesús. ¡Vamos, seguro que usted quiere hacerme un chiste! Se lo estoy viendo en la mirada.

Asesino. He dicho que quiero pelarme. *(Pausa).* No tengo nada que hacer: en algo hay que matar el tiempo...

Jesús. Pero... ¡Le juro! No hay, como se dice, tela por dónde cortar... *(Pausa).* ¿No le da lo mismo que hablemos?

Asesino. *(Implacable).* Quiero pelarme. Pe-lar-me.

Jesús. ¡Sea! Voy a ponerme la bata. *(Va hacia la cortina del fondo).*

Asesino. Tómese todo el tiempo que quiera. No estoy apurado. Tengo todo el día por delante.
Jesús. *(Desde adentro).* ¿Conocía esta barbería?
Asesino. No, soy del interior. Llegué ayer. *(Pausa).* Vine en busca de un tipo. Pero como no sé cuándo lo voy a encontrar, pues espero buenamente que aparezca. Por eso le digo que tengo todo el día por delante. *(Pausa).* Me levanté temprano, me desayuné, caminé, me fumé un tabaco. Bueno, nada, que estoy de un lado para el otro. *(Pausa).* No hace diez minutos bajaba por esta calle, de pronto me entraron ganas de pelarme, qué quiere, así soy yo, pues alzo la vista y me encuentro con su barbería. Dicho y hecho: me pelaré. Toqué, volví a tocar, nada. Claro –me dije–, todavía no son las nueve; el barbero estará durmiendo o vivirá en otro lado. *(Pausa).* Entonces me di cuenta que la puerta estaba entrejunta… Y me colé. *(Ríe).* Pensé: Debe estar al llegar, Entonces me senté aquí, en el sillón. *(Pausa).* Dígame: ¿siempre deja la puerta entrejunta? ¿No tiene miedo?
Jesús. Lo que está para uno… *(Pausa).* La puerta estaba entrejunta porque salí un momento para comprar tinta.
Asesino. *(Asombrado).* ¡Tinta!…
Jesús. ¡Pues, claro, tinta! Debo escribir varias cartas.
Asesino. ¿Y le queda tiempo para escribir cartas?
Jesús. *(Saliendo).* ¡Todo el tiempo, amigo, todo el tiempo! Precisamente, hoy acabo de despedirme del oficio.
Asesino. Qué me cuenta… ¿Y puede saberse por qué?
Jesús. *(Sin contestar la pregunta).* ¿No se quita el saco? Déjeme ponerle el paño.
Asesino. Prefiero pelarme con el saco puesto.
Jesús. *(Tocando las solapas).* Sería una lástima que le cayera talco. Es tan buena tela…
Asesino. *(Nervioso).* ¡No toque mi saco! ¡No me gusta!
Jesús. *(Sonriendo).* Perdone, ¿lleva alguna fortuna encima? *(Le pone el paño).*

Asesino. Métase en lo que le importa. *(Pausa)*. Y no vuelva a tocar el saco.
Jesús. No volveré a hacerlo. Me llamó la atención. Eso es todo. Usted debe ser un hombre rico.
Asesino. *(Nervioso)*. ¡No se meta en mi vida! Limítese a pelarme.
Jesús. ¿Cómo lo quiere? ¿Corto, largo, término medio o parisién? Se lo pregunto por pura formalidad.
Asesino. Péleme como le dé la gana, pero péleme.
Jesús. *(Echa talco en el cuello del Asesino)*. Cualquiera que lo oiga diría que hace meses que usted no se pela. No comprendo tanta ansiedad.
Asesino. Se equivoca: me «arreglo» todas las semanas.
Jesús. No lo tome a mal... pero no me cabe en la cabeza que usted haya venido expresamente a pelarse.
Asesino. ¿Que no he venido a pelarme? *(Agarra a Jesús por las muñecas)*. ¿Y a qué he venido entonces?
Jesús. Eso lo sabrá usted. *(Dando muestras de dolor)*. ¡Por favor, suélteme, me hace daño!
Asesino. *(Quitando las manos)*. Pues sepa que he venido a pelarme. ¡Me encanta!
Jesús. ¿Qué le encanta? ¿Sentarse en el sillón?
Asesino. *(Poniendo cara de imbécil)*. ¡Eso es! ¿Cómo lo adivinó? Me encanta sentarme en los sillones de barbería. Me vuelvo loco por un sillón de barbería. *(Pausa)*. Si tuviera dinero me compraría uno. *(Pausa)*. Dígame, ¿son muy caros?
Jesús. Le puedo regalar este. Voy a cerrar el negocio.
Asesino. ¿Me lo regala? ¿De veras?
Jesús. Se lo puede llevar ahora mismo.
Asesino. ¿Cuánto darían por este sillón?
Jesús. Así como está, mal pagado, pueden darle hasta cien pesos.
Asesino. Se lo pregunto por pura curiosidad. No pienso revenderlo. Lo recordaré a usted sentándome en él.
Jesús. *(Con nostalgia)*. Es un hermoso sillón.
Asesino. ¿Por qué cierra la barbería?

Jesús. Estoy muy enfermo. Me queda poco.
Asesino. ¿Y se va lejos?
Jesús. Muy lejos.
Asesino. Mire que la vida tiene cosas raras. ¡Quién me iba a decir que yo tendría un sillón de barbero!
Jesús. Hablando de otra cosa: ¿no oyó usted hablar del hombre que hace milagros?
Asesino. No me entero de nada. Vivo en una hacienda a diez leguas de Baracoa.
Jesús. ¡Pero, hombre, cómo no va a conocer al hombre que hace milagros! No se habla más que de él en estos últimos meses.
Asesino. Pues me desayuno ahora… *(Pausa)*. ¡Así que milagros, no?
Jesús. Él los niega a brazo partido.
Asesino. ¿Y es de por aquí? ¿De La Habana?
Jesús. De La Habana. *(Pausa)*. Es un barbero.
Asesino. ¿Un barbero? ¿Un barbero como usted?
Jesús. Sí, como yo… *(Pausa)*. Se llama Jesús García.
Asesino. *(Riendo a carcajadas)*. ¡Un barbero que hace milagros…! *(Pausa)*. Pero no vaya a creer… Los barberos son muy leídos y escribidos. ¡Qué cómico!
Jesús. Tan cómico que puede costarle la vida.
Asesino. ¿Cómo? ¿La cosa es tan grave?
Jesús. Demasiado grave, demasiado cerca.
Asesino. Bueno, eso le pasa al barbero por meterse en camisa de once varas. Dígame, si él no tiene «facultades», ¿por qué se puso a decir que hacía milagros?
Jesús. No lo dijo él, lo dice la gente.
Asesino. ¿Y cómo usted sabe que no fue él quien lo dijo?
Jesús. He seguido en los periódicos el asunto; hasta tengo un volante donde él mismo demuestra fehacientemente que no es Jesús. Por último, lo vi en el Parque de la Fraternidad. Me convenció.
Asesino. ¿Y qué?
Jesús. Que según mi parecer él no es Jesús.

Asesino. Pues, amigo, yo le digo: cuando el río suena... No sea bobo, ese barbero se las trae.
Jesús. Prefiero ser bobo a pasarme de listo. A ese infeliz lo han desgraciado. *(Pausa).* Pero hablemos de otra cosa. Es un tema bien triste.
Asesino. ¡Qué dice...! Estoy loco por saber... ¡Así que milagros!
Jesús. *(Con la mano en la frente se apoya, visiblemente descompuesto, en el brazo del sillón).* Me siento muy mal. Tendré que retirarme. *(Pausa).* ¿No le parece que debiéramos dejar el pelado para mejor ocasión?
Asesino. ¡Nada de eso! Sígame hablando del barbero de los milagros. Deme información, mucha información.
Jesús. *(Respirando hondamente).* ¡Por favor! Me estoy cayendo. Debe ser el calor.
Asesino. Ya se le pasará. *(Pausa).* De modo que el barbero lo negó todo.
Jesús. *(Con ímpetu).* Sí, lo negó y lo seguirá negando. *(Pausa).* Disiparé sus dudas: le aseguro que ese barbero es inocente.
Asesino. ¡Mire que usted es confiado! Así que miles de personas dicen que el tipo hace milagros, y usted se empeña en defenderlo.
Jesús. *(Con amargura).* ¡Pero si no ha hecho ni uno solo! Lo dicen porque sí, porque alguien corrió la voz y todo el mundo la sigue.
Asesino. Yo le digo que los hace. Lo que pasa, que el tipo se da corte... Se pone así para ver el entierro que le hacen, es un calculador. Ya quisiera que se encontrara conmigo.
Jesús. ¡Lo ve! Qué esperanza puede tener ese barbero que le crean, si usted, que no lo conoce, que acaba de saber el caso por mi boca, afirma que es culpable, y hasta se permite veladas amenazas.
Asesino. *(Excitado).* ¡Pues se lo vuelvo a repetir: si me lo encuentro, tan cierto como que me llamo Ramón Fernández, lo clavo contra la pared!

Jesús. Usted… ¿Sería capaz de quitarle la vida a un semejante?
Asesino. Pero, compadre, ¿usted cree que un hombre que hace milagros es un semejante? ¡Es un diferente!
Jesús. *(Se limpia la cara con el pañuelo)*. No hay tales milagros, por favor.
Asesino. Para el caso, es lo mismo: si dicen que los hace, es un diferente. *(Riendo a carcajadas)*. Me gusta eso: un diferente,
Jesús. ¿Ha matado a muchos tipos así?
Asesino. *(Riendo)*. Los he matado de todas clases y colores. *(Palmeando a Jesús en el hombro)*. No se asuste, amigo.
Jesús. No me asusto. ¡Si hasta me siento mejor! *(Pausa)*. Dígame: ¿lo ha hecho por venganza o por encargo?
Asesino. Por las dos cosas. Si me pagan bien acabo con media humanidad.
Jesús. ¿Y hace tiempo que no…?
Asesino. Cosa de un año. El último fue un muchachón que se acostaba con la mujer de un hacendado.
Jesús. Y ahora, ¿tiene algo entre manos?
Asesino. *(Cavilando, dándose un golpe en la frente)*. ¡Pero si se me había olvidado!
Jesús. ¿Qué?
Asesino. ¡El barbero!
Jesús. ¿Todavía la tiene cogida con el pobre barbero? Ya agoté toda la información.
Asesino. No, no es su barbero. Es otro. *(Pausa)*. Uno que se llama… a ver… *(Mete la mano en el bolsillo del pantalón)*. Acá está. *(Saca un papelito)*. Jesús García, barbero, Aguacate número cinco. *(Pausa)*. ¿Por dónde está esa calle?
Jesús. *(Tembloroso)*. ¡Pero si esa es mi dirección!
Asesino. ¡Qué fenómeno! ¿Así que usted es mi hombre?
Jesús. Soy Jesús García.
Asesino. *(Riendo)*. ¡Qué cara de susto! ¡Si se viera! ¡Pero qué asustado está! *(Ríe más fuerte, mete la mano derecha buscando algo dentro del saco)*. Está más pálido que un muerto. *(Atruena el local con*

sus carcajadas). ¡En mi vida me he reído tanto! *(Se echa un poco hacia adelante)*. ¡Qué cara de susto, qué cara de susto! *(Señalándole el espejo)*. ¡Mírese la cara que tiene, mírasela! *(Jesús no se mueve)*. ¡Ande, mírese en el espejo: usted mismo se va a reír!

(Jesús va al espejo y se mira, con lo cual queda de espaldas. El Asesino ha sacado un cuchillo y lo levanta).

Jesús. *(Que lo ha visto por el espejo, se vuelve rápidamente)*. ¡Aquí! *(Presenta el pecho con los brazos abiertos. El Asesino hunde el cuchillo. Jesús cae de rodillas y se agarra del sillón. El Asesino se quita el paño y se lo tira a Jesús. Va hacia la puerta)*.

Asesino. *(Mirando el cadáver desde la puerta)*. Lindo trabajo: cayó como un pajarito. *(Pausa)*. Ahora a cobrar los mil. *(Cuando va a salir tropieza con el Cliente que entra)*.

Cliente. *(Muy agitado)*. ¡Jesús, Jesús! *(Al Asesino)*. ¿No está Jesús?

Asesino. Estaba... *(Señala el cadáver, sale riendo)*.

Cliente. *(Corre hacia el cadáver)*. ¡Dios mío, y yo que venía a salvarlo de la gente que se acerca! *(Se sienta en el sillón)*. Aquí los espero; ahora sabrán al fin que no es Jesús ni hace milagros.

(Se escuchan gritos, silbidos, una piedra rompe el cristal de la puerta de la calle. El pueblo entra pidiendo la cabeza de Jesús).

Cliente. Ahí lo tienen. ¿Se convencen?

(La gente cae de rodillas gritando: ¡Jesús, perdónanos! Telón lento).

Anuncia Freud a María
Niso Malaret

[1956]

Personajes

María Duplassis
Tirso Duplassis
Otilia Espada
Luco Espada
Abril, el sirviente

Indicaciones:

La sala del viejo caserón de los Duplassis podría estar en el Cerro, Faubourg St. Honoré, o Washington Square. El abandono y descuido de sus dueños se manifiesta en el estado caótico de la habitación. A la izquierda, unos trozos de madera tallada, cubiertos de telaraña, forman los restos de un escritorio y su silla. Las gavetas medio abiertas sirven de receptáculos para unas cuantas plantas secas. Más a la izquierda, cuatro puertas sumamente altas y estrechas dan al jardín; son de persianas francesas carcomidas por el comején y terminadas en abanicos de cristal anaranjado, roto. Se supone que si buscásemos las piedras callejeras que rompieron estos cristales, posiblemente las encontraríamos debajo del escritorio o en algún rincón del cuarto tal como cayeron y rodaron; y hasta cubiertas por una espesa capa de musgo. A la derecha, lo que queda de un sofá victoriano con su juego de sillas, son pedazos de madera minados de comején y cubiertos de una pelusa anaranjada, ya incolora. En el sofá, casi escondida por las cobras y ramas de grandes arecas, duerme un cuerpo de mujer. Al fondo, entre espesos cortinajes, un arco gótico comunica la sala con el resto de la casa.

María Duplassis, encorvada sobre el escritorio, podría pasar por un judío medioeval entrando en el talonario las ganancias de su usura. Tres o cuatro novelas sirven de apoyo a su codo mientras termina su carta. Seca la carta, la dobla y la guarda en su escote.

María. ¡Veinte años! Veinte años arrastrando por esta casa el deseo loco de un hijo que no llega a realizarse. He frotado mi vientre con albahaca: perfumado mis pechos con jugos y panales; a mi cintura ciño cuentas mágicas y de la cabecera de mi cama he colgado amuletos hechizados. ¿Qué querrán decir? ¿Qué significan? No lo sé y nadie me lo explica. Sin embargo, al levantarme todas las mañanas rozo mi pecho contra un racimo de uvas y al acostarme apago con mis labios la llama de una vela consagrada. He seguido con paciencia los ritos que me indican las hierberas, pero han pasado veinte años y sigo sola, sin hijos. *(Hace una pausa para acariciar los libros sobre el escritorio).* En las novelas los hijos se producen sin esfuerzo, ocurren sin pedirlos, sin buscarlos. Yo trato de imitarlas...

(Abril entra por la puerta al fondo y silenciosamente cruza la habitación hasta pararse al lado de María. Viste pantalón negro de sirviente y camisa blanca de cuello y puños bordados. Es joven y buen mozo).

Abril. Señora...

(María se vuelve hacia Abril, dejándose ver bien por primera vez. Es menuda, de facciones muy finas, pero su pelo suelto y ropa desgarbada indican que el aseo no es su virtud más aparente. Al ver a Abril su cara demuestra desencanto).

María. Eres tú.

Abril. Solo yo.

María. Te faltó luz o mecánica. De pronto tuve la idea que podrías ser otra cosa.

Abril. Siempre he sido Abril. No soy otra cosa.

María. Lo serás. No lo puedo explicar, mas lo presiento. Un prodigio nos acecha y esta noche ocurrirá el milagro.

Abril. Siempre seré Abril.
María. De repente creí que me traías un hijo…
Abril. Solo traigo quejas de llantos y rabietas. El caballero no encuentra su mejor botonadura y se ha metido en su féretro. Amenaza permanecer en él hasta que aparezcan, por lo menos, los yugos. Llevo dos horas buscándolos.
María. *(Simultáneamente)*. Son estas novelas… las llaman de rosa, y me hacen la víctima de alucinaciones. ¡Monstruos! *(Empuja al suelo los libros)*. Me hinchan de envidia y de celos. ¡De miedo! Son incomprensibles. ¿Cómo pueden tener hijos sin consultar brujos o invocar demonios? ¿Qué deseas, Abril? Explícate.
Abril. La botonadura del caballero…
María. Extraviada, como siempre.
Abril. Se ha encerrado en el féretro y no hay fuerza que lo saque.
María. Busca en las macetas, a veces los entierra para ver si germinan. Aún no ha comprendido que en esta casa solo germina el deseo.

(Abril busca en las macetas de las arecas mientras María escarba en las gavetas del escritorio. Tirso Duplassis aparece en la puerta del jardín. Es gordo, de poca estatura y calvo. Parece un duende o un niño que nunca llegó a crecer. En sus brazos carga un enorme mono de fieltro cuyo rabo se introduce en la boca repetidamente).

Tirso. En esta casa todo desaparece.
María. Otra vez lo mismo.
Tirso. ¡Todo! ¡Todo! ¡Todo!
María. Mil veces te he implorado que no siembres tus alhajas. Cada vez que pierdes una tengo que levantar el jardín.
Tirso. Todo lo revuelven. Lo único que falta es una limpieza.
María. *(Le da una bofetada)*. Esa palabra es viciosa. La hierbera ha aconsejado…
Tirso. *(Con la petulancia de un niño malcriado)*. ¡Limpieza! ¡Limpieza!
María. Sabes bien que Abril jamás haría semejante atrocidad.

Tirso. Poco me importa.

María. El polvo… las telarañas… lo más tenue y delicado que da la naturaleza.

Tirso. Todo me lo botan, barriendo, fregando…

María. Sigue, sigue profanando tu hogar. Grítale palabras inmundas a tu mujer delante de los criados para que vean la clase de marido que Satanás me ha dado. *(Tirso cae de rodillas llorando desconsoladamente; Abril huye por las puertas del jardín; y María, arrepentida, trata de consolar a su esposo).*

María. No llores, tonto, sé dónde está.

Tirso. *(Rabiando).* No la quiero.

María. No llores. Te compraré merenguitos.

Tirso. ¿Y podré comerlos todos?

María. Todos. Ahora ve a buscar tu botonadura, se la echaste al cochino para que jugase.

Tirso. Ya la busqué en la jaula del cochino. No está allí.

María. Después de todo no valía gran cosa.

Tirso. No es por el valor, es por el recuerdo. Fueron los últimos dientes del abuelo.

María. Además, esta noche no tenemos que lucirnos, solo vienen los Espada.

Tirso. ¿Vienen los Espada? ¡Qué importunos son!

María. Lo habías olvidado. Bien sabes que vienen cada cinco días. ¿Tienes que salir?

Tirso. Hay velorio y no quiero dejar sola la funeraria. El ojo del amo…, como dice el refrán. ¿Encargaste los tomates?

María. Abril los trajo. ¿Es otro italiano?

Tirso. Otro italiano y ellos no pueden llorar sus muertos sin ver las paredes cubiertas de verduras.

María. Últimamente no entierras otra nacionalidad.

Tirso. Después hay práctica de barítonos para ensayar las últimas endechas.

María. ¿Cómo es posible que practiquen tanto? Embalsamientos, endechas, arreglos florales, llantos…

Tirso. Debo pulir a los aprendices. Dar sepultura a la antigua es casi un arte perdido.
María. ¿No me ocultas nada?
Tirso. ¿Qué podría ocultar?
María. A veces sospecho… algo me advierte que no eres tan santo como te supongo.
Tirso. No te desesperes. Dijo la brujera que si seguían las sospechas y los ataques nerviosos podías rotundamente despedirte del hijo.
María. ¿No eres tú, tan culpable como yo? Todas las brujeras cuentan con un sacrificio mío. Pero tú… no te veo arañarte el vientre con hierbajos hasta sacar sangre. No te veo prostrado ante el altar hasta tener las rodillas hinchadas como caimitos.
Tirso. Quedamos en que mi trabajo sería escribir a París.
María. Ni de eso estoy convencida. Cuando nos casamos no sabías escribir. Firmaste el acta con una esvástica. Si aún no has aprendido, puedo frotarme ungüentos hasta el juicio final como una imbécil.
Tirso. Ya te dije que escribo regularmente.
María. Sé que la escribes, pero ¿la mandaste?
Tirso. Esta mañana solté la paloma. Era la penúltima, solo queda una.
María. Una paloma… si esta tampoco llega creo que moriré.
Tirso. *(Entusiasmado).* ¿Quieres ver el féretro que te he diseñado? En eso pasé la tarde.
María. No quiero féretro. Iré al sepulcro sobre el lomo de un camello. Y ahora que tocaste el tema, mañana mismo insístele de nuevo al cardenal.
Tirso. Lo he visto cinco veces y las cinco se ha negado. El entierro que deseas es… ¿cómo me dijo?… pagano.
María. Hasta una muerte a mi gusto me niega la vida: un entierro faraónico. Sepultada viva entre un cortejo de bestias al pie de la Catedral. ¡Idiotas! No ven más allá de sus eucaristías. No se dan cuenta del valor publicitario de mi muerte. ¿Ves tú los pasquines? Gigantescos. SEÑORA DE MEDIANA EDAD

IMPACIENTE NO PUDO ESPERAR LA MUERTE PARA ENFRENTARSE CON DIOS. Sería el primer paso sincero dado por la civilización. Suicidios colectivos, puros, sin recurrir a las guerras.

Tirso. Y el negocio por las nubes. No daría abasto enterrando.
María. Yo me sacrificaría, pero ¿para qué? y ¿por qué? No tenemos a quien dejar los frutos de nuestro esfuerzo.
Abril. *(Aparece en la puerta al fondo).* Señora, han llegado los Espada. *(Los Espada no esperan a que se les anuncie, empujando a Abril a un lado entran rápidamente. Él es alto, fuerte, atlético. Todo un tragaespadas. Ella es gorda, exageradamente dulce cuando habla, y su cara está casi totalmente cubierta por una espesa barba negra).*
Otilia. María, mil años sin vernos.
Luco. Hola, jovencito. ¿Qué tal va el negocio? ¿Se muere la gente?
María. Ya ni me acordaba de tu cara… si te veo en la calle no te reconozco.
Tirso. Como de costumbre. Ayer más, hoy menos. Son las medicinas y las drogas nuevas.
María. Tengo tanto que contarte.
Otilia. Te encuentro más expresiva… y esos colores saludables.
María. Vienen del jardín. En la primavera da mucho que hacer.
Luco. ¿Otra vez cambiándolo?
Tirso. Está casi igual.
Otilia. Nunca olvidaré aquellas veladas al borde de la arena movediza.
Luco. Era emocionante contemplar la arena chuparse los gatos que le tiraban.
María. Eres un romántico. Tirso diariamente juega con la muerte.
Otilia. No existe nada más grandioso que la lucha de las bestias con la Naturaleza. *(María y Otilia van conversando hasta las puertas del jardín. Luco y Tirso se sientan. Los cuatro hablan a la vez).*

María. Aquellos sí eran años encantados. Este año el decorado será más sencillo, por seguir la época.
Otilia. *(Sola)*. Algo muy mediocre.
María. La entrada a la pérgola es un laberinto de frutos menores. Y entre los rosales, la estatua de Zeus castrando a su padre.
Otilia. ¿Quieres mi opinión? *(Mientras María medita la pregunta)*.
María. Espera…
Otilia. Es solo un consejo.
María. Luego, cuando acabe. Las cabezas disecadas de Tirso van sobre estacas de marfil en el laberinto, pero no de frente, mirando la luna. Y cuando dé fiestas, en las cuencas de los ojos puedo instalar luces indirectas.
Otilia. No sé qué decir. Estoy deslumbrada.
María. Confidencialmente. *(Le mete el dedo en la boca)*. Tirso no lo sabe. Lo de las cabezas.
Otilia. Es inconcebible que aún quede alguien con imaginación en el mundo. Has creado una combinación suculenta. En el vagón de circo hasta una flor artificial se pudre.
María. No te desanimes, el cactus a veces… *(Vuelven conversando a sus maridos)*.
Otilia. Algunos dan flores.
María. Y son comestibles.
Otilia. Atraen los insectos.
María. Menos las arañas.
Otilia. Que son las bonitas.
María Y decorativas.
Otilia. Tejen sus casitas.
María. ¿Qué chuchean ustedes?

(Agarra a Luco cariñosamente por el cuello).

Tirso. Me dijo María que estuviste enfermo.
Luco. Me tragué una espada sin darme cuenta que la punta estaba mohosa,
Tirso. Una indigestión.
Luco. Sí... *(Solo)*. Bastante leve.
Tirso. ¿Escogiste la tumba? ¿Arreglaste el entierro?
Luco. No fue para tanto.
Tirso. *(Solo)*. Las indigestiones a menudo engañan y de pronto surgen las complicaciones.
Luco. ¿Las complicaciones?
Tirso. ¿Quieres mi opinión?
Luco. Otilia... ¿No sería mejor?
Tirso. En tu caso... Es solo un consejo.
Tirso. Forraría el ataúd de azulejos árabes o si lo prefieres los escandinavos son mucho mejores. También son más caros. Los escandinavos no tienen rival cuando representan escenas funerarias.
Luco. Verdaderamente...
Tirso. Confidencialmente, hemos encargado la serie completa de la multiplicación de los peces... grises pasteles... negros azulosos y aquí y allá una manchita roja. La bauticé «Sardinas Exaltadas».
Luco. Es innecesario comentar el tema.
Tirso. No te fíes mucho. La muerte se acerca como una pregunta que hace la maestra y hay que contestarla. Estás en la escuela y si no contestas te agarra por el cuello.

Luco. Ayyyyyyy.
Tirso. Conversábamos de su propio entierro.
María. Ustedes los hombres siempre hablando del futuro.
Otilia. Mejor jugar algo.
Luco. ¿Lo mismo de siempre?
Tirso. ¿Dónde está la guija?
María. Vamos a cambiar. Las apariciones son aburridísimas.
Otilia. Sí, sí, algo distinto.
María. *(A Luco)*. Ustedes decidan.
Tirso. Una partidita de ruleta rusa… hace siglos que no la jugamos.
Otilia. Desde el entierro de tu prima Fresa.
María. ¡Qué casualidad! Tengo una pistola. *(Saca de su escote una miniatura de pistola como las que usaban las mujeres en el siglo diecinueve)*. ¿Verdad que es graciosa?
Luco. Parece un juguete.
María. Le tengo cariño. Con ella mamá mató a papá.
Otilia. No hay como tener recuerdos.
Luco. ¿Quién quiere empezar?
Tirso. ¡Yo! ¡Yo!
Otilia. La salida siempre se echa a suerte.
Tirso. Yo sugerí el juego y debo empezarlo.
María. Echémoslo a suerte.
Luco. Es lo más correcto.
Otilia. Solo somos cuatro y son cinco balas.
María. Podemos pensar que hay cinco jugando.
Otilia. ¿Quién será la quinta?
Tirso. Alguien conocido que pueda costear un entierro a todo lujo.
Luco. Alguien desgraciado.
Otilia. ¿La Marquesa Flores?
María. La Marquesa Flores… buena selección.

Tirso. Yo no la conozco.
María. ¡Que sea la marquesa!
Tirso. ¡Que sea la marquesa!
María. Tiraré la suerte. Tin marín de dos pingüé. Cúcara. Mácara. Títiri. Fue.
Otilia. ¡Gané yo! ¡Gané!
Tirso. Estás de suerte esta noche.
Otilia. ¡Qué astuta!
María. Fue el último consejo de mamá antes de subir a la horca.
Otilia. Aquí va. *(Dispara en blanco).* ¡Ay, qué alivio! No fui yo. *(Se inclina hacia la silla vacante para hablar con la marquesa).* Señora marquesa...
Luco. Gira la caja de balas.
María. No hay más que una bala y ya le di vueltas. Siempre voy con el revólver sin saber dónde está la bala. Si pierdo la paciencia y mato a alguien, los jueces no podrán decir que fue premeditado. *(Le entrega el revólver a Otilia).* Dispara.
Otilia. *(A la marquesa).* Naturalmente, sin pena ninguna. Es lo correcto.
Tirso. ¿Qué dice la marquesa?
Otilia. Como ustedes son los posibles anfitriones de su velorio, quiere conocerlos. Odia morir entre extraños
María. No faltaba más. Señora, encantada.
Luco. Pierda usted cuidado.
Tirso. Muchísimo gusto. Yo lo arreglaré todo.
Otilia. *(Dispara a la marquesa).* Tampoco fue usted.
Luco. No fue la marquesa.
Tirso. No fue la marquesa.
Luco. Ahora yo. *(Dispara).* No fui yo tampoco.
Tirso. *(María).* Está entre nosotros.
María. Me da mucha pena, siendo la anfitriona. Si acaso me toca, por favor dispensen mi ida repentina.
Otilia. Desde luego, tonta, *(A la marquesa).* Siempre tan correcta.
Luco. Sin pena ninguna.

Otilia. La marquesa dice que estás disculpada. *(María dispara en blanco).*
Tirso. Seré yo… sabiéndolo antes no es tan divertido. Pierde toda emoción. Lo bueno es que explote cuando no se espera.
María. Date prisa. Eres insoportable en el juego. Tardas horas en decidirte. *(Exasperada).* Dispara, Tirso. Si pierdes, por lo menos aprende a hacerlo con gracia.
Luco. No sería mala idea traer un cubo. Podría manchar la alfombra.
María. No vale la pena, está muy gastada. *(Tirso dispara en blanco).*
Otilia. No salió la bala.
Luco. ¡Trampa! ¡Trampa!
María. ¡Qué estúpida soy! Ayer al limpiarlo se disparó y no la repuse. No te desanimes, Tirso. Enseguida traigo otra y puedes matarte como si nada hubiese ocurrido.
Tirso. Así no se vale, se empieza de nuevo.
María. ¿Y por qué de nuevo?
Otilia. Hoy no estás de suerte, ¿para qué perder el tiempo?
Tirso. En todo juego de azar si se comete un error, se empieza de nuevo.
Otilia. Entonces no juego.
María. Yo tampoco juego. Le toca morirse y no ha de escapar tan fácilmente.
Tirso. *(Casi decidido).* Bueno… si se empeñan.
Luco. No les haga caso. Si no quieren jugar que no jueguen.
Otilia. Alégrate, María. El tiro no puede causarle daño a la casa.
María. Oh, eso no importa.
Otilia. ¿Es tu casa propia?
María. Casi, casi, casi y menos cada día.
Otilia. ¿Cómo, casi, casi?
María. El contrato de arrendamiento no expira hasta el año dos mil quinientos.
Tirso. Fue una excentricidad de mi bisabuelo.
Luco. O una precaución. Los líos y responsabilidades del propietario son insufribles.

MARÍA. Todos los antiguos dueños han muerto y nadie se acuerda a quién pertenece.

OTILIA. Resultará curioso vivir en el hogar de tus antepasados sabiendo que nunca te ha pertenecido.

TIRSO. Por eso la encuentran tan destartalada. No vale la pena gastarse el dinero reparando una casa cuyos dueños no existen.

MARÍA. *(A Otilia)*. ¿Quieres verla?

OTILIA. Del sótano a la buhardilla.

MARÍA. Ustedes quédense aquí. Tirso, enséñale a Luco tu colección de callos. *(María se lleva a Otilia por la puerta al fondo)*.

TIRSO. Empecé a los quince años y ya tengo mil quinientos juegos de callos. Como trabajaba en la funeraria de papá, ya mi colección era extensa antes de cumplir los veinte años. *(Saca un álbum grande como de fotografías de abajo del sofá)*.

LUCO. Tuviste suerte de empezar temprano en un orbe tan propicio.

TIRSO. Estos son los últimos que he adquirido. Estos tres pueden ser de Mussolini; y estos... estos... son de la Garbo. Se los compré a una mucama del Ritz. Tú mismo puedes verlo, todos pertenecen a celebridades.

LUCO. Indudablemente es muy valiosa y, sobre todo, interesante. Cuando me corte los callos te los mandaré.

TIRSO. Si pudieras mandarme los de Otilia. Dime, entre nosotros, ¿son peludos?

LUCO. Motas deliciosas.

TIRSO. Una gran adquisición. *(Cierra el álbum)*.

LUCO. Para poder comprar una colección de estas magnitudes, andará bien el negocio.

TIRSO. Con la eutanasia en el aire estamos muy en demanda. Los médicos nos avisan varios días antes de presentarse la crisis aguda. *(Un reloj da la hora)*. ¡Las once! Se me hace tarde y me están esperando en el velorio.

LUCO. *(Magnánimamente)*. Tirso, si prefieres tener el velorio en casa no tienes que salir. Le pido la bala a María y me pego yo el tiro.

TIRSO. Te lo agradezco...

Luco. No tendrás ni en qué ocuparte. Otilia sabe de memoria una endecha majestuosa.
Tirso. Eso sí es ser un amigo. Gracias, Luco, creo que puedo confiar en ti. Yo no pienso ir al velorio.
Luco. No me lo digas.
Tirso. De veras.
Luco. ¿Vas al matadero?
Tirso. *(Sorprendido)*. ¿Cómo?
Luco. Voy a menudo, siempre escondido de Otilia. Adoro degollar reses.
Tirso. Se trata de otra aventura. Estoy enamorado.
Luco. ¿De una mujer?
Tirso. De Cecilia.
Luco. ¿La conozco?
Tirso. No lo sé. Hace un mes que se exhibe en el parque de atracciones. Le dicen Cecilia, la mujer caimán.
Luco. ¿La mujer caimán?
Tirso. La mujer caimán.
Luco. Vi su fotografía en la revista del circo.
Tirso. ¿Qué te pareció? Un ángel.
Luco. Tiene un cutis muy exótico.
Tirso. Está dotada de ictiosis… una sirena griega.
Luco *(Esclarecido)*. Ah… eso explica…
Tirso. Y está cubierta de escamas como una sirena griega.
Luco. Lo clásico siempre agrada.
Tirso. Cuando tengo su cara entre mis manos, es como si acariciase un cocodrilo sagrado a las orillas del Nilo.
Luco. ¿Y lo ha aceptado María?
Tirso. No lo sabe, pero es viva. Algún sexto sentido se lo advierte y está más ansiosa que nunca por estrechar nuestra unión con un hijo.
Luco. Mientras no se le meta en la barriga. *(Ríe como un idiota)*.
Tirso. Ella no tiene idea de cómo se fabrican, tú sabes que de niña su educación fue distinta. Su padre tenía un museo de cera.

Yo le metí el cuento de París y en eso está. *(Risita)*. Me hace escribir cartas a París todas las semanas.

Luco. Otilia se dio por vencida.

Tirso. ¿Tienes tú el mismo problema?

Luco. No tan grande. Le expliqué que los niños venían comiendo muchas semillas de tomate. En cualquier momento morirá de indigestión.

Tirso. *(Riendo)*. De pepitas de tomate. Cecilia se los come por docenas.

Luco. ¡Qué mal gusto!

Tirso. Los detesta, pero es alérgica a ellos. Es la única causa de la erupción de su piel. Yo se los compro y María cree que son para el velorio. *(Con vehemencia)*. ¿Cómo voy a darle vida a un niño si mi profesión se nutre en la función de todo lo contrario al nacimiento?

Luco. ¿Y cómo mandas las cartas, por paloma?

Tirso. Y por si acaso... uno nunca sabe en qué manos podría caer la carta... cada vez que sale una, suelto al buitre. Las hace papilla y se las traga enteras. Carta y todo.

Luco. Me deprimen los pájaros, lucen febriles.

Tirso. Ven a ver el mío, es tranquilo. Le hemos puesto Comelón.
(Tirso y Luco salen por las puertas del jardín al mismo tiempo que María y Otilia entran por la puerta al fondo).

Otilia. La casa es de maravilla. El *solarium* de serpientes ha sido una idea genial. Solo a ti se le ocurriría tomar el sol con más nada que un fino cristal entre tu cuerpo y las víboras. ¡Qué colorido más emocionante!

María. Sin embargo, ¿para qué?

Otilia. Pues para tu felicidad y la felicidad de Tirso.

María. Pero al morir ya no importa. Todos los cuidados que he tenido para sembrar el jardín... todas las curiosidades amontonadas durante tantos años... ¿Quién se interesará en esas cosas? Nadie. Se perderán... acabarán sin nadie que las cuide.

Otilia. Yo he pedido que a mi muerte quemen todas mis pertenencias.

MARÍA. Eso pensé, pero el Cardenal se opone a una pira funeral con todas mis posesiones, incluyendo animales. Arguye que el humo podría causar pánico. Sabes que la Catedral está, muy a beneficio suyo, en el centro comercial. También sugerí que me enterrasen viva con todos mis muebles, pero ni a eso accedió. Y todas las semanas la carta a París rogándoles un hijo…

OTILIA. *(Eructando).* ¿Para qué hablar de comida?

MARÍA. De los otros, hijos.

OTILIA. Oh, esos niños. En esta casa grande, tan vacía…

MARÍA. Unos cuantos niños…

OTILIA. Imagínatelos en dedos cogiendo las cosas, manchando las cosas, siempre juguetones.

MARÍA. Treinta, no, cuarenta, cuarenta deditos.

OTILIA. A veces se aparecen en números impares y tumban las cosas, Como el de mi prima, tiene veinte dedos, sí, pero cinco en las manos y quince en los pies.

MARÍA. ¡Qué original! ¿Dijo cómo?

OTILIA. Pero no lo sabes…

MARÍA. *(Con superioridad, pero insegura).* Bueno, yo escribo a París.

OTILIA. ¿Te metió Tirso ese cuento? María, eres una niña ingenua.

MARÍA. *(Con esperanza).* ¿Es mentira?

OTILIA. Piensa un poco. ¿Alguna vez has podido comprobar que en París fabriquen niños? En ese caso nosotras también seríamos de Francia. ¿Acaso tenemos acento francés?

MARÍA. Entonces…

OTILIA. Tirso ha mentido.

MARÍA. …tengo esperanza.

OTILIA. ¿Te alegras?

MARÍA. No comprendes. He desperdiciado el tiempo, eso es todo. Hay esperanza. Si no es París, ¿qué será? ¿Lo sabes? ¿Te lo ha dicho Luco?

OTILIA. Luco me dijo que teníamos que imitar a las plantas.

MARÍA. De las semillas…

OTILIA. Y que si quieres un hijo flaco y delgado, comes semillas de habichuelas. Y si quieres uno gordo y rosado, las comes de tomate.
MARÍA. ¡De tomate! Y yo creyendo que eran para adornar el velorio.
OTILIA. Luco me tuvo quince años a dieta de tomates crudos.
MARÍA. Eran ciertas mis sospechas.

Otilia. ¿Sospechas?
María. Tirso compra los tomates a montones y se los lleva a otra para tener su hijo.
Otilia. *(Sonriendo).* Te equivocas. No me has comprendido.
María. Antes pasaba las noches en casa cuidando sus callos. Ideaba nuevas muertes, preparaba velorios interesantes, y de súbito cambió. Nunca había sido vanidoso, jamás se había mirado en un espejo, pero un buen día se apareció con media docena de corbatas, guantes, sombreros, yugos y bastantes alfileres de corbata para abastecer un martirio oriental. Colgó un espejo en el cuarto y allí pasa las horas contemplándose. Esta misma noche tuvo una rabieta al no encontrar la botonadura que iba con su indumentaria. Hace seis meses salía a la calle contento, abrochado con alfileres de criandera. ¿A quién se debe este afán de lucirse? A la otra.
Otilia. ¿Cómo puedes estar segura?
María. El dinero. Ya no entra ni un tercio de lo que entraba. Dice que lo invierte. ¡Estúpido! ¿Es el dinero acaso como una funda de almohada?
Otilia. Los negocios andan mal.
María. Esa es otra queja burda, porque yo leo los periódicos. Los obituarios se imprimen con la misma regularidad; pero de oírlo a él, nadie se muere. Los médicos son Judas arrepentidos descubriendo drogas nuevas para prolongar la vida.
Otilia. Él puede tener razón. Me parece haber oído que uno «avanza».
María. Razona, Otilia, razona. ¿Quién malcría su corazón con drogas para que ande? Es tan ilógico como malcriar a un niño dándole confites para que coma. Al mío le grito: *¡Anda, viejo brujo, o muérete!* En el acto se espabila. Sabe que me da igual que gatee o que se pare.

OTILIA. Claro que no, entre nosotras, pero la gente es muy rara.
MARÍA. Y yo comprando tomates.
OTILIA. No me has dejado explicar, los tomates son mentira. Luco cree que me ha engañado. Cuando mi prima fue a París a buscar hijo lo descubrió todo. Es lo más fácil del mundo.
MARÍA. ¿Cómo? Dilo de una vez.
OTILIA. No hace falta más que un hombre. Abril, por ejemplo, puede dártelo. Le dices con firmeza… quiero un hijo… eso es todo.
MARÍA. Te burlas de mí. Eso mismo he dicho a un sinfín de médicos.
OTILIA. Estaban en combinación con Tirso. Los médicos y los funerarios tienen un pacto silente. El médico mata, el otro entierra, y proporcionalmente se dividen las ganancias. Desde siglos y siglos.
MARÍA. ¿Y Abril podría?
OTILIA. En cualquier momento, así que déjate de supersticiones. Yo pasé por todas. Primero los tomates; luego fui a un ilusionista amigo de Luco. Me colocó un muñeco de trapo sobre el vientre, chilló unas palabras mágicas, me hizo cosquillas por todo el cuerpo con unas astas de toro y salí de su consulta con toda la piel arañada. El muñeco siguió siendo de trapo. Luego permanecí treinta días sentada sobre un huevo de ganso comiendo maíz tostado y gusanitos fritos. No puedes imaginar mis sacrificios. Y ahí estaba, agachada sobre el huevo, cuando mi prima llegó de París. Traía una colección de litografías compradas en el portal de la Madeleine que lo explicaban todo con lujo de detalles.
MARÍA. Y pensar que en una iglesia, adonde voy tantas veces.
OTILIA. Nunca lo hubiese pensado y sin embargo es lógico. ¿Acaso no nos ordena la Biblia multiplicarnos? *(Luco y Tirso entran en la habitación durante la última frase. Están preparados para salir, llevando en la mano guantes y sombrero).*
TIRSO. Se me hace tarde.
LUCO. Tirso quiere que lo acompañe al velorio y como en realidad vine a hacerle la visita…

María. Tirso, no quiero que vayas.

Tirso. Es mi deber. Soy director de llantos y quejidos y esta noche hay ensayo de barítonos.

Otilia. Mi voz es de barítono, podemos ir todos.

María. Tirso, quiero un hijo.

Tirso. Ya lo sé, quédate en casa haciendo tus ejercicios y ya verás cómo llega.

María. No salgas. Quiero un hijo… me oyes… ¡quiero un hijo! *(Saca el revólver)*.

Tirso. Y lo tendrás, lo tendrás.

María. ¡Mentiroso! *(Dispara el revólver y al caer Tirso la escena queda completamente oscura)*. ¡Quiero un hijo!

(Al encenderse de nuevo las luces del escenario estamos en la misma sala, pero la figura que dormía en el sofá ha despertado. Todos los demás personajes han desaparecido. La mujer que dormía se incorpora: es María. En la puerta del fondo aparece Abril).

Abril. *(Entrando en la habitación)*. ¿Llamó la señora?

María. No, Abril, dormía. Soñaba. *(Se oye un batir de alas)*. Espera. ¿Lo escuchas también, Abril? Como un batir de alas.

Abril. El buitre sale de noche a buscar ratones y cangrejos.

María. No, no es el buitre, eres tú. Yo jugaba con palomas y todo el tiempo las alas estaban aquí en la tierra.

Abril. Aún queda una paloma. Más tarde, cuando haya regresado el buitre harto de ratas y sapos, la soltaré con la carta.

María. No hacen falta ni cartas ni palomas. Abril, escucha. *(Con intención)*. Quiero un hijo.

Abril. Lo sé, señora…

María. No entiendes. Te digo a ti como a un hombre, ¡quiero un hijo!

Abril. Sí, señora, la comprendo, pero el caballero puede…

María. Esta noche, Abril, el caballero no volverá a casa.

Abril. En ese caso, señora, podré servirle.

(Telón).

Auto de la estrella
Eugenio Florit

[1941]

Nota introductoria a *Tres autos religiosos*

Se escribieron estas obritas para ser representadas, en años diferentes, por las estudiantes de español de Barnard College en la Universidad de Columbia, Nueva York, donde enseño hace ya muchos años. El primero escrito y representado fue *La Estrella* (diciembre de 1941)[1].

Después hice la adaptación del *Auto de los Reyes Magos,* llevada a escena en diciembre de 1951 y, por último, el de *La Anunciación*, estrenado en diciembre de 1958.

Al coleccionarlos, he preferido conservar un orden correspondiente al de los sucesos según aparecen en el Nuevo Testamento, prescindiendo de las fechas de su composición.

Personajes

María
José
Un pastor viejo
Un pastor joven
Pastor tercero
Pastor cuarto
Pastor quinto

---

[1] Es el único que se reproduce en esta antología.

Escena primera

Un lugar en el campo, cerca de Belén. Hay varios pastores reunidos, alrededor de una hoguera. Descansan unos. Otros miran al cielo estrellado. El aire es fino y transparente. No hay luna.

El Pastor tercero. *(Al viejo).* ¿Qué?, ¿no duermes?
El pastor viejo. No. Vigilo.
El Pastor tercero. Y ¿qué vigilas?
El pastor viejo. Vigilo la noche.
El Pastor tercero. ¿Es que tienes miedo?
El pastor viejo. Me da miedo el cielo de esta noche.
El pastor tercero. Pues, ¿no es igual al de siempre?
El pastor viejo. No, es diferente. Tiene un aire extraño, como de misterio.
El Pastor tercero. Bah. Tú siempre por las nubes. Más te valiera vigilar el ganado, y no estarte como un bobo mirando hacia arriba. Ya debes de saberte de memoria todas las estrellas…
El pastor viejo. Casi. Pero hay en el cielo un lugar donde falta una.
El pastor tercero. ¿Una qué?
El pastor viejo. Una estrella. Yo la conocía desde siempre. Y esta noche no la veo.
El pastor tercero. *(En broma).* Se la habrán robado los ladrones, ¿verdad?
El pastor viejo. No. Pero ya no está allí, donde la veía.
El pastor tercero. *(A los demás, que se acercan).* ¡Eh! Ved lo que dice este. Que en el cielo falta una estrella. *(Ríe).*
El pastor cuarto. *(En broma).* Claro. Como que yo tuve hambre esta noche, y me la comí… *(Los demás ríen con él, menos uno, pastor joven, casi niño, que se ha acercado con su ovejita blanca).*
El pastor joven. Yo también sé que falta una estrella en el cielo. Yo también lo sé.

El pastor cuarto. Bueno, de ti no es extraño, porque eres casi un niño, y los niños están siempre viendo cosas raras. Pero que este, que un hombre ya grande, tenga esas ideas, no lo comprendo; ¿verdad, vosotros?
El pastor quinto. Claro. No lo comprendemos. Debes haber bebido más de la cuenta, simple.
El pastor joven. No, no ha bebido. En todo caso habrá bebido del vino que no está en los odres, ni se hace de las uvas del campo, ni se aplasta en los lagares...
El pastor quinto. Eh, ¿no oís lo que dice este? Un vino que no está en los odres, ni se hace de uvas del campo, ni se aplasta en los lagares... ¿No habéis oído?
El pastor joven. *(Al otro).* Tú sabes qué vino es, ¿verdad?
El pastor viejo. Sí. El Señor lo ofrece a sus hijos, cuando sus hijos tienen sed. Y no emborracha. No marea. Pero abre los ojos del entendimiento, y las ventanas del corazón.
El pastor joven. *(Mientras los otros escuchan asombrados y un poco burlones).* Y, además, no se encuentra todos los días. Hay que pasar noches y noches de vigilia, y largos días de espera.
El pastor tercero. *(Siempre burlón).* Bueno, pero a todas estas no nos decís nada de la estrella. ¿Es que acaso no sabéis dónde está? Debíais saberlo, ya que ese vino que bebéis ha de aclararos el entendimiento...
El pastor viejo. *(Mirando fijamente al cielo).* Es raro... Pero no lo sé. No sé dónde estará esa estrella azul de las noches claras...
El pastor joven. Yo pienso si no habrá caído en la tierra... En algún lugar cerca de aquí... Como estaba allá arriba, sobre nosotros...
El pastor viejo. Quién sabe. *(A los demás).* ¿No habéis visto algunas veces que las estrellas corren por el cielo, y se apagan, después de su viaje, y parece como si se cayeran al otro lado de los montes, donde están los mares?
El pastor quinto. Vaya con los mares. Si tú nunca los has visto. Si nunca saliste de estos contornos... Qué sabrás tú de los

mares. *(A los demás).* Dicen los hombres de las caravanas que son los mares como unos grandes campos de agua, donde hay barcas y peces, y que en sus orillas la tierra es fina y blanca. Pero yo no lo vi nunca.

El pastor viejo. Sí, los mares son como grandes montañas grises que se mueven al viento cuando hay tempestades. Y como grandes huecos de sonidos extraños si las noches son oscuras. Las caracolas de las playas guardan dentro esos sonidos.

El pastor joven. Sí. Es cierto. Un caminante que pasó una vez por mi choza, me enseñó una de esas caracolas. Y al acercármela al oído, escuché un rumor extraño, como de ramas movidas por el viento, como de alas de grandes pájaros.

El pastor viejo. Ese es el sonido del mar... Yo sé cómo es ese sonido. Algunas noches el desierto suena así, cuando el ancho viento mueve los montecillos de arena...

El pastor tercero. Bueno, bueno. Pero a todas estas, con eso del mar y de su ruido, que maldito si lo entiendo, nos hemos olvidado de la estrella perdida. *(A los demás).* Eh, compañeros, a buscar la estrella. No vaya a estar debajo de una piedra, o en el zurrón de uno de nosotros... A buscarla. *(Los demás se ríen también; y hacen ademán de ponerse a buscar algo por el suelo y en sus zurrones).*

El pastor joven. *(Al otro).* ¿Sabes lo que se me ocurre? Que tal vez...

El pastor viejo. *(Interrumpiéndole).* Calla. ¿No oyes? Espera... ¿No oyes? Sí. Es como el rumor del mar dentro de las caracolas. Como suenan las alas de los grandes pájaros.

El pastor joven. Sí... Como las alas de los grandes pájaros, que estuvieran a nuestro alrededor.

(La escena se colorea de luz de luna, muy clara).

El pastor joven. *(Resueltamente, a los demás).* Vamos. Venid conmigo. Ya sé dónde está la estrella...

El pastor quinto. Pero, ¿estás loco? ¿Cómo puede una estrella caer del cielo a la tierra? ¿En qué cabeza cabe eso? ¿No es verdad, compañeros?

El pastor tercero. Claro. Sigues con tus fantasías. Y el otro, también. Vaya una pareja de hombres... Así andarán vuestras ovejas.

(La luz de luna, en haz cada vez más estrecho, comienza a moverse hacia la derecha de la escena).

El pastor viejo. ¿No veis? Hoy no hay luna y, sin embargo, mirad esta luz que se mueve.

El pastor joven. Vamos. Venid conmigo. Ya sé dónde está la estrella.

(Todos se levantan y van siguiendo la luz, que desaparece por la derecha de la escena. El pastor joven y el pastor viejo, resueltamente, y como en éxtasis. Los demás, curiosos y un poco sin saber por qué).

(Desde que aparezca la luz misteriosa se escuchará alguna música suave, como de órgano, que irá aumentando de intensidad a medida que los pastores van desapareciendo tras el haz luminoso. Al quedar la escena sola, la música llega a su máxima intensidad y se mantiene así mientras cambia el decorado).

Escena segunda

El portal de Belén. La noche de Navidad, María, el Niño, José. Estarán también el buey y la mula. La luz es tenue y difusa. Solo habrá un haz más brillante sobre el Niño.

María está sentada en un pequeño taburete o sobre una piedra, con el Niño en brazos, y lo arrulla, para dormirlo...

Al comenzar la Virgen su canción, se escucha, como fondo, la misma música suave del final de la escena anterior, y durará todo el tiempo de los versos.

MARÍA. *(Canta o dice):*
Duérmete, alma mía,
duérmete, paloma,
que ya viene el día
detrás de la loma.

Que ya la mañana
se acerca pasito
vestida de grana
a darte un besito.

Que ya por el cielo
la mañana viene
con su azul pañuelo
para mi nene.

Duérmete, mi niño,
duerme;
que el sol en el valle
también duerme.

Ya los pajaritos
están en sus nidos
soñando que miran
mi nene dormido.

Ya las azucenas
cierran sus corolas;
y hay sueño en los trigos
y en las amapolas

El sueño ya sabe
dónde está mi nene
y por los caminos
a buscarlo viene.

Duérmete, mi niño,
duerme;
que el sol en el valle
también duerme.

El sueño tan lindo
viene por el campo
con la cara azul
y el vestido blanco.

El sueño que tiene
para ti, mi amor,
un collar de estrellas
y un rosal de olor.

Sueño de mi vida
llega hasta el portal
para que mi niño
te pueda besar.

Duérmete, mi niño,
duerme;
que el Sol en el valle
también duerme.

(Cesa la música. María queda en silencio, con la mirada alta. El Niño se ha dormido. José está ocupado en tejer con mimbres una cuna. Trabaja, también en silencio. Entran, por la izquierda, los pastores. Delante, el viejo y el joven. Los demás los siguen. Al ver el grupo que forman el Niño, María y José, se detienen, formando otro grupo a la izquierda del escenario. Una larga pausa).

EL JOVEN. *(A los demás, en voz baja).* Aquí está la estrella. Miradla. *(Señalando al Niño).*
EL PASTOR VIEJO. Mirad. Aquí está la estrella dormida.
UN PASTOR. Pero es un niño...
OTRO PASTOR. Sí. Es un niño que duerme en brazos de su madre
EL JOVEN. No. Yo lo sé mejor. Es el Niño que duerme. No le despertéis. Silencio. *(Se adelanta a los demás, y poco a poco va llegando al centro de la escena. Entonces, se arrodilla y alzando en sus brazos la ovejita blanca que traía, la ofrece a la Virgen, que lo mira bondadosamente).*
EL PASTOR VIEJO. *(A los demás).* Venid, acercaos. *(Él también adelanta y va a arrodillarse junto al joven. Los demás se acercan y forman nuevo grupo, unos de rodillas, otros en pie).*
JOSÉ. *(Mientras trabaja)*:
Para que duerma el Niño
tejo su cuna;
como soy carpintero
yo le hago una.
Cuna de amores,
para que el Niño duerma
como las flores.

JOSÉ. *(Deja de trabajar, y mirando a los pastores, les dice)*: ¿De dónde
    venís?
EL PASTOR VIEJO. De la noche.
JOSÉ. ¿Y a qué venís aquí?
EL PASTOR QUINTO. A ver el día.
JOSÉ. Pues, ¿dónde está el día, amigos?
EL PASTOR VIEJO. En el corazón de la estrella.
JOSÉ. ¿Y la estrella?
EL PASTOR JOVEN. *(Muy intensamente)*. En brazos de la Señora.
JOSÉ. *(A María)*. Señora, cuidad la estrella
    que tiene la luz dormida.
MARÍA. Su luz la siento en el alma
    Como si fuera una herida.
    Es una luz en la noche
    con fuego de amanecer;
    me la quisiera prender
    al corazón, como un broche.

(A los pastores, que escuchan extasiados):

    Ay, pastores, no sabéis
    qué es tener en el regazo
    un tembloroso pedazo
    de la carne que perdéis.
    Aunque su rostro miréis
    y la luz que en él se posa,
    más perfumada es la rosa
    que entre las entrañas siento.
    No hay flor que arome en el viento
    como esta flor amorosa.

    Yo, como vosotros, vi
    esta noche iluminada,
    por el misterio tocada
    la figura que había en mí.

Sentí una gloria. Sentí
en mi pecho un manantial;
y sentí que en el portal
esta noche de Belén,
en mí renacía el Bien
para desterrar el Mal.

(Mirando con ternura al Niño).

¿Hubo una vez en el cielo
estrella de luz más suave?
¿Entre los bosques, un ave
de más sosegado vuelo?
¿Qué sin razón, o qué duelo
a su vista no se calma?
Venid, pues traéis la palma
de vuestro humilde homenaje,
a emprender un nuevo viaje
por los caminos del alma.

JOSÉ. Señora de la voz fina,
de la Navidad Señora,
ved que se acerca la aurora
y ya el cielo se colora
con su palidez divina.

¿No querréis, Señora mía,
de la vela descansar?
Y pues acabáis de hablar,
los pastores hasta el día
vuestro sueño han de guardar.

Dormid, dulce Señora,
dormid el sueño,
mientras que vuestro hijo
duerme risueño.

>   Y al nuevo día
>   se abrirán las dos rosas
>   de la alegría.
>
> El pastor tercero. Dormid, que los pastores
>   velaremos el sueño
>   de los amores.
>
> El pastor cuarto. Y a la mañana,
>   dulce Señora,
>   con ángeles y palmas
>   vendrá la aurora.
>
> El pastor quinto. Sobre los árboles
>   vendrá la aurora
>   para besar la frente
>   de mi Señora.
>
> El joven. Dormid, Señora bella,
>   dormid confiada
>   como las ovejitas
>   de mi majada.
>   Que vuestro hijo,
>   para ver a los ángeles
>   ya se ha dormido.

(*María se recuesta suavemente, y sin dejar al Niño, va poco a poco adormeciéndose. Comienza de nuevo a sonar la música de antes, mientras ella, muy bajito y con los ojos cerrados, dice la canción de cuna*):
Duérmete mi niño,
duerme, etc.
(*Y así va bajando lentamente el TELÓN*).

Los mangos de Caín
Abelardo Estorino

[1965]

Y miró Jehová con agrado a Abel y a su ofrenda; mas no miró propicio a Caín y la ofrenda suya. (Gn 4)

Los Mangos de Caín fue estrenada, en 1965, en la Sala del Colegio de Arquitectos, dirigida por Magali Alabau. Esta obra fue publicada por primera vez en la revista *Casa de las Américas* 27, diciembre de 1965.

Personajes

Adán
Cuarenta y cinco años, barrigón, bigote espeso; grandilocuente.
Eva
Treinta años, todo lo aprendió con la serpiente.
Caín
Diecisiete años.
Abel
Dieciséis años

La escena: un semicírculo formado por columnas que se elevan para sostener una cúpula de cristal. Son columnas de hierro, altas, delgadas, cuyos capiteles se convierten en ramas, en hojas, en frutos, casi vegetales. Los dibujos de los capiteles se transparentan en la cúpula para crear la impresión de un bosque de hierro y cristal. Entre las columnas, mamparas del mismo estilo convierten la escena en una terraza art nouveau. *En el centro de la escena una gigantesca serpiente disecada se enreda en una columna-árbol. A la derecha un sillón de madera torneada; a la izquierda un atril sobre el cual hay un voluminoso diccionario. Un cuadro al óleo (¿Lucas Cranach?) de Adán y Eva. Arecas. Los personajes estarán vestidos según la moda de principios del siglo* XX: *sombreros, cuellos duros, botines, bombachos para los muchachos.*

Acto único

Caín entra corriendo (el pelo rebelde sobre la frente, la camisa abierta), mirando hacia atrás para asegurarse de que no lo siguen. Trae una canasta con mangos que coloca en el suelo. Se sienta en el sillón. Tiene en las manos una «quijada de burro», la hace sonar, impaciente. Mira la canasta, luego la serpiente, se levanta y deposita la canasta frente a ella.

Caín. ¿Vas a hablar? *(Vuelve hacia el lugar por donde entró, mira hacia afuera, regresa hasta la serpiente y se arrodilla).* ¡Habla! A mí puedes hablarme sin temor. Ahora estoy convencido de que soy como tú, como dice mamá que tú eras. Él no se va a enterar, nadie se va a enterar porque no voy a decírselo a nadie. Esto quedará entre tú y yo, será un secreto compartido del que nos regocijaremos íntimamente. *(Vuelve a la puerta para mirar hacia el exterior).* Ellos se demoran, se han quedado conversando a la salida, como todos los domingos y después regresarán en coche, dando un rodeo, como siempre: su paseo del domingo. El domingo es el día del paseo, el día del descanso, el día del arroz con pollo. Háblame, por lo que más quieras, mira que estoy necesitado de saber. Y no tengo a quién preguntarle. Solo me quedas tú, solo confío en ti, que sé que hablaste una vez. Y te debo la vida. A veces siento que tú eres mi verdadero padre. Si no hubiera sido por ti, ¿dónde estaría yo? Tú hablaste, convenciste a mamá y le entregaste la fruta. Mamá lo dice, que se erizó cuando le hablaste y le descubriste todo lo que podían hacer. Después ella se erizó otra vez cuando estuvo con papá y entonces nací yo. ¿No nací de esos escalofríos que tú provocaste y enseñaste a disfrutar? Eres desconfiada. Estás siempre mirándome y mirándome, parece que quieres decirme algo y no hablas. Ahora lo necesito más que nunca. ¡Si supieras lo que ocurrió! No se lo voy a perdonar, eso sí que no se lo voy a perdonar. No seré lo que ellos quieren que sea, aunque me convierta en piedra. Di algo, di cómo puedo vencerlo, cómo puedo vencerlos. Ya no los aguanto más: con sus horarios, precisos hasta el segundo, para no cumplirlos; sus palabras correctas, en público, los coños en la intimidad; sus buenos días, sus champolas de guanábana, sus helados de tamarindo. *(Insultándola)*. ¿Dónde está la fuerza que te daba tu sabiduría? Si no hablas voy a cortarte en rueditas.

(Entre las columnas se ha visto llegar a Abel. Se oculta detrás de una de ellas y espía a Caín, oye sus últimas palabras, después se acerca riendo).

ABEL. ¿Ya estás otra vez en lo mismo? Pierdes el tiempo.
CAÍN. Si dices algo, te parto la crisma con esto. *(Señala la quijada de burro que tiene en la mano).*
ABEL. *(Riendo).* Se lo digo a papá.
CAÍN. *(Imitándolo).* Se lo digo a papá.
ABEL. *(Amenazante).* Tú verás que se lo voy a decir.
CAÍN. Atrévete. Le digo que fuiste conmigo hasta la puerta, te juro que se lo digo.
ABEL. No jures en vano.
CAÍN. Juro y rejuro que le tiramos piedra a los querubines.
ABEL. Fuiste tú.
CAÍN. ¿Quién me alcanzó las piedras?
ABEL. Pero no tiré.
CAÍN. Gatica de María Ramos.

(Se oye el ruido de un carruaje, trote de caballos. Caín corre hasta la puerta).

CAÍN. No digas que me viste porque te va a costar caro. *(Se va).*

(Abel hojea el diccionario. Entran Adán y Eva. Ella trae un enorme sombrero con velo. Se lo quita).

Eva. No sé para qué estrenarme un sombrero, si no hay nadie para celebrármelo. En fin…

Adán. *(A Abel).* ¿Dónde está tu hermano?

Abel. *(Va a contestar. Se oye el sonido de la quijada de burro).* No sé. ¿Soy yo el guardián de mi hermano?

Adán. *(A Eva).* ¿Ves lo que te digo? Esas son palabras de su hermano, que le mete en la cabeza ideas de desobediencia. *(Se detiene pensativo, se dirige al diccionario).* Meter en la cabeza, meter… ¿Será correcta esa expresión? Deja ver… *(Hojea el diccionario).* Meta, meta, metano, meteco, metemuertos, meter. Meter: del latín *mittere,* introducir. ¡Perfecto! *(Recapacita).* ¡No! Es mejor inculcar… Inculcar ideas de desobediencia.

Eva. *(Acercándose a una planta).* Adán, mira esta areca. ¿No te recuerda aquella que sembré en el Paraíso? Fíjate qué frondosa se ha puesto. Abel, tráeme la regadera.

Abel. Sí, mamá. *(Sale).*

Adán. Deja la areca y atiéndeme.

Eva. Voy a regarla un momento. Hoy por la mañana se me olvidó y si lo dejo para luego…

Adán. Tú eres la culpable de toda esta epidemia de desobediencia.

Eva. Sí, es muy fácil echarme la culpa. ¿Caín no es hijo tuyo también?

Adán. Pero tú lo has malcriado.

Eva. Te empeñaste en que fuera agricultor, pues ahí lo tienes. Quién sabe las cosas que aprende cuando está solo en el campo.

Adán. Qué va a aprender en el campo. No hay nadie en miles de leguas a la redonda.

(Abel regresa con la regadera).

Eva. Cuando se quiere aprender, se encuentra dónde.

Adán. O se pone uno a dialogar con las serpientes.

Eva. No hables así delante del niño.

Adán. Me temo que ya no son tan niños. Mira lo que ha hecho el mayor. ¿Dónde se habrá ocultado?

Eva. Se demora por ahí.

ADÁN. ¿Por ahí por dónde? ¿Él no sabe que hoy es el día del descanso? ¿No sabe que debe estar en su casa, con sus padres? ¿Qué se cree...?

EVA. No grites delante de los muchachos. Les enseñas malas costumbres y después te quejas. ¿Qué pensarán los vecinos?

ADÁN. ¿Qué vecinos?

EVA. Los querubines de la posta. Siempre tienen la oreja parada para irle después al Señor con el cuento.

ADÁN. ¿Qué van a decir? Me preocupo por la educación de mis hijos, por que sean obedientes y cumplidores. Y ese muchacho me sale con una insolencia delante del Señor. El primogénito, el que debía ser el ejemplo...

EVA. El pobre muchacho tenía... *(Mira hacia arriba. Muy bajita).* Tenía razón.

ADÁN. ¿Ves como lo defiendes?

EVA. No lo defiendo. Sé que debería ser más humilde, pero...

ADÁN. El Señor me lo ha dicho: si nos comportamos bien, si trabajamos, si no discutimos nada y nos olvidamos de lo que ese reptil te enseñó, nos permitirá trabajar en la otra finca.

EVA. *(Entusiasmada).* ¿Nos va a dar otra vez el Paraíso?

ADÁN. No. La que está al otro lado.

EVA. *(Desencantada).* ¡Ah! Allí sí se daban bien las plantas. Aquí por más que las riego...

ADÁN. Olvida esas ideas. ¿Viste como se encolerizó? Tronando y echando fuego por los ojos. Y con razón.

EVA. Eso se le pasa. Cuando lo nuestro vino con la espada de fuego y todos aquellos truenos y después... lo único que hizo fue dejárnosla aquí *(señala a la serpiente)* para que tuviéramos siempre presente el momento del mal paso.

ADÁN. Pero nos expulsó de allí. Y ahora tengo que trabajar de sol a sol y entregarle la ofrenda cada domingo. ¡Y todo por estar haciendo amistad con quien no debes! Y mira que te lo dije: no te conviene, esa amistad no te conviene. Nada más que de verla arrastrarse se le notaba que no era buena gente.

Eva. ¿Cómo iba a creerte? Siempre tuviste tantos prejuicios.
Adán. Jamás he tenido prejuicios. Pero hay que darse cuenta de que una serpiente es una serpiente y saber darse su lugar.
Eva. Si no llega a ser por ella estaríamos solos en el mundo, aburriéndonos uno frente al otro.
Adán. *(A Abel)*. ¿Niño, no tienes nada que hacer?
Abel. Sí, papá. Voy a darle una vuelta a la oveja que parió ayer. ¡Están lindos los hijos! Tuvo tres, el primero está un poco débil, pero los otros…. ¡da gusto verlos! Tengo que ver si tienen agua porque yo creo que anoche…
Adán. Sí, sí, está bien. Haz lo que tienes que hacer. *(Abel sale)*. ¿Quién es quien se pone a hablar de lo que no debe delante de los muchachos? Por eso después nos pierden el respeto. Yo no dudaría que alguno de ellos, o sus hijos o sus nietos o quien sea, se ponga a escribir la historia y cuente cómo me engatusaste utilizando como señuelo una manzanita. Y cuando les da por escribir, ya se sabe, dicen lo que piensan sin consultar con nadie y no respetan los más oscuros secretos de la familia.
Eva. No creo que a Abel le dé por escribir. Está demasiado preocupado por las cabras y las ovejas.
Adán. Sí, por suerte cumple con su trabajo. ¿Pero qué me dices del primogénito? Lo quiere saber todo. Se va hasta la puerta del Paraíso y le hace preguntas a los querubines que están de guardia. Ya dos veces han tenido que sacarlo de allí a punta de espada flamígera. Se pone a mirar los animales y estudia sus costumbres. Ayer vino a decirme que las abejas están mejor organizadas que nosotros. Solo habla de aprender y aprender.
Eva. Te molesta porque se parece a mí. Cuando Abel habla hasta por los codos no te incomodas, pero cualquier cosa que el otro muchacho haga y ya estás poniendo el grito en el cielo, para que después se aparezca el Señor a enjuiciar la situación.
Adán. El Señor puede hacerlo. Tiene experiencia.
Eva. ¿Experiencia? *(Casi un susurro)*. ¿Qué experiencia, Adán, si ayer mismo acabó de hacer el mundo?

ADÁN. De todos modos, le estoy muy agradecido.
EVA. Porque eres muy guataca.
ADÁN. Guataca, guataca... *(Busca en el diccionario)*. Guataca, femenino, cubanismo, familiar: dícese de la oreja grande y fea. Especie de escardillo. No veo relación ninguna y no comprendo tu frase.
EVA. Pero yo sé muy bien lo que quiero decir. Puedo usar la lengua de una manera novedosa.
ADÁN. Esa lengua, esa lengua te va a hacer famosa.
EVA. *(Entusiasmada)*. ¿Tú crees? *(Un mohín)*. No, no. Si acaso me hará famosa ese retrato.
ADÁN. Ya es hora de que lo quitemos de ahí. Los muchachos están muy creciditos y tu desnudez puede alterarlos.
EVA. ¿Celoso?
ADÁN. No sé por qué. Ya no te pareces en nada a eso.
EVA. ¡Ah, no! ¿Quieres comprobarlo? *(Comienza a zafarse la ropa. Cae un rayo)*.
ADÁN. ¿Lo ves? *(Adán corre hacia ella y le abrocha los botones)*. Imprudente. Sabes muy bien que eso es lo que más le molesta.
EVA. Pero, ¿en qué quedamos? ¿Somos o no somos libres?
ADÁN. Somos libres dentro de ciertas leyes. Y hay una ley que se opone al nudismo.
EVA. Una ley que hiciste tú. Él nunca dijo nada. Pero en cuanto te comiste la manzana te pusiste el taparrabos y anduviste siempre con él. Claro, se acostumbró a verte así y lo convirtió en ley. Y desde entonces hemos ido aumentando los trapos. Y fíjate cómo ando, que me muero de calor con este cuello.
ADÁN. Mira quién habla. Te encanta la trapajería.
EVA. Sí, pero no para cubrirme. Y hay que ver cómo resolvemos el problema de los muchachos; tienen unas ojeras que les llegan hasta aquí. Hay que casarlos cuanto antes.
ADÁN. ¿Y dónde conseguiremos las mujeres? Yo no doy ni una costilla más.
EVA. ¿Tendré que sacrificarme?

ADÁN. Eso te encantaría, pero ni lo pienses. Este problema de sus bodas es un asunto que quedará sin solución durante mucho tiempo.
EVA. Pues hay que ir pensando en algo. ¿Qué podemos hacer? *(Pausa)*. Mejor me pongo a terminar el almuerzo que después empiezas a pelear porque el pollo no está blando. ¿Por qué no traes una jarra de agua fresca para el almuerzo?
ADÁN. Bien sabes que hoy no se trabaja.
EVA. Pero por traer una jarrita no se va a acabar el mundo.

(Suena un trueno).

ADÁN. Ahí lo tienes.
EVA. ¿Cuándo se irá a dormir la siesta, para poder hablar con libertad? En estos días está insoportable, tiene oído de tuberculoso. Por eso la cogió con el pobre muchacho.
ADÁN. ¿Y ese no pensará regresar?
EVA. ¿Por qué no vas a buscarlo, el pobre? Tú sabes lo sensible que es. Debe estar lloriqueando por algún rincón.
ADÁN. Lloriqueando de rabia. No he visto muchacho más soberbio.
EVA. Búscalo y consuélalo. Dile que el Señor lo va a perdonar.
ADÁN. Tú sabes bien que el Señor no lo va a perdonar.
EVA. Pero una mentira… *(Mira hacia arriba)*. Está bien, dile la verdad. Dile que no lo va a perdonar y que el domingo que viene tendrá que entregarle una ofrenda mayor. Pero consuélalo. *(Llama)*. Abel… *(Entra Abel)*. Acompaña a tu padre.
ABEL. Hasta luego, vieja.
EVA. *(Cuando ya están saliendo)*. ¡Ah!, oye, Adán, si encuentras de esas semillitas que trajiste el otro día… ¿Cómo dijiste que se llamaban?
ADÁN. Pimienta.
EVA. De esas mismas. Si encuentras, tráeme. La verdad que te hicieron mucho bien; a tu edad, parece que son necesarias. *(Se van)*.

(*Eva se quita los zapatos. Va frente a un espejo y comprueba si tiene arrugas alrededor de los ojos. Se suelta la trenza, se abre el cuello del vestido y se contempla extasiada, con las manos en la cintura. Satisfecha de lo que ve, se dirige canturreando hacia el interior. Aparece con un mortero y comienza a machacar algo. El ritmo del mortero parece de vals. Ella lo percibe. «Cun pan pan, cun pan pan, qué bonito», dice. Comienza a tararear una melodía con ese ritmo. Se pone de pie y baila. «Me gusta, se lo voy a enseñar a Adán, cuando regrese». Pero Caín aparece y queda maravillado viéndola bailar, se une a ella tomándola por la cintura y bailan. Apoteosis del vals. Eva cae riendo en el sillón, Caín a sus pies*).

CAÍN. *(Apasionado, señalando el retrato)*. ¿Todavía eres así?
EVA. *(Con coquetería)*. ¿Qué tú piensas?
CAÍN. Me hubiera gustado conocerte allí, en aquel lugar.
EVA. Naciste después de que nos mudamos.
CAÍN. No debían haberse mudado nunca, me gusta ese lugar.
EVA. A mí también me gustaba, pero nos desahuciaron.
CAÍN. ¿No podremos volver?
EVA. Tú sabes bien que han puesto una guardia en la puerta.
CAÍN. Conozco un lugar donde la cerca estaba rota. Entré una vez, cuando era muchacho.
EVA. *(Riendo)*. ¿Y ya no eres un muchacho?
CAÍN. Si tú quieres podemos ir un día, tal vez no la hayan arreglado. Iremos tú y yo solos, nadie se enterará. Y puedes llevarme allí, donde está el árbol en que hablaste con ella. *(Se refiere a la serpiente)*.
EVA. ¿Quién te dijo que hablé con ella?
CAÍN. Lo oí una vez.
EVA. Esas son cosas que no debías saber.
CAÍN. Ya no necesito el biberón.
EVA. Ni la pimienta.
CAÍN. ¿Cómo?
EVA. Nada, nada. ¿Cómo te enteraste?

Caín. ¿De qué?

Eva. De mi conversación con ella.

Caín. Fue aquella noche que estaba tan bravo.

Eva. ¿Quién? ¿Papá?

Caín. No, el Señor. Estaba bravo porque papá y tú se habían ido a correr bajo la lluvia, ¿te acuerdas? Yo los había visto corriendo, desnudos. Estaba en la ventana de mi cuarto y te vi. ¡Lucías tan linda con el pelo mojado! Te miraba correr y pensaba que cuando creciera iba a correr igual, contigo, bajo la llovizna. Pero Él vino molesto. Tronó mucho y dijo que era indecencia, correr así, de noche, una mujer que tenía dos hijos y una casa que atender.

Eva. Y no lo he vuelto a hacer. Hay tantas cosas que ya no hago.

Caín. Te hizo llorar. Me molestó que te hiciera llorar por una bobería como esa: correr bajo la lluvia.

Eva. Pero estábamos desnudos.

Caín. ¿Y qué? ¿No estabas desnuda siempre cuando vivías allí?

Eva. Era distinto, allí no me daba vergüenza. Fue tu padre quien me enseñó a ser decente, así dice él. Y me dio aquella hoja con la que estoy en el retrato.

Caín. Aquella noche no podía dormirme. Me fui hasta tu cuarto y oí tu conversación con papá. Y hablaban de ella. Y le decías que ella también te había enseñado a correr desnuda. Entonces hablaron de la primera vez y de la manzana y de todo eso.

Eva. ¿Se lo contaste a Abel?

Caín. No. No le interesa. Solo piensa en sus ovejas. A veces le digo que venga conmigo, que venga de noche para ver las estrellas. Y no viene. En el campo se ven mejor, ya las voy conociendo, puedo ver cómo se mueven…

Eva. Cuando vivíamos allá, a veces me parecía que podía tocarlas con las manos.

Caín. ¿Cómo era la vida allí?

Eva. *(Se echa atrás en el sillón y enlaza los brazos sobre la cabeza).* Yo tenía el portal lleno de macetas: las colgaba del techo y las plantas crecían hasta el suelo. ¡Era una vida buena! No hacía calor, no recuerdo haber sudado nunca. Claro que yo no usaba tanta ropa. Tu padre y yo caminábamos horas y horas. *(Eva toma a Caín de la mano, comienzan a caminar alrededor de la columna-árbol).* ¡Qué frutas! Los mangos eran tan dulces que debían haberlos llamado ambrosía. Pero entonces no teníamos un buen diccionario. Las noches eran claras... Dormíamos en la yerba...

Caín. ¿Y la fruta, a qué sabía?

Eva. *(Se detiene junto a la serpiente).* Aquel día yo sentía un poco de hastío. Ya conocíamos todas las bestias, todos los pájaros, todos los árboles. No había lugar para las sorpresas. De pronto empezó a correr un aire que agitaba un mechón de Adán sobre su frente.

(Eva acaricia los cabellos de Caín. Comienza a oírse la música de flauta. Eva extiende la mano como alcanzando la fruta, la entrega a Caín. Los dos se llevan las manos a la boca y permanecen frente a frente, mirándose durante un rato. Cesa la música).

Caín. Por eso quiero ir, quiero entrar y verlo todo, vivir allí como ustedes vivían, comer la fruta...

Eva. No pienses en eso, tal vez lo recuerdo tan bello porque ya no vivimos allí. Después de todo era un poco aburrido, desde entonces hemos aprendido algunas cosas muy entretenidas.

Caín. Quiero probar la fruta.

Eva. No, eso me traería muchas complicaciones.

Caín. No puedo pensar en otra cosa. A veces vengo y le hablo *(a la serpiente),* pero no me hace caso. Sueño con ella. Viene hasta mi cama y me habla al oído. Me dice la forma de entrar, me enseña una puerta secreta y me da un arma para eliminar a los querubines. Me dice cómo fabricar una casa debajo del manzano. En el sueño todo lo veo muy claro y soy feliz. Pero cuando despierto ya no recuerdo donde está la puerta secreta,

ni qué armas podría deshacerme de los querubines. Solo me queda, muy vaga, la sensación de lo feliz que era. Y comprendo.
Eva. Sueñas demasiado.
Caín. También sueño contigo, así, como estás en el retrato.
Eva. No sueñes eso, te estás poniendo flaco.
Caín. Lo sueño, lo sueño casi todas las noches.
Eva. No puedes, no debes soñar eso.
Caín. Yo no mando en los sueños.
Eva. Hay que hacer algo para evitarlo.
Caín. Nadie puede quitarme los sueños.
Eva. Voy a hablar con tu padre.
Caín. Estas cosas son solo para nosotros. Si papá se entera se lo dirá al Señor y me pedirá ofrendas. No hace más que pedir y, después, cuando le llevo mis mangos, no los acepta. Quiere ovejas, ovejas blancas, ovejas tiernas, ovejas gordas, lanudas. Quiere degollar ovejas y llenarse las manos de sangre.
Eva. Incuestionablemente, como diría tu padre, has crecido demasiado. Hay que evitar esos sueños.
Caín. ¿Por qué necesita matar tantas ovejas? ¿Qué le han hecho las ovejas? ¿Por qué no le gustaron mis mangos?
Adán. *(Entrando, acompañado de Abel)*. Porque no había regocijo en la acción de dar. Es una respuesta incuestionable.
Caín. Eso es mentira.
Eva. No se dice mentira.
Caín. Eso es incierto. Lo que doy, lo doy de corazón.
Adán. No basta, Él es tu creador, le debes obediencia y humildad. Y tienes que obedecer, porque ese es tu deber.
Eva. Y mi deber es hacer el almuerzo.
Adán. Él nos ha dado esta tierra y tiene derecho a exigir.
Eva. Yo exijo que Caín me ayude a preparar el almuerzo.
Adán. No interrumpas, esto es demasiado serio. *(Eva sale)*. Exige porque es exigente consigo mismo.
Caín. Él no trabaja.
Adán. A ti no te importa, para eso es el dueño.

Caín. Pues que ponga a trabajar a los ángeles.
Adán. ¿No te he dicho mil veces que los ángeles no pueden?
Caín. ¿Por qué no? ¿Son mejores que nosotros?
Adán. Tienen mucho que hacer. ¿Tú crees que es poca cosa fabricar miles de arpas y dar clases de canto y ensayar para los coros? ¿Qué quieres, que los himnos de alabanza salgan desentonados?
Caín. Pues si son desentonados, que no canten.
Adán. Atiéndeme bien, muchacho, no lo tergiverses todo. Los ángeles no son desentonados, jamás se me ocurrirá decir semejante cosa. Pero tienen que ensayar.
Caín. No me gustan los himnos que cantan.
Adán. ¿Y desde cuándo eres crítico musical? ¿Por qué no atiendes mejor tus asuntos y te estás tranquilo?
Caín. Yo le llevé una ofrenda tan buena como la de Abel. ¿Por qué no le gustó?
Adán. Él tiene derecho a escoger.
Caín. Yo le llevé lo mejor que tenía.
Adán. Él sabe lo que quiere.
Caín. Unos mangos que daban ganas de comérselos con cáscara y todo.
Adán. Él sabe lo que come.
Caín. Y me desairó.
Adán. Él sabe lo que hace.
Caín. Y yo también.
Adán. ¡Oh!, blasfemia. ¿Vas a ponerte a su altura?
Caín. Yo sé muy bien lo que quiero.
Adán. Pues mientras vivas en esta casa, haces lo que Él quiera.
Caín. No tengo que obedecer a nadie. Mamá habló con ella y...
Adán. ¿Quién te dijo eso? *(Llamando)*. Eva, Eva... ¡Ya sabía yo! *(Eva aparece)*. ¿No te dije que hablabas más de la cuenta?
Eva. Prejuicios contra mi sexo. *(Se va)*.
Caín. Ella no me dijo nada, yo me enteré.
Adán. ¿Cómo?

Caín. Lo oí.

Adán. Siempre oyendo detrás de las puertas.

Caín. ¿Qué quieres, que sea un idiota como mi hermano?

Abel. ¿Lo ves, papá? Siempre me está insultando.

Adán. *(A Abel).* Cállate tú. *(A Caín).* Ojalá fueras como tu hermano, que ha obtenido la gracia del Señor y por su bondad nos ofrece bienaventuranzas. Nos gusta el orden. Me gusta el orden y la tranquilidad, comer a mis horas, tomar mis pastillas de carbón para los gases y vivir sin inquietudes. A eso aspiro y no voy a permitir que te pases la vida haciendo preguntas ociosas. Grande es tu iniquidad, tu envidia, tus mentiras.

Caín. No. Tú estabas loco por comer de la fruta, pero no te atrevías. Tuvo que venir mamá y convencerte. Nunca te atreves a nada, siempre esperas que te dicten lo que tienes que hacer.

Adán. *(Muy orgulloso).* Y después lo hago bien.

Caín. ¿Y qué mérito tiene eso?

Adán. ¿Cómo no va a tener mérito? Los trabajos de encargo son siempre importantes. ¿Si fueras zapatero y te encargaran un par de zapatos no estarías orgulloso de que el cliente quedara satisfecho?

Caín. No. Estaría orgulloso de inventar algo para los pies que no fuera tan incómodo como los zapatos. Unas sandalias.

Adán. *(Escandalizado).* ¿Sandalias? Este muchacho va a acabar con mi paciencia. Se ve que andas muy mal. Por eso no creo que tu ofrenda fuera hecha con gusto. ¿Por qué te molestaste? ¿Por qué lo insultaste y le gritaste?

Caín. Porque no entendí su actitud.

Adán. Nosotros no hemos tratado de entenderlo. ¿No es así, Abel?

Abel. Sí, papá.

Caín. Yo no puedo obedecer sin saber por qué obedezco.

Adán. Ven acá, hijo mío, que estoy tratando de no alterarme. ¿Qué es lo que quieres comprender?

Caín. Quiero comprender… ¡todo!

ADÁN. Él es Omnipotente, Dueño y Señor de las tierras y las aguas, de todas las lunas y los vientos. ¿Puedes tú en tu pequeñez tratar de comprender un ser así? Él no necesita de tu comprensión.
CAÍN. ¿Entonces para qué me creó?
ADÁN. Necesita tus ofrendas. ¡Ah!, y tus alabanzas. ¿Tú entiendes eso, Abel?
ABEL. Sí, papá.
ADÁN. ¿Ves? Él lo entiende, no es idiota.
CAÍN. Bien, vamos a aceptarlo: yo me ocupo de la agricultura, Abel de la ganadería; él le ofrece sus ovejas, yo los mangos. ¿Por qué no los acepta?
ADÁN. Yo no sé.
CAÍN. ¿Y yo debo conformarme con esa respuesta?
ADÁN. Todos estamos conformes. Él nos ha dado la finca y...
CAÍN. Te expulsó del Paraíso.
ADÁN. Porque cometí un error.
CAÍN. *(Gritando).* ¡Es que yo considero que no fue un error!
ADÁN. *(Gritando).* No me grites. No permito que se levante la voz en esta casa. *(Conteniéndose).* Es un error desobedecer a quien te lo da todo.
CAÍN. Es humillación doblegarse ante quien te lo da todo.
ADÁN. Eres demasiado joven. No, no debe ser cuestión de juventud. ¿Qué será lo que te pasa? Mira a tu hermano, mucho más joven, pero más consciente. Tiene la gracia del Señor y tendrá todo lo que quiera.
CAÍN. Yo quiero el Paraíso, no me conformo con menos.
ADÁN. Pues vas a ser infeliz. Estarás siempre luchando contra los demás, a quienes no les interesa el Paraíso, sino las ovejas y los mangos. Yo soy tu padre y quiero para ti una vida tranquila. Y te ofrezco la manera de encontrarla: sigue cultivando tus mangos, procura que cada vez sea mejor la cosecha y vuelve a ofrecerlos. Cuando Él los considere aceptables, te sentirás orgulloso. Entonces tendrás su gracia. Abel vive con el sosiego

de saber que es aceptado y su mirada es tierna y tranquila. Mírale a los ojos. Mírale a los ojos y verás que vive en paz, como sus ovejas. Tú interrogas a la serpiente para saber lo que no debes.

CAÍN. ¿Quién te lo dijo?

ADÁN. Tu hermano que es un buen hijo y sabe cuánto daño te hace revolverte inútilmente contra lo que todos estiman que es correcto.

CAÍN. *(A Abel)*. Te voy a romper la crisma.

ADÁN. ¿Cómo dijiste? Busca esa palabra en el diccionario y léeme su significado.

CAÍN. ¿Qué palabra?

ADÁN. Crisma. A lo mejor estás usando un barbarismo y yo sin enterarme.

CAÍN. *(Buscando en el diccionario)*. Craso. *(Mira a Adán)*. Creador. *(Mira hacia arriba)*. Cretino. *(Mira a Abel)*. Crimen, criminal, criminalidad, criminalista, criminalmente...

ADÁN. Sigue, sigue, no te detengas ahí.

CAÍN. Cri, crisis, crisma. Crisma: aceite consa... *(Murmura el resto de la frase)*. Figurado y familiar. La cabeza donde se aplica la crisma; romper a uno la crisma.

ADÁN. Está bien. Aunque aparezca en el diccionario no la uses más. Tu hermano cumplió con su deber y seguirá cumpliéndolo. ¿No es así, Abel?

ABEL. Sí, papá.

ADÁN. Abel, no es necesario que digas siempre sí. Usa tu cabeza. Ahí está el diccionario, puedes emplear otras frases: ciertamente, desde luego, por supuesto. Busca sinónimos y evitarás la monotonía. *(Pausa)*. Caín, hijo mío, fíjate que no me altero, pero prométeme que cambiarás y que de ahora en adelante serás un hombre y dejarás esas pequeñas rebeliones adolescentes que no conducirán sino a tu destrucción. El Señor lo ha dicho: aquel que desobedezca será expulsado, será errante y extranjero en la tierra. ¿Es esa la vida que prefieres? ¿Vagar solo por el mundo?

Olvida tus ideas y verás que puedes conseguir la serenidad. No, no me contestes ahora. Reflexiona y verás que tengo razón. Los padres siempre tenemos razón. Ahora, lávense las manos y vamos a almorzar. *(Adán sale)*.

(Caín y Abel quedan solos, se miran. Caín recoge del suelo la quijada de burro y se acerca a Abel. Abel va reculando mientras habla; Caín sin oírlo se le acerca cada vez más).

ABEL. No te atrevas. No creas que te tengo miedo. No voy a huir. Mira, me quedo aquí donde estoy. Yo tengo razón. Papá está de mi parte, el Señor está de mi parte. De aquí no me muevo, ya no tengo miedo, ningún miedo.

(Grita aterrado. Huye por detrás de los muebles, Caín lo persigue. Se oye la voz de Adán que pregunta: «¿Qué pasa?» Caín agarra a Abel por el cuello y este contesta: «Me di un golpe de suegra con el sillón». Caín lo suelta).

CAÍN. ¿Por qué se lo contaste todo?
ABEL. Me conviene tenerlo de mi parte. ¿Tú crees que consigues algo oponiéndote siempre?
CAÍN. Tengo que oponerme, yo aspiro a la perfección.
ABEL. Ahí está. Todos hablan mal de ti y con razón. Es demasiado irritante ese deseo de absoluto. ¡Ay!, no sabes vivir. Te empeñas en hablar con la serpiente que ha sido excomulgada; quieres entrar en el Paraíso, que nos ha sido negado; quieres que acepten tus mangos como si fueran fresas o melocotones.
CAÍN. Estoy tan orgulloso de mis mangos como tú de tus ovejas.
ABEL. *(Se le escapa una carcajada incontenible)*. ¿Tú crees que a mí me gustan las ovejas? Las odio, no hay cosa que me moleste más que oírlas berreando constantemente: beee... beee... beee... todo el santísimo día. Pero yo sé vivir. ¿Quiere ovejas los domingos? Se las llevo y después me deja tranquilo. *(Pausa)*. Mírame a los ojos. ¿Qué ves? *(Abel se le acerca y se para frente a él)*. Dime, ¿qué ves?
CAÍN. Veo a Caín.

ABEL. Mira bien. *(Imitando a Adán)*. Abel vive con el sosiego de saber que es aceptado y su mirada es tierna y tranquila. ¿Papá quiere que sea noble? Finjo ser noble, no me cuesta ningún trabajo. Hay que saber esperar. Cuando papá esté viejo y no pueda ocuparse de la finca, seré yo quien lo sustituya. Y entonces... ¡no volveré a mirar una oveja en mi vida!
CAÍN. ¿Estás hablando en serio?
ABEL. Más serio que nunca.
CAÍN. *(Mirando hacia arriba)*. ¿No te da miedo que te oiga?
ABEL. *(Saca un reloj de bolsillo)*. Está durmiendo la siesta, conozco muy bien sus costumbres. *(Abel pone una mano sobre el hombro de Caín)*. No quiero tener problemas contigo, es más, si me ayudas, si no me pones cascaritas de plátanos, podemos compartir el poder.
CAÍN. *(Alejándose)*. No me interesa el poder.
ABEL. Piensa en el poder: es un carruaje de lujo tirado por seis caballos, tabacos de a peso después del almuerzo, todos tus deseos, hasta el más caprichoso, digamos un orinal de oro, convertidos en leyes. Piénsalo.
CAÍN. ¿Qué tengo que hacer?
ABEL. Ir y decir que estás arrepentido. Llevar más mangos, bajar los ojos cuando te los rechacen, romper tus vestiduras en el desierto y gritar diciendo que se te parte el corazón de arrepentimiento. Solo tú sabes lo que piensas, dirán que tu mirada es tierna y tranquila. Ven conmigo, buscaremos otros mangos y se los llevaremos. Él te perdonará y entonces tendrás esa libertad de que hablas, porque se olvidará de ti y te dejará tranquilo en tu rincón. Vamos, decídete, es cuestión de decir una pequeña mentira. No lo pienses más. Dile a papá que vamos a la arboleda a recoger más mangos, llevaremos un gran saco y lo pondremos allí sobre el altar. Después no te vigilarán y algún día tú y yo gobernaremos la finca.
CAÍN. Espérame en la arboleda, voy a pedirle perdón a papá.
ABEL. Choca esos cinco.

Caín. Más tarde. *(Camina y se queda mirando la serpiente).*
Abel. No va a hablar. Después del *affaire* de la manzana le cortaron la lengua. Sabía demasiado. *(Sale).*
Eva. *(Dentro).* El almuerzo está en la mesa. *(Se asoma).* ¿Y Abel? *(Viéndolo pensativo).* ¿Qué te pasa, muchacho?
Caín. Yo quería ser pastor. No me molestan los balidos de las ovejas, al contrario. Me gustó siempre deambular, correr por el campo. Papá y el Señor se empeñaron en que yo cultivara la tierra.
Eva. A mí me hubiera gustado ser cantante. Y ya ves, me paso los días en la cocina.
Caín. Es bueno, me dijeron. Verás crecer las plantas, asistirás al milagro de ver la semilla convertirse en árbol, la flor en fruto. En todo eso había algo misterioso que me gustaba. No era lo que yo quería, prefería ver las ovejas copulando debajo de un árbol. Pero está bien, yo lo acepté.
Eva. No hay que amargarse la vida, no vale la pena.
Caín. Y no aceptó mis mangos. *(Cogiendo un mango de la canasta).* ¿Qué le disgusta de este mango? ¿No es lindo el color? Tiene un aroma capaz de atraer a millones de mariposas.
Eva. Es tan dulce que podría chuparlo durante horas.
Caín. Y las abejas harían la miel más dulce del mercado. ¿Por qué no lo acepta? Tenía que preguntarle. Le dije: «Deme una razón por la cual no lo acepta y me voy satisfecho». No respondió. Es demasiado orgulloso para responder. No hizo más que tronar.
Eva. Como siempre. ¡Qué inconsciencia! Y en un lugar donde no hay pararrayos.
Caín. ¿Debo seguir aceptando los truenos como respuesta a todas las preguntas? No. Yo quiero respuestas, no truenos. Ellos lo aceptan todo, papá y Abel. Él nos ha dicho cómo cultivar la tierra, cómo cuidar los animales, cómo cantarle alabanzas.
Eva. Cómo vestirnos, peinarnos y empolvarnos.
Caín. Cómo abrir los ojos por la mañana y cerrarlos por la noche. Y así lo aceptan, sin cambiar una coma de lo que les dicta.

Eva. Es que tu padre tiene miedo a perder la finca.
Caín. Miedo a los truenos, al diluvio universal... ¡a qué sé yo! Estoy envenenado, dicen. Lleno de iniquidad.
Eva. No les hagas caso, hablan mucha bobería.
Caín. Iniquidad. Esa es la nueva palabra que han descubierto; una palabra para señalarme. Parece que estoy condenado a llevar señales.
Eva. A palabras necias oídos sordos. ¡Si supieras las cosas que dijeron de mí cuando me comí la manzana! Impublicables.
Caín. Hablan mal de mí, los he oído. Comentan que me vuelvo dudoso, mañoso, rencoroso, peligroso, que no soy venturoso.
Eva. Ellos me parecen tan empalagosos.
Caín. Sí, una dulzura demasiado peligrosa. La oveja de Abel estaba buena, estaba gorda, al Señor le gustó su grosura, lo dijo. Bien, a mí no me importa, que la disfrute. ¿Y mis mangos? ¿No es injusto despreciar mis mangos?
Eva. Ay, hijo, le estás dando demasiada importancia a ese asunto de los mangos. *(Caín empieza a pasearse, sonando la quijada de burro).* Siéntate, me pones nerviosa con ese instrumento.
Caín. Y Abel es también injusto. Él no se opone y dice: si no aceptas sus mangos, tampoco puedes aceptar mi oveja. ¡Ah!, no, se calla y no dice: es injusto.
Eva. Es un muchacho tímido.
Caín. Se calla y se callará siempre.
Eva. Así lo hemos criado.
Caín. Jamás levantará la voz para protestar por una injusticia.
Eva. Es que no sabe de esas cosas.
Caín. Solo sabe decir sí, sí, sí. Y si supiera inglés diría *yes, yes, yes.*
Eva. *(Nerviosa).* ¿Qué estás pensando?
Caín. Abel es injusto y sus hijos serán injustos.
Eva. *(Más nerviosa).* Vamos, se enfría el arroz con pollo.
Caín. Y yo estoy aquí porque he sentido sobre mí la injusticia y tengo que oponerme a la injusticia.
Eva. *(No puede ocultar su inquietud).* Los chatinos están tostaditos.

Caín. Y en este momento Abel es la injusticia.
Eva. *(Grita)*. Adán. *(Corre hacia el interior)*.
Caín. Seré errante y extranjero en la tierra, no importa, pero voy a demostrar que soy capaz de hacer lo inesperado, lo que no me han dictado. *(A la serpiente)*. Devuélveme mis mangos, ya no necesito tus palabras. No me interesan las palabras. Voy a hacer algo que no me enseñaron, no me importa qué nombre le pongan. Allá ellos con las palabras, ahí tienen el diccionario. *(Sale)*.

(Comienza a oírse el sonido de la quijada de burro con ritmo cada vez más rápido. Se oyen las voces de Adán y Eva, muy lejanas, que llaman a Abel. Un grito de Abel. Silencio. Ladridos de perros, relinchos de caballos, rugidos de leones. Adán atraviesa la escena y va hacia el diccionario, comienza a hojearlo cuando aparece Eva por el lado opuesto).

Eva. ¿Qué?
Adán. Caín… *(Encuentra la palabra)*. Ha cometido un crimen.

Telón.

Otra vez Jehová con el cuento de Sodoma
José Milián

[1967]

Personajes

Abraham
Jehová
Dante Alighieri

Decorado único: Hospital de la Gruta. Aquí están los heridos. Camas de bambú y hamacas. Ventana al fondo improvisada. Piso superior hecho de varillas finas que más bien parece un puente colgante. Apenas hay espacio para moverse entre las camas y las hamacas.

LEMA: ¿Adónde vamos?
—A ser héroes.

Cuadro i: «La vuelta a Sodoma»

Jehová se incorpora de un salto. Por las hendijas de la ventana entran rayos de luz que iluminan un poco su figura. Camina envuelto en una sábana y arrastra una pierna. Da vueltas sin saber adónde se dirige. Se detiene indeciso.

Abraham. *(Desde otra cama).* ¿Por qué no me cuentas lo que vas a hacer?
Jehová. El clamor de Sodoma aumenta más y más... *(Da tumbos).* Yo descenderé... *(Señalando el techo).* Hasta la ciudad, porque el pecado de ellos... se ha agravado en extremo.
Abraham. ¿Y qué piensas hacer?
Jehová. Destruir la ciudad... lloverá azufre... y plomo derretido...
Abraham. *(Lo interrumpe).* ¿Destruirás también al justo con el impío? ¿Quizás haya cincuenta justos dentro de la ciudad? ¿Destruirás también y no perdonarás el lugar si dentro de él hubiera cincuenta justos?
Jehová. *(Tose y escupe).*
Abraham. Aleja de ti eso de que muera el justo con el impío... Nunca lo hagas.
Jehová. *(Se le ve el rostro lleno de quemaduras).*
Abraham. ¿El juez de toda la Tierra no ha de hacer lo que es justo?
Jehová. *(Con tono solemne).* Si yo encontrara en Sodoma cincuenta justos, perdonaría toda la ciudad por amor a ellos...
Abraham. ¡Quizás faltaran cinco, de esos cincuenta! ¿Destruiría por esos cinco toda la ciudad?
Jehová. No la destruiré si encuentro allí cuarenta y cinco.
Abraham. Tal vez se encontrarán allí treinta...
Jehová. No lo haré por amor a los treinta.

ABRAHAM. No se enoje ahora, pero quizás se hallasen allí veinte.
JEHOVÁ. No lo haré por amor a esos veinte.
ABRAHAM. ¿Y si hallase diez?
JEHOVÁ. No lo haré por amor a esos diez... *(Lanza una carcajada y se despoja de la sábana. Arrastra la pierna hasta la ventana y la abre, la luz inunda todas las hamacas).* Dejemos entrar la luz en este recinto, para que los optimistas estén conformes, para que los amantes de la claridad no se asusten con nuestra tristeza. ¡Que la luz entre y nos ciegue con su brillo para que seamos felices! ¡Que desaparezcan las oscuras huellas del terror!
ABRAHAM. ¡Deliras!

(Jehová se desploma).

ABRAHAM. Estás haciendo payaserías. Tengo hambre.
JEHOVÁ. *(Se incorpora).* No acabo de acostumbrarme a arrastrarla. *(Se frota la pierna). (Recuperando su tono de arenga).* Que todas las generaciones se pongan de pie y vean este espectáculo que es la obra cumbre de la imaginación contemporánea. *(Avanza por entre las hamacas).* Este es el gran momento de la historia. El gran exorcismo. Ahora todos están destilando su miseria, por eso no hay paz.
ABRAHAM. *(Lo intercepta y lo lleva hasta su cama).* ¡Habrá que inyectarte otra vez!
JEHOVÁ. *(Se deja conducir y queda en el lecho mirando fijamente al techo).* Se dice que esta cueva estaba llena de murciélagos y de lagartos, ¿qué pasó con ellos?
ABRAHAM. Huyeron, dieron paso a la vida, ¿no sientes el olor a éter?
JEHOVÁ. Huyeron, dieron paso a la vida, ¿a cuál vida?
ABRAHAM. ¡Por qué hablar de eso!
JEHOVÁ. Tú no te desesperas. Somos pocos aquí. No hay peligro, ¡somos pocos!
ABRAHAM. ¿Qué quieres? Llenar este lugar de heridos, para sentirte acompañado... *(Vuelve a su cama).* ¡Ella está serena!
JEHOVÁ. ¿Quién es ella?

ABRAHAM. La muchacha de ayer.
JEHOVÁ. ¿Llegó una muchacha ayer?
ABRAHAM. Sí.
JEHOVÁ. ¿Qué edad tiene?
ABRAHAM. No se mueve. Parece estar aliviada.
JEHOVÁ. ¿Qué edad?
ABRAHAM. Veintitrés años. *(Pausa)*. La niña…
JEHOVÁ. Sí, ya sé, la niña murió…
ABRAHAM. La niña está perfectamente.
JEHOVÁ. ¿No está herida?
ABRAHAM. ¿La niña? No, está dormida.
JEHOVÁ. La niña está dormida. Duerme el sueño eterno. Duerme para siempre. Es feliz porque duerme. Cuenta Dante Alighieri que al llegar a la mitad del camino de la vida se encontró de súbito sin saber cómo, sumido en medio de una selva oscura…
ABRAHAM. *(Lo interrumpe)*. …la niña no está herida.
JEHOVÁ. ¿Y la madre?
ABRAHAM. *(Silencio)*.
JEHOVÁ. «Ella está serena», ¿por qué no habría de estarlo en un lugar tan lleno de paz como este?
ABRAHAM. Está herida.
JEHOVÁ. ¿Qué tiene?
ABRAHAM. Cree que aún conserva sus dos piernas.
JEHOVÁ. *(Se ríe)*. ¡Qué espectáculo para la Divina Comedia! La civilización avanza a pasos agigantados, transformando la estética.
ABRAHAM. ¿Por qué te ríes?
JEHOVÁ. *(Se incorpora en la cama)*. ¿Cuántas camas vacías nos quedan?
ABRAHAM. No las he contado.
JEHOVÁ. Hay que contarlas. Una por una, quiero saber el porcentaje.
ABRAHAM. Alguien se encargará de eso.
JEHOVÁ. Pero yo necesito saber cuántas faltan por cubrir.
ABRAHAM. ¡Doctora!
JEHOVÁ. Eres un cobarde.

ABRAHAM. ¡Doctora, la inyección!

JEHOVÁ. Sabes que las camas van a llenarse de heridos, aún faltan camas por cubrir…

ABRAHAM. ¡La inyección, el calmante!

JEHOVÁ. ¡Y ahora una advertencia! Nunca dejarás esa cama vacía, cuantas veces salgas, volverás a entrar… pero no solo eso, tendrás que compartir esa cama con alguien más…

ABRAHAM. ¡El calmante, el calmante!

(Silencio. Jehová se queda inmóvil. No es necesario que entre la enfermera).

JEHOVÁ. *(Con mirada dulce, como si hablara a alguien, pero es más bien consigo mismo).* Usted ha estado allá arriba, en la superficie… ha visto… ¿cómo están todos?

ABRAHAM. Tranquilízate… pronto saldremos a ver el sol.

JEHOVÁ. Desde aquí abajo imagino el sol distinto. El sol nunca baña esta colina, pero usted ha visto hoy el sol…

ABRAHAM. *(Contagiado).* He visto también los niños descendiendo de uno en fondo… por el estrecho camino…

JEHOVÁ. ¿Y no temen los niños ir tan temprano a la escuela?

ABRAHAM. ¿Por qué no duermes?

JEHOVÁ. Quiero sentarme en una pequeña mesa, todos juntos, como en una gran familia… como todos los humanos…

ABRAHAM. ¿Quién te enseñó eso?

JEHOVÁ. ¿Qué cosa?

ABRAHAM. Esa «humanidad».

JEHOVÁ. La «humanidad» es algo que nos perteneció siempre, supongo… solo que…

ABRAHAM. ¿Solo qué?

JEHOVÁ. …solo que hemos ido evolucionando…

(Silencio. Un viento helado mueve las hamacas).

ABRAHAM. «*She knows only hungers*»…

JEHOVÁ. ¿Qué dices?

ABRAHAM. Recuerdo un artículo que leí en una revista.
JEHOVÁ. ¿Y qué quiere decir?
ABRAHAM. ... «ella solo conoce el hambre»... Ninh Ngoc Ny, *vietnamese, age 6. Mother dead. Situation desperate. Lack food, clothing, everything.* No tiene comida, ni ropa, ni nada. *No money for school. Child sad.*
JEHOVÁ. «*Child sad*»... ¿qué quiere decir?
ABRAHAM. Niña triste... Después decía algo así como «Ayude a esta niña y estará ayudando a toda su familia»... *Help urgent!*...
JEHOVÁ. ¿Cómo se dice en inglés «yo soy humano»?
ABRAHAM. «*I'm human*».
JEHOVÁ. ...y «me cago en la civilización».
ABRAHAM. *(Se ríe).* En inglés no se dice así. Hay una forma más sutil, por ejemplo: «*I spit on the civilization*». Yo escupo la civilización... *(Se ríe).*

(Ambos presienten el placer del juego y se dejan llevar).

JEHOVÁ. Ellos son una porquería.
ABRAHAM. *They're nastiness. (Se ríe).*
JEHOVÁ. Mamaron la leche de una perra. *(Se ríen).*
ABRAHAM. *(Casi ahogado).* «*They sucked... the milk... of a... dog*».
JEHOVÁ. Pero son felices...
ABRAHAM. *But they're happy...*
JEHOVÁ. Porque no les cuesta cara. *(Se ríe).*
ABRAHAM. *Because it doesn't cost dear...*
(Jehová lanza una carcajada estruendosa, se agita y golpea la hamaca).
ABRAHAM. ¿Qué cosa no les cuesta cara? ¿La leche?
JEHOVÁ. No, la perra. *(Se ríen).* Algo más, dime algo más.
ABRAHAM. *(Se lleva las manos al vientre para contener la risa).* ¿Qué más?
JEHOVÁ. Dime, «ella no tiene piernas».
ABRAHAM. *(Casi mecánicamente). She hasn't legs...*

(La risa se ahoga. Silencio).

JEHOVÁ. Me gustaría saber si esa selva oscura, de la que habla Dante, se parece a esta selva...
ABRAHAM. ¿Y cuando lo sepas?
JEHOVÁ. Entonces quisiera saber por qué tengo que vivir en el infierno de Dante.
ABRAHAM. Dentro de poco podrás soportar estos resplandores y otros más fuertes... y sentirás en vez de dolor en los ojos, un gran deleite al contemplarlos.
JEHOVÁ. (*Se lleva las manos a los ojos*). ¡No me obligues a mirar esa hamaca!
ABRAHAM. No mires, cierra los ojos. Hay placer también contemplándose uno por dentro. Obsérvate.
JEHOVÁ. (*Apretándose los ojos con las manos*). ¡Quiero mirar hacia dentro!
ABRAHAM. Esfuérzate. Trata de ver.
JEHOVÁ. ¡No puedo!
ABRAHAM. Te estás dejando llevar por la ira. Estás histérico. Eso te oscurece la inteligencia.
JEHOVÁ. ¿Alguien pudo hacerlo antes que yo?
ABRAHAM. No.
JEHOVÁ. ¿Y cómo sabes que produce placer?
ABRAHAM. Es una evasión. No se sufre, porque no se ve lo que nos rodea.
JEHOVÁ. (*Con las manos cubriéndose los ojos*). ¡Ves, ahora veo!
ABRAHAM. Estás equivocado, no ves nada.
JEHOVÁ. ¡Nos han cambiado! ¡No estamos iguales por dentro!
ABRAHAM. ¿Iguales a qué?
JEHOVÁ. A cuando nacimos. (*Se lleva las manos a la pierna*). Ahora no puedo caminar. Tengo el cerebro lleno de odio. Quiero irme de aquí, pero tengo miedo de quedarme afuera expuesto a las bombas. No quiero morir. ¡No quiero seguir perdiendo pedazos!
ABRAHAM. Ella no tiene piernas.

JEHOVÁ. Nos vamos pedazo a pedazo y la tierra nos recibe con la boca abierta. ¡Bestias! Nos están comiendo. Con la boca abierta. Y tú, pedazo de animal, me observas. Te recreas, el placer de verme desangrando… porque no son tus piernas. Con la boca abierta. A veces soy más tierra que carne. Y tú nunca has hecho nada por devolverme un brazo. *(Pausa)*. Toma, este es el tuyo, se te ha caído. Pero este es mucho más grande. No, perdón, pero este es muy pequeño. ¡Bestia! No encuentras el mío. Entonces dame cualquiera, lo importante es tenerlos completos. Abraham, ni siquiera te atreves a preguntar: ¿este es tu destino?, ¿lo escogiste tú mismo o te lo impusieron?
ABRAHAM. *(Se levanta aterrorizado. Jehová se agita)*.
JEHOVÁ. Estás ahí, dispuesto a gritar por otra inyección.
ABRAHAM. No te lamentes más.
JEHOVÁ. ¡Un fósforo!
ABRAHAM. ¿Para qué?
JEHOVÁ. Voy a fumar.

(Abraham enciende un fósforo, Jehová toma un cigarro. Abraham le alcanza el fósforo, Jehová enciende el cigarro, y antes de apagar el fósforo lo acerca a Abraham. Abraham retrocede espantado).

ABRAHAM. ¡Estás loco!
JEHOVÁ. Quería que supieras, lo que siento en la cara. *(Se desploma)*.
ABRAHAM. ¡Ya basta! De nosotros se espera otra cosa. Trata de recuperarte, nos están esperando.
JEHOVÁ. Tengo miedo, una mañana al abrir los ojos…
ABRAHAM. Duerme.
JEHOVÁ. Los héroes no tienen miedo, Abraham, es lógico. Los héroes duermen, ahora duermen y mañana vuelven a ser héroes.
ABRAHAM. La esposa del médico peleó en el frente estando embarazada, tenía ocho meses.
JEHOVÁ. *(Dormitando)*. Los héroes en el frente. Embarazados… la guerra tiene más de ocho meses… la guerra embarazada…

al frente... las embarazadas... ocho meses tenía y... ahora tiene... una guerra...

ABRAHAM. Tengo hambre. *(Escupe)*. Mi cama quedará vacía. Yo volveré con ellos... Él quedará solo.

(Se escucha un coro de niños cantando. Las voces dejan un eco distante. Abraham va destapando algunos cuerpos que yacen en las hamacas, son maniquíes ostentando quemaduras o desgarraduras. Esto no es un sueño, es la realidad).

CUADRO II: «¿QUIÉNES SON LOS CULPABLES?»

Jehová duerme. Abraham está sentado en cuclillas en su cama. Todos los cuerpos están al descubierto, menos el de ella.

ABRAHAM. En este momento pienso en ustedes. En el fondo son todos pequeños miserables. Viven, que es el mayor pecado de esta generación. ¿Por qué? Porque los hombres del infierno de Dante, estos castigados, sin culpa, estos desgraciados inocentes, esperan de ustedes el gran acto heroico. ¡No el de llorar con ellos! Sino el de tomar conciencia de la verdadera culpabilidad. ¿Cuántos son los culpables? ¿Han reflexionado? Se han olido mutuamente en todos los rincones, defecan al mismo tiempo, generación tras generación, aspiran a los mismos placeres y van dejándonos a todos la misma herencia. ¿Y qué será del futuro? Porque ustedes no han pensado en eso. Sobre las camas se vive el presente. Todos viven el presente. ¡Ustedes son heroicos sobre sus camas! Y aquí estamos nosotros, los condenados a este infierno de Dante. ¿Abrigan la esperanza de ser los elegidos? ¿En qué sitio del planeta piensan ocultar su humanidad, que no les alcancen los fuegos destructores? Están sentados sobre las pequeñas brazas que más tarde serán los gigantescos tostaderos humanos. Los gigantescos hornos donde dejarán vuestros culos ardiendo.

¡Felicidades! *(Llanto de un niño).* Saben lo que está pasando. Llora un niño porque quiere un caramelo. Pero él nunca dirá que el niño quiere un caramelo. Dirá que le falta una pierna o que quedó ciego porque le explotó una bomba al lado. Tal vez yo no tenga razón, pero pienso que llora por un caramelo. ¿Qué hago aquí?, pues, bien, yo soy uno de los condenados, mis hermanos y yo estamos condenados. Ahí los tienen, ella no tiene piernas, pero su hija está intacta. *(Llanto del niño).* El niño llora porque quiere un caramelo. ¿Por qué ha de llorar un niño si le falta una pierna? Bay diría que «el desgarramiento de la carne», etc., etc. Él tiene un temperamento sensacionalista. O todo es tremendo o no tiene razón de ser. A mí la realidad me ha enseñado que el caramelo y el niño son casi la misma cosa. Miento, fueron ustedes los que me enseñaron esos problemas acerca de los caramelos. Él es muy imaginativo. *(Pausa).* Los demás se están recuperando. Claro que aún hay más, están en la superficie. La mayoría está en la superficie. Pronto volveré con ellos a la superficie, no hay que inquietarse. Nosotros, los de aquí abajo, sabemos que en la superficie no existe la seguridad. *(El niño llora).* Por favor, no se dejen conmover, ustedes aún no corren peligro. Aunque he oído decir que pronto ampliarán este local para darles cabida a ustedes. No, aún no. Nosotros somos los primeros, tenemos ese derecho, porque debe ser así, supongo. *(El niño llora).* Ese niño que está en la superficie, no llorará mucho tiempo. Bay debe andar cerca de la verdad cuando dice que no llora por caramelos. Ese niño llora a miles de kilómetros de distancia. Siempre estará lo suficientemente lejos como para no ser oído, me refiero a ustedes los indiferentes. Y mientras esto ocurre, a miles de kilómetros de distancia, hay héroes entrenándose para cortarle el vientre a un hombre o para apretar un botón. Los héroes modernos nos invaden desde todas partes, por el aire, por la tierra, por el mar. *(Se incorpora).* Hay un gran silencio arriba. *(Se acerca a la hamaca donde está el cuerpo de ella).* ¡Se está muriendo!

Cuadro III: «La divina mentira»

Ascensión hacia el infinito. El cuerpo de ella yace en el suelo. Los maniquíes han sido sentados de manera respetuosa. Rodeándola, Abraham está arrodillado junto a ella y Jehová de pie canta.

Jehová. *(Canta).* No tratas de escapar
no podrás evitar esta luz
que todo lo penetra...

(Atmósfera de encantamiento).

Abraham. *(Rezando).* No trates de eludir esta luz que todo lo penetra...
Jehová. *(Canta).* «¡Mírala sin temor que te vivificará...!»
Abraham. *(Rezando).* «¡Mírala sin temor que te vivificará!»
Jehová. *(Hablando).* Oh consorcio celeste que os sentáis a la mesa del cordero, si este mortal merece vuestra gracia, permitidle beber en la fuente de vuestra sabiduría...

(Entre los dos sujetan el cuerpo de ella y lo inclinan para que beba).

Abraham. La más luminosa de aquellas almas, la de San Pedro, se acerca.
Jehová. Santo varón, a quien Jesús dejó las llaves, te ruego que interrogues a mi compañero sobre los puntos más graves de la fe...
Abraham. ¿Por qué?
Jehová. Es necesario.
Abraham. No podré contestar.

(Se acerca San Pedro. No es necesaria ninguna alusión, ni ningún efecto especial, sencillamente los actores presienten su acercamiento).

Abraham. ¿Qué podría decirle, santo varón? Os fijáis que la llevo a ella a su recinto. Solo pido ayuda para llevar este muerto a la gloria. *(Pausa. Espera respuesta).* ¿El santo varón no habla porque se ha quedado mudo? Y sin embargo sigue siendo un punto resplandeciente, como ninguna de las luces vistas hasta ahora. La mente humana es incapaz de concebir tal grado de luminosidad… *(Esto último lo ha dicho tratando de encontrarle alguna belleza al texto, sin que le ocasione mucho placer).*

JEHOVÁ. …Luz intelectual, llena de amor por nosotros, júbilo que trasciende el Universo, dulzura infinita…

ABRAHAM. *(En un tono coral).* ¿Dónde habéis dejado al niño?

JEHOVÁ. *(Canta).* El niño está intacto
juega junto a un río
río maravilloso
con sus orillas cuajadas
de flores…

ABRAHAM. *(Hablado).* ¡Oh, maravilla, en vez de ser de agua es un río de luz! De su cauce salen centellas que se posan sobre el niño y luego embriagadas vuelven a sumergirse en la corriente. *(Grita).* ¡No dejéis el niño solo!

JEHOVÁ. Elévate, asciende. Esta mujer es una rosa, más grande que todos los montes conocidos, magnífica, inmensa. Sobre ella ha caído la Gracia Divina…

ABRAHAM. …Por eso ha perdido las piernas…

JEHOVÁ. …Su fragancia deliciosa es un himno de alabanza al creador…

(Explosión lejana).

ABRAHAM. ¡Mierda!

JEHOVÁ. Ella tiene la belleza infinita de María… ¡arrodíllense!

ABRAHAM. ¡Perros! *(Con cierta letanía).* ¡Arrodíllense, perros! ¡Inclínense, perros! ¡Humíllense, perros!

JEHOVÁ. *(Tratando de captar de nuevo a Abraham).* Fíjate, se está elevando por la gracia infinita.

ABRAHAM. Oh, tú… Virgen y madre… sin piernas.

(Los maniquíes caen al suelo impulsados por un ligero temblor).

JEHOVÁ. *(Enajenado).* Mira este ser que ha llegado hasta aquí, subiendo una por una las gradas que desde el mundo lo apartaban de ti… *(Abraham comienza a moverse inquieto, Jehová lo obliga a permanecer arrodillado).* Ruega para que le sea permitido ver con sus ojos humanos que…

ABRAHAM. Toda la justicia divina… es imposible, que la belleza no existe… ¡no existe!…

(Nueva explosión. Jehová vuelve en sí).

ABRAHAM. ¡Veo la Luz Perfecta, el Poder Infinito, el Bien, el Amor y la Belleza Eterna…!

JEHOVÁ. No tengo palabras que puedan alcanzar a describir las celestiales llamas de este infierno.

ABRAHAM. Hagamos un alto en el camino para confesar que falta fuerza a nuestra fantasía, que en el fuerte militar…

(Explosión, sacudida de los maniquíes).

…militar de Dtrick, estado de Maryland, Estados Unidos, existe un centro especial.

JEHOVÁ. ¡Un centro luminoso!

ABRAHAM. …Para el estudio de los métodos de conducción de la guerra bacteriológica. Entre sus propósitos tratan de variar los virus de peligrosas enfermedades, de tal modo que los mismos se transmitan de una persona a otra por el aire…

ABRAHAM Y JEHOVÁ. *(Los dos cantan).* «Transmitirán enfermedades como la fiebre amarilla
y algunas variedades
de encefalitis…
Gloria a los pequeños insectos».

(Silencio. Los dos hombres se abrazan al cuerpo de ella).

Cuadro iv: «Los héroes»

Los maniquíes yacen boca abajo. La ventana está cerrada, un resplandor rojizo invade la escena. Jehová se arrastra solo por la habitación. Pasa por debajo de las camas.

Jehová. ¡Todavía no soy glorioso! Nos están quemando vivos, pero ahora voy hacia ellos. Llegaré, tarde o temprano llegaré. *(Se detiene)*. ¿Por qué trato de luchar, si desde el principio supe que estaba condenado? Estoy perdiendo el juicio. *(Se arrastra)*. Esta guerra es absurda. Esta guerra es inútil. La guerra viene a las camas, nos hace perder el sueño… y nos destruye. Pero nosotros seguimos avanzando porque tiene que haber un final. En la vida verticales, en la muerte horizontales. La guerra no se acabará nunca, el instinto va más allá, el hombre lucha por el amor, por los ideales, por la religión, lucha, lucha, lucha, esto es lo que hace inmortal su condición; pero el hombre es mortal. El hombre está condenado, desde que nace conoce su muerte, la imagina de todas las formas posibles y esto controla su vida hasta que llega el momento. Yo no imaginé mi muerte así, no tenía imaginación. En el mundo, sin embargo, hay mucha más imaginación para matar, que para vivir.

(Está jadeando, desesperado y el cansancio físico lo paraliza, se siente entumecido. Solloza).

Mis hermanos no han llorado ni un solo momento, pero ellos no quieren esta muerte. *(Grita)*. ¿Me oyen? No queremos esta muerte. Hagamos un alto para descansar. Que las mujeres vuelvan a ser madres, para que los hombres puedan ser padres y los niños, niños. ¿Todavía no se han dado cuenta? ¿Qué esperan? ¿A dónde van con todo esto? Pero no somos nosotros, no somos nosotros. Los hombres tienen que ser héroes para defender su esencia.

(Se dirige a los maniquíes).

¡Que nadie llore! El enemigo no llora, el llanto es debilidad. Cuando llegue la guerra eterna los niños no jugarán jamás. La bomba atómica lanzada por los norteamericanos, por orden del Presidente Truman, horroriza a la humanidad. Los signos del Zodíaco también están regidos por animales, cuando los animales que no tienen humanidad, dirijan nuestros destinos, seremos felices. Necesitamos presidentes animales, gobernadores animales, a los corrales, a las jaulas, dejen que ellos salgan y ocupen nuestros puestos, para que defiendan este planeta que va a la destrucción.

(Aullido de dolor).

El cuchillo se hunde en el estómago y produce un placer frío, como la penetración del hombre a la mujer, un placer hacia la vida y otro hacia la muerte. ¿Cuál es la penetración más inútil?

(Aullido de dolor. Ha llegado el momento de las torturas. Abraham desde el piso superior interpreta las escenas, es el que aúlla, Jehová continúa sin verlo. Utilizar proyecciones de torturas).

Pero nos jactamos de esa condición superior que tienen los hombres, que es la de pensar. Pues bien, pensemos, ¡jactémonos de saber pensar! Todos juntos. En 1941, Albert Einstein firmó el documento oficial, por el cual se pedía al gobierno, la fabricación de la bomba atómica. La suerte atómica está echada. Primero servirá para la guerra, para la muerte, algún día servirá para encontrar la paz.

(Las proyecciones se tornan alusivas a lo que dice Jehová, se ve a Einstein, a Galileo, a Nobel, a Arquímedes, al presidente Roosevelt, a Robert Oppenheimer, a Truman, a Stimson, el secretario de guerra).

Roosevelt destinó seis mil dólares como los primeros fondos. Galileo Galilei ante la Inquisición, Roosevelt ha dicho: «¡Es necesario actuar!».

ABRAHAM. *(Como Roosevelt, exclama).* «¡Es necesario actuar, seis mil dólares es poco!»

JEHOVÁ. Los nazis llamaron al venerable artefacto «arma prodigio».

ABRAHAM. *(Como Galileo exclama).* ¡Desgraciada es la tierra que necesita héroes!

JEHOVÁ. Y… Robert Oppenheimer cumplía 41 años…

ABRAHAM. *(Celebra el cumpleaños de Oppenheimer, canta).*
Happy birthday to you
Happy birthday to you
Happy birthday «mister átomo»
Happy birthday to you.

JEHOVÁ. El 1 de junio Stimson, secretario de guerra del presidente Truman, recomendó a su Presidente el lanzamiento de la bomba atómica sobre Japón, lo más pronto posible y sin advertir al país enemigo la naturaleza de la nueva arma.

ABRAHAM. *(Como Truman).* Es necesario hacer una explosión de prueba. *(Lee).* «Hoy 16 de julio se realizó la explosión… el bebé nació felizmente»… ¡Soy padre! ¡Soy padre!

JEHOVÁ. A partir de este momento… la muerte atómica invadió la conciencia de nosotros.

(Escenas proyectadas de Hiroshima).

JEHOVÁ. ¿Por qué no podemos olvidarla?

ABRAHAM. ¿Por qué vivimos en el terror constante?

JEHOVÁ. Nos acecha y controla nuestros destinos…

(Cesan las proyecciones).

JEHOVÁ. Bien, hagamos un alto para que descansen los seres quemados. Pronto recibirán una notificación para ir a reconocer a sus muertos.

ABRAHAM. ¡A calmar el hambre terrenal! *(Canta).*
Las pobres colonias,
civilizaciones dormidas,
que están esperando la luz,

no verán ni un poco
de desarrollo,
seguirán dormidas.
JEHOVÁ. ¿Qué haces lejos de la verdadera necesidad?
ABRAHAM. Estaba haciendo la «verdadera necesidad», fui al baño.
JEHOVÁ. ¿Cuándo piensas irte al frente?
ABRAHAM. ¡Te veo en medio del calvario! *(Pausa)*. Hoy me quitarán el vendaje, pronto el médico vendrá con sus chancleticas de goma. El médico está orgulloso de su lucha contra la muerte.
JEHOVÁ. ¿Y tú?
ABRAHAM. Mi lucha es más grande, pero más difícil. El médico quiere salvar uno por uno, yo a todos, al mismo tiempo.
JEHOVÁ. El médico cura y tú lo abasteces de carne.
ABRAHAM. ¡Reptil!
JEHOVÁ. Tú lo abasteces de inocentes.
ABRAHAM. Yo no provoqué la guerra.
JEHOVÁ. Pero participas, la aumentas.
ABRAHAM. Me defiendo. ¿Has visto una aldea incendiada? Yo he visto muchas. He visto ancianas corriendo con sus hijos hacia un bosque, he visto a una arrastrar a su hijo muerto, por no tener fuerzas para cargarlo.
JEHOVÁ. ¡Que entren en nuestras cocinas! ¡Que se harten con nuestras interioridades! ¡Que coman! He venido al mundo a vivir, no a precipitar mi muerte.
ABRAHAM. La esposa del médico peleó en el frente, estando embarazada. Tenía ocho meses. Ese sacrificio ha permitido que puedas curarte y volver.
JEHOVÁ. *(Acorralado)*. ¡Yo no quiero salir de aquí! Tengo miedo. Me arde el rostro. No quiero morir quemado.
ABRAHAM. Eres un cobarde.
JEHOVÁ. ¡Tú te has lamentado conmigo!
ABRAHAM. Niños quemados por el napalm. Cadáveres a montones sobre los campos. Fotos, fotos, a montones. Enterrados vivos en la tierra. Amarrados a buenos palos bajo el sol. Sangre que

brota de las heridas de un cuchillo clavado en el vientre. ¡Esto no debe ser! ¿Qué culpa tengo de tener que dividir mi vida entre pelear y trabajar?

JEHOVÁ. Los niños quedarán marcados…

(Al fondo cunas de niños que se mecen. Risas y aplausos).

JEHOVÁ. *(Mece a los niños mientras recita una nana).* «Cuántos años viviré, que soy pequeño y no lo sé.»

ABRAHAM. Ellos no son culpables…

(Los maniquíes en el suelo. Las cunas movidas por Jehová).

JEHOVÁ. Sin cabecita, sin barriguita, sin pelito… sin paticas, sin manitos, sin, sin, sin, sin…

(Abraham comienza a colocar los maniquíes en sus hamacas).

ABRAHAM. Al día siguiente, sobre la loma alta, encendieron los enemigos una hoguera; le dijeron: «Maldito rojo, ponte en la brasa». Y del poblado Duong la gente relata que, serenamente, sin ningún miedo, el héroe en las llamas entró, con la sonrisa en la boca.

(Jehová continúa meciendo las cunas).

CUADRO V: «APOCALIPSIS»

Jehová, sentado en el piso superior, aúlla con un libro en la mano.

JEHOVÁ. ¿Quién es digno de abrir el libro y de desatar sus sellos?

(Abraham, sentado entre los maniquíes que forman grupos, no responde).

JEHOVÁ. ¿Quién carajo es digno de abrir el libro y de desatar sus sellos?

(Abraham se siente aludido por Jehová, pero no responde).

JEHOVÁ. ¿Quién es digno de abrir el libro...? *(Lo lanza hacia el público).*
ABRAHAM. Has ganado, Jehová, soy tu prisionero, elige mi destino y habrás satisfecho esa necesidad que tienen los hombres de igualarse a Dios.
JEHOVÁ. ¡Quiero ser yo mismo! ¡No quiero igualarme a Dios!
ABRAHAM. Yo mismo, tan grande como Dios...
JEHOVÁ. Está prohibido hablar de política en este lugar. Lo prohíbo desde este instante.
ABRAHAM. Hablé de Dios.
JEHOVÁ. Dios es política... Todo es política, no debes olvidarlo. La política no termina nunca, es infinita, como los hombres.
ABRAHAM. ¿Hasta cuándo seré tu prisionero?
JEHOVÁ. La policía ataca una manifestación, la policía disolvió la manifestación a tiros y con gases lacrimógenos...
ABRAHAM. ¿Quién es más indefenso?, ¿el prisionero o el guardián?
JEHOVÁ. Yo soy el que hago las preguntas. ¡Vuélvete!

(Abraham se vuelve contra la pared).

JEHOVÁ. Así me gusta. El fondillo no es peligroso.
ABRAHAM. ¿Sabes cuántos hombres como tú hay en Vietnam? Más de 395 mil soldados. ¿Estás contento?
JEHOVÁ. Lo sabía, estamos aprendiendo a manejar perros para utilizarlos...
ABRAHAM. Entonces Sodoma será vencida por los hijos de puta.
JEHOVÁ. Estamos desesperados, la guerra «especial» es la guerra de la desesperación.
ABRAHAM. *(Bebe, se desespera).* ¡Soy inocente! Cumplo órdenes. Ante todo, soy miembro de las fuerzas armadas norteamericanas, me hago digno de los Estados Unidos. ¡Me gusta la bebida americana!
ABRAHAM. Bebe más. Todo lo que quieras.
JEHOVÁ. *(Mira la botella, la rompe).* No era americana, era francesa.
ABRAHAM. Esta guerra es también francesa.

JEHOVÁ. ¡Estoy harto! ¿Dónde está la gloria que me llevaré?
ABRAHAM. Allá afuera hay un ejército de mutilados, se están levantando para reclamar sus derechos, entonces todo el que conserve su cuerpo en perfecto estado, será un anormal. Han transformado el concepto de la belleza. Los mutilados tienen necesidad de vivir.
JEHOVÁ. *(Horrorizado).* ¿Qué es eso?
ABRAHAM. No sé.
JEHOVÁ. Un aleteo que se acerca.
ABRAHAM. Es la muerte.
JEHOVÁ. Son alas. Baten alas.
ABRAHAM. Vienen por ti.
JEHOVÁ. ¡Vienen volando!
ABRAHAM. Es tu conciencia, ¿no es más noble negarse a ser instrumento de destrucción, que venir a llorar con los remordimientos?
JEHOVÁ. Es inútil, ya están aquí.

(*La escena se llena de palomas que traen letreritos en las patas*).

JEHOVÁ. ¡Socorro!
ABRAHAM. Los letreritos piden la paz.
JEHOVÁ. Todo el mundo quiere paz.
ABRAHAM. Pero cuesta cara, un precio muy alto.
JEHOVÁ. *(Aúlla como al principio de la escena, al fondo se proyectan dos letreros, uno casi sobre el otro: «Destrucción de Sodoma» y «Apocalipsis». Desde este momento, Abraham y Jehová representan ambos hechos, haciendo diferentes personajes y contribuyendo con sus cuerpos a lograr los efectos).*
JEHOVÁ. *(Representa la «Destrucción de Sodoma»).* Todo lo que tienes en la ciudad sácalo, porque vamos a destruir este lugar. El clamor de este lugar ha subido hasta tal punto que Jehová me ha enviado a destruirlo.
ABRAHAM. *(Representa «Apocalipsis»).* Toda criatura que está en el cielo y en la tierra y debajo de la tierra y en el mar están gritando: ¡Bendición, honra y gloria!

Jehová. *(Golpeando furiosamente a los maniquíes).* Levántate, toma tu mujer y tus dos hijas que se hallan aquí, para que no perezcas en el castigo de la ciudad...

(Los dos utilizan diversos objetos, incluso desde lo alto llueve polvo que los va confundiendo y que contribuye al aturdimiento).

Abraham. Y el cordero abrió uno de los sellos y uno de los cuatro animales me decía con voz de trueno: «Ven y ve» y miré, y vi a un maricón montado en un caballo blanco, tenía un arco y le fue dada una corona y salió victorioso dispuesto a vencer...

(Caballos en proyección al fondo).

Jehová. Escapa por tu vida, no mires atrás, ni pares en toda esta llanura, escapa al monte, no sea que perezcas.
(Aves espantadas en proyección).
Abraham. *(Ahora responde a Jehová).*
Yo te ruego señor mío,
comprende que no soy
el cobarde más grande
de la humanidad, no me iré.

(Hombres huyendo en proyección).

Jehová. Date prisa, escapa. Nada podré hacerte cuando hayas llegado al monte.

(Proyección de aviones y bombardeos).

Abraham. *(Continúa con el* «Apocalipsis»*).* Se abrió el segundo sello y salió otro caballo bermejo y al que estaba sentado sobre él fue dado el poder de quitar la paz de la Tierra y que se maten unos a otros y le dieron una espada.

(Proyección del mar chocando contra las rocas).

Al abrir el cuarto sello,
la muerte estaba sentada

sobre un caballo amarillo
y el infierno le seguía y
tuvo potestad para matar
con su espada en
la cuarta parte del planeta,
con hambre, con mortandad,
con las bestias de la tierra
y con napalm.

(Llamas al fondo en proyección).

JEHOVÁ. *(Ahora representa el* «Apocalipsis»*).* Hasta cuándo, señor, santo y verdadero, hasta cuándo nos juzgas y vengas nuestra sangre de los que moran en la Tierra.

ABRAHAM. Y al abrir el sexto sello...

(Proyectan al fondo del cielo con rayos y truenos).

JEHOVÁ. *(Representa de nuevo a* «Sodoma», *se revuelca entre los maniquíes).* No mires atrás, no mires atrás. El sol sale ya sobre la tierra, escápate y no mires atrás antes de que llueva azufre y fuego sobre Sodoma.

ABRAHAM. Y se abrió el sexto sello, y hubo un gran terremoto...

(Efecto de sonido de terremoto).

JEHOVÁ. Destruiré la ciudad, coño, y toda la obra de la creación... ¿A dónde escapar?

ABRAHAM. *(Ahora vuelve a ser hombre, angustiado por el final).* ¡Misericordia! ¿Dónde vivirá mi alma? Si matan a mis hermanos, ¿con quién vamos a vivir entonces?

JEHOVÁ. Entonces la mujer de Lot miró atrás a espaldas de su marido y vio que el humo subía de la tierra, como el de un horno, y medio ciega por el resplandor... vio un cuerpo volar sin su cabeza...

(Proyección de explosión del vapor La Coubre).

Abraham. ¡Escóndame de la cara de aquel que está sentado sobre el trono! Mas no podré escapar no sea que me alcance el mal y muera.

(Silencio. Cesan las proyecciones. Luz sobre Jehová, que hace el papel de Ignacio Hernández Fernández, obrero de La Coubre, sobreviviente).

Jehová. El guardia frente a mí, se esfumaba en el aire. Su fusil chocó con una pared y cayó al suelo. La cabeza del operario Manzanillo chocó con la puerta de un patrullero parqueado a dos cuadras. El cuerpo no apareció más. Frente a la proa del barco un estibador nada desesperado entre las llamas que cubren el agua. Su pelo se incendia, grita y ya no se le ve más. Francisco González se ha desintegrado. El muelle está regado de pedazos de carne y madera. La Coubre vuelve a sacudirse con otra explosión. El cuerpo decapitado de Juanito Rigores cae hacia atrás. La viuda de Francisco González vendrá todos los días al muelle a gritar: «¡Rescátenlo!, ¡rescátenlo!». Pero Francisco González se ha desintegrado. Yo no he visto nada, no he sentido nada. No supe que Fonfrías el oficinista había sido lanzado contra una pared y que se había incrustado ahí y que su cerebro se había hundido. No lo supe, porque me desperté siete días después. *(Pausa).* Después que salí del hospital, empecé a dormir menos y menos. Cada noche menos. Me empezaron las crisis. Hasta que estuve dos años completos sin dormir. Es que... el barco me estalló a los mismos pies y la explosión me lanzó a 100 metros. Di con la cabeza. Todavía me queda un sonido a chicharras en los oídos, un sonido a hierro que cruje, que se parte, un sonido agudo que no se me quita, como si La Coubre estuviera en mi cerebro y el reloj todavía marcara las tres y ocho.

Cuadro vi: «La rebelión»

Los cuerpos de las palomas yacen por todas partes, los maniquíes continúan en el mismo desorden. El lugar es más bien un depósito de cadáveres. Se ha desintegrado poco a poco. Produce la sensación de un refugio destruido por una bomba. Jehová ha quedado ciego y una venda ensangrentada le cubre los ojos. Parece haber perdido la razón. Sonríe estúpidamente. Abraham, a su lado, fuma y lee en voz alta un papel estrujado.

ABRAHAM. Es de 1962.
JEHOVÁ. Sí.
ABRAHAM. ¿No has recibido otra?
JEHOVÁ. *(Sonríe estúpidamente).*
ABRAHAM. *(Lo observa un instante, y luego fija su vista en el papel).*
«Querido Bay… ya es muy tarde en la noche, a estas horas todas las puertas están fuertemente cerradas. Mientras te escribo, las botas de las patrullas golpean en las calles. También pasan de vez en cuando los jeeps con sus ronquidos. ¡Cuántos años hace que no puedo dormir tranquila! ¿No te das cuenta, mi amor, que es mucho tiempo sin ti? El año pasado recibí una carta tuya muy arrugada con las letras apagadas. Solita lloré al leer tu carta. Me asombré de ser tan fuerte. ¿Verdad que nuestra vida juntos duró muy poco? Parece mentira que a los tres días hayas tenido que irte, me parece que nunca te he visto de verdad, solo en sueños.»
JEHOVÁ. Dice «solo en sueños».
ABRAHAM. Sí.
JEHOVÁ. Sigue.
ABRAHAM. «Cuando te fuiste nuestro amor había tenido su fruto, pero las torturas me hicieron abortar. ¡Es duro para mí! Un hijo tuyo hubiera aliviado mi soledad… y la espera hubiera sido más corta. Me tranquiliza saber que otras sufren más. Por los alrededores hay patrullas que han comido carne humana.

Les arrancan a los prisioneros el hígado y se lo comen, según la superstición, para obtener valor. Cuando violan a una mujer, la atan a una cruz y a eso lo llaman el «suplicio de la Santa María». Hace poco una mujer fue presa por la banda de Nguyen Lac Hoa en una operación de rastrillaje. Los soldados comenzaron a violentarse con ella. Ella les recordó a sus hermanas y a sus mujeres y les preguntó si les gustaría que las ofendieran a ellas. Les dijo que era casada y que tenía hijos. Un soldado le preguntó cuántos niños tenía. Ella le dijo que dos. Entonces el soldado dijo: ¿nada más que dos? Con una madre de dos hijos uno puede complacerse bastante. La arrastraron, ella se aferró a una columna gritando. La desnudaron y así la llevaron al cuartel del Sub-sector. Le hicieron el «suplicio de la Santa María» y luego le rajaron el vientre, le sacaron el hígado y lo cocinaron. El marido pudo vengar, al fin, lo que le hicieron a su esposa. Tu hermanita Muoi ya se casó, no tiene hijos todavía, está viviendo con tu mamá. Aquí todos pertenecemos a las organizaciones. Solamente te deseo, mi vida, que tengas salud»... *(Abraham se detiene).*

JEHOVÁ. Espero que algún día, yo pueda regresar.
ABRAHAM. *(Dobla el papel).* ¡Guárdalo!
JEHOVÁ. Ya no me arde la cara. *(Guarda el papel).*
ABRAHAM. Estás aliviado.
JEHOVÁ. Siento un gran vacío en los ojos, un frío... ¡Es horrible! La gelatina llameante no puede quitarse cuando toca la piel. Cada día hay más perfección, hay hasta bombas que esparcen agujas, que se clavan en la piel.
ABRAHAM. «Hormigas contra hormigas». La hormiga blanca toma ciertas medidas contra la hormiga roja, después de una incursión en busca de alimento. Pero después de todo no se trata de hormigas, sino de hombres.
JEHOVÁ. Somos uno de los pueblos más hermosos del mundo.
ABRAHAM. Pienso en los niños.

JEHOVÁ. ¿Y si nunca ganáramos la guerra, esta a su vez no se extendería a otros pueblos?
ABRAHAM. ¿A otros pueblos hermosos físicamente?
JEHOVÁ. *(Se ríe).* ¿Y esos pueblos no tienen miedo?
ABRAHAM. Si no tienen miedo, peor para ellos.
JEHOVÁ. ¿Amarías a una mujer con el brazo amputado?
ABRAHAM. ¿Y por qué no? Ella me amaría a mí con una pierna amputada.

(Los dos se ríen. Coral al fondo de quejidos).

ABRAHAM. Sienten dolor.
JEHOVÁ. No podré soportarlos.
ABRAHAM. ¡Viva el siglo XX!
JEHOVÁ. No puedo mirar a mi alrededor.

(Uno de los maniquíes comienza a arder).

ABRAHAM. ¡Fuego!
JEHOVÁ. ¿Qué sucede?
ABRAHAM. Se ha dado candela para protestar, quiere detenerlos.
JEHOVÁ. ¿Y las palomas?
ABRAHAM. Están muertas.
JEHOVÁ. Huelo la carne quemada.
ABRAHAM. Quiere detenerlos, pero es un sacrificio inútil. Por un instante observan esta maravilla de la naturaleza, el cuerpo cruje y él no grita, las llamas consumen sus huesos, pero él no grita.
JEHOVÁ. ¡Quiere detenerlos!
ABRAHAM. Pero ellos están locos.
JEHOVÁ. Washington está demasiado lejos…
ABRAHAM. *(Dice las palabras de Nguyen Van Troi).* «Quise matar a McNamara porque es enemigo de mi patria. Asumo toda la responsabilidad».
JEHOVÁ. ¿Quién es? ¿Quién eres?

Abraham. «No he cometido ningún pecado, son los norteamericanos los que han pecado.»
Jehová. ¿Dónde expiarán sus pecados?
Abraham. *(Como él)*. En este planeta. No podrán esconderse en las cuevas huyendo al Apocalipsis, no tendrán lugar en las cuevas...
Jehová. ¿Todavía arde?
Abraham. Sí, arde, arde. Sus oraciones me enloquecen. ¿Cómo es posible que tengamos que recurrir a esto?

(Sigue la coral).

Jehová. ¡Los oigo! Lloran. Ha llegado el momento. Las voces vienen de todas direcciones... *(Se pone de pie y camina dando tumbos)*.
Abraham. Fuego, el hombre se inmola como un Cristo, en la tierra donde no existen los Cristos. Pero no cabe duda de que ese olor a carne quemada es un olor más agradable que el que deja el napalm.
Jehová. ¡No puedo más!
Abraham. Eso no, eso no. Hemos llegado al límite, pero no pediremos socorro.
Jehová. *(Extiende una mano y abre desmesuradamente la boca. Hay una espera angustiosa. Se proyecta hacia el público)*. ¡Socorro!
Abraham. *(Lo sacude para hacerlo razonar)*. ¿A quién le pides? ¿Quién tiene que oírte?
Jehová. Primero los leones abrieron sus bocas para que los cristianos metieran sus cabezas, después los crematorios abrieron sus puertas para que los judíos metieran sus cuerpos... después Vietnam será la hoguera para convertir a los hombres en antorchas y, por último, el planeta Tierra estallará por todas partes, para que las flores ya no existan.

(Cesa la coral).

Abraham. ¡Sígueme, Jehová!
Jehová. No quiero salir de aquí.

ABRAHAM. Ven despacio, olvida que con los pies estás tocando cadáveres. Mañana me voy, a mí me esperan. Tú estarás en un lugar seguro. Y yo volveré a buscarte.
JEHOVÁ. ¿A dónde vamos? ¿A ser héroes?
ABRAHAM. Sí. Cuantas veces sea necesario.
JEHOVÁ. Soy un ciego. Para mí el mundo ha muerto. No lo volveré a ver.
ABRAHAM. Ya lo verán otros. Ven.
JEHOVÁ. Sí, tienes razón, lo verán otros, pero yo no.
ABRAHAM. Sin embargo, el resplandor te molesta.
JEHOVÁ. Sí, me molesta.
ABRAHAM. Además, la Biblia se equivoca. Estoy seguro de que en Sodoma había más justos que impíos… *(Llevándose a Jehová).* Esta guerra hace mucho tiempo que ellos la han perdido.
JEHOVÁ. No debemos abandonar nunca a Sodoma, no hay que dejarla sola… No hay que dejarla sola…

(Ambos desaparecen).

Cuadro VII: «Alucinación»

Silbido que va aumentando. Explosión atómica. Escenario a oscuras. Atmósfera rojiza.

VOZ DE JEHOVÁ. ¿Dónde está Shakespeare? Como un volar de alas hacia el infinito. ¿Y dónde está Picasso? Hacia el infinito. Rescatando niños…

(Se distingue un púlpito. Al fondo como el auditorio para el orador. Fotos de animales y bacterias. Entra Dante Alighieri con papeles en las manos, ocupa el púlpito y se dirige a las bacterias).

DANTE. ¿Sería este el momento esperado? ¿No era ahora que vendría el Salvador prometido por Cristo en el Evangelio de San Juan?

¿O ya nos visitó el Salvador? De todas formas, han presenciado el infierno moderno, pura fantasía, pura enajenación, que no tiene nada que ver con el que yo escribí, ni con el arte. Este infierno ha sido construido con los cimientos de nuestros abuelos y por ustedes mismos. Yo hice el mío, pero no sirvió para nada. Por eso ha quedado demostrada la inutilidad de la Literatura. Nadie se horroriza. El miedo murió desde que se inventaron los Coney Islands, o quizás antes. La Literatura no sirve para crear el miedo. Yo soy un fósil honorable. El catolicismo es un cadáver embalsamado que se mantiene en pie gracias a inyecciones diabólicas. Soy la hoguera de la Edad Media. El pequeño volcán. Dante Alighieri. La única luz capaz de guiarlos a ustedes por esta antigüedad que se llama vida.

Voz de Jehová. Hemos vuelto al principio. De la nada a la nada.

Dante. ¡Viva entonces la imaginación! ¡Viva la enajenación!

Voz de Jehová. ¿Quiénes tienen el privilegio de ser espectadores?

Dante. ¡Me opongo, sí, señor! Me opongo a esto que huele a derrotismo. La destrucción no sucederá. Hitler de la Paz, donde quiera que estés, ruega por nosotros...

(Risas al fondo. Se ríen las bacterias).

Voz de Jehová. ¡Ave María, llena eres de gracia!

Dante. ¿Se ríen de mí? *(Pausa).* No importa, no queda otro remedio que agrupar nuestras moléculas en el espacio, la materia no desaparece, míster Hitler de la Paz. Molécula sobre molécula. Siento un eco lejano y un mal olor.

Voz de Jehová. Un pequeño gesto y al carajo los seres humanos, y los seres animales y los seres seres. ¡Adiós al progreso!

(Risas al fondo).

Dante. Aquí llegan flotando las moléculas organización... moléculas del arte, moléculas militares, moléculas diplomáticas, ferroviarias, en fila, en orden...

Voz de Jehová. Él no puede organizar porque no distingue una de la otra.
Dante. Vamos a llevarnos todas las glorias a otras galaxias, latiendo en otras galaxias.
Voz de Jehová. ¿Has visto a Abraham entre ellos?
Dante. No.
Voz de Jehová. Entonces está vivo.
Dante. Las estrellas no lo han traído, ni el Sol. Abraham está vivo.
Voz de Jehová. ¡Abraham, Abraham!
Dante. ¡Salvado, salvado! La insurrección, la revolución. Está salvado. Habrá otro mundo a pesar de míster Hitler de la Paz. Que germinen las nuevas semillas que están flotando en el vacío, que comience el acto sexual de la madre tierra desaparecida, en algún sitio fecunda. ¡Germinación! Andamiaje para la nueva construcción. Levántate, Abraham, donde quiera que estés.

(Coro al fondo entona una coral).

*La noche. Misterio herético
en treinta episodios y tres finales posibles*
Abilio Estévez

[1994]

Esta obra está dedicada a la memoria de una amiga: Olga Andreu, y de un maestro: Virgilio Piñera. Ambos podrían ser personajes rojos de La noche.

Quisiera dejar constancia de mi agradecimiento a mi hermana Elsa Nadal y a mi gran amigo Alfredo Alonso. Sin ellos, no hubiera sido posible esta obra.

«Querida imaginación, lo que yo amo en ti es sobre todo el que tú no perdones».

André Breton, *Primer manifiesto surrealista*

«¿Qué escribes ahora? —te preguntan. Y tú no sabes ya si contestar con rabia o con risa: —¿Qué escribo? Escribo: eso es todo. Escribo conforme voy viviendo. Escribo como parte de mi economía natural. [...] ¿Qué estoy escribiendo? He aquí lo que estoy escribiendo: mis ojos y mis manos, mi conciencia y mis sentidos, mi voluntad y mi representación...».

Alfonso Reyes, «Fragmentos de arte poética», en *Ancoraje*

Mandamientos de Dios, habéis enfermado mi alma. Habéis rodeado de murallas las únicas aguas que pudieran saciarme.

André Gide, *Los alimentos terrestres*

Personajes rojos

> La Ciega
> El Adolescente
> El Hijo
> Adán
> Eva
> Joven Bailarín
> Sara
> Abraham
> Isaac
> La Lechera
> La Repostera
> El Campanero
> El poeta cubierto de dardos
> La mujer de alabastro
> Sodomita
> Job
> Nobles de la corte de Luis XVI
> Hombres y mujeres de la destrucción

Personajes verdes

> La Serpiente
> Eva joven
> Adán joven
> Abraham joven
> Sara joven

El otro Isaac
El campanero joven
La Repostera joven
El joven poeta cubierto de dardos
La mujer joven de alabastro
Job joven

Personajes negros

La Madre
El Ángel
Sepulturero 1
Sepulturero 2
Heraldo
La Voz

Episodio primero

Se escucha la campanilla de un leproso. Entran, con aspecto fatigado, La Ciega y El Adolescente. Él, casi desnudo, lleva la campanilla al cuello; ella va muy arropada. Portan cayados.

La Ciega. ¿Te parece buen paraje para pasar la noche?
El Adolescente. No. Lo mejor es un techo y una cama. Ahora me acuerdo del jardín.
La Ciega. ¿Nunca llegaremos? Hace frío.
El Adolescente. Tengo calor.
La Ciega. Te encanta contradecirme.
El Adolescente. Me encanta tener mi propia experiencia.
La Ciega. ¿Dónde quedará?
El Adolescente. Veo un resplandor, si no es fuego, es la ciudad.
La Ciega. Imposible.
El Adolescente. ¿Alguna vez intentaste ir?
La Ciega. Tengo mala memoria para los malos recuerdos.
El Adolescente. ¿Te ayudo?
La Ciega. Gracias. Sé cómo dominar el camino.

(Tienden mantas en el suelo. Se sienta ella: él se acuesta).

La Ciega. *(Suspirando).* ¡Larga noche!
El Adolescente. Hace años que no amanece.
La Ciega. Si esta fuera la noche de la llegada, yo sería la mujer más feliz.
El Adolescente. No te inquietes. Llegaremos en el momento de llegar.
La Ciega. ¡La ciudad! Dicen que no se parece a ninguna otra.
El Adolescente. ¿Conociste a alguien que la haya visto?

La Ciega. Mi padre. Fue una vez. Luego lloró toda la vida por ella. Hasta después de muerto le corrían las lágrimas por las mejillas. ¡Que vengan a decirme que los muertos no sienten nostalgia! *(Transición)*. Se me cierran los párpados.

El Adolescente. No tengo sueño.

La Ciega. *(Durmiéndose)*. Te encanta contradecirme.

Episodio segundo

La Madre hila. El Hijo prepara un atado de ropas. Ella lo mira, interrumpe la labor, se incorpora y cierra las ventanas.

El Hijo. ¿Por qué cierras?

La Madre. La noche está húmeda. Te puede hacer daño.

El Hijo. No tengo sueño.

La Madre. Es hora de dormir. Si quieres, te canto una nana.

El Hijo. Puedo decidir la hora de acostarme.

La Madre. Los hijos no crecen. *(Vuelve a hilar)*.

El Hijo. A veces te odio.

La Madre. *(Tirándolo a broma)*. ¡Este muchacho!

El Hijo. A veces quisiera matarte con estas manos. Así. *(Hace acción de estrangular a alguien)*.

La Madre. Acuéstate. Cierra los ojos.

El Hijo. ¡Déjame solo!

La Madre. Debo velar tu sueño.

El Hijo. ¿Qué harás mientras yo duerma?

La Madre. Hilaré. Miraré cómo duermes.

El Hijo. No voy a dormir, voy a huir.

La Madre. *(Tirándolo a broma)*. ¡Este muchacho!

El Hijo. No quiero tener pesadillas.

La Madre. *(Muy dulce, muy sabia)*. Vivir es una pesadilla.

El Hijo. ¿Sueño? ¿Estoy despierto?

La Madre. Las dos cosas, hijo, las dos cosas.

El Hijo. ¿Nunca sueñas?

La Madre. Hace años. ¿Para qué? Es tan sutil la diferencia... Me aburrí de tener pesadillas dormida; decidí tenerlas despierta. Es mejor. No por qué, pero es mejor.

El Hijo. En cuanto cierro los ojos veo un camino, una ciudad que se destruye... El campo devastado. Cruces. Gente que llora.

La Madre. *(Imperativa)*. Vivir es una pesadilla.

El Hijo. Al final del camino algo terrible debe suceder.

La Madre. *(Tirándolo a broma)*. ¡Este muchacho!

El Hijo. Nunca llego al final del camino.

La Madre. Siempre te despierto.

El Hijo. ¿Cómo lo sabes?

La Madre. ¡Qué no sabe una madre!

El Hijo. ¿Sabes qué hay al final del camino?

La Madre. Olvídalo.

El Hijo. ¡Me voy!

La Madre. *(Tirándolo a broma)*. ¡Este muchacho!

El Hijo. No estoy jugando. Llegó el momento. Quiero saberlo todo.

La Madre ¿Todo? ¡No seas pueril! No hay más que esto, nada.

El Hijo. Tus argumentos no bastan. ¿Te extraña?

La Madre. Me sorprende.

El Hijo. Nadie puede detenerme.

La Madre. *(Dejando de hilar)*. ¡Yo!

El Hijo. ¿Quieres un espejo? Estás vieja, débil. Tu corazón no soporta disgustos. Un gesto y te borro de la vida.

La Madre. Tu salvación está conmigo.

El Hijo. *(Tomando el atado)*. No tengo tiempo para discutir.

La Madre. *(Tratando de detenerlo)*. ¡No te irás!

El Hijo. ¡No creo en que seas mi madre!

La Madre. ¡Sal! ¡Demuestra que ya eres hombre!

El Hijo. Salgo por encima de ti. Si tengo que hacerte polvo, te hago polvo.

(Forcejean. El Hijo derriba a La Madre. Sale).

La Madre. ¡No irás lejos! Te seguiré hasta el fin del mundo. Con mil ojos, con mil pies. Al final vendrás de rodillas. Buscaré tus huellas. En el fango, en la nieve. Mi poder ya está en juego. Tú huyes sin saber que al final estoy yo.

Episodio tercero

Adán, Eva, La Serpiente. El jardín.

La Serpiente. Aquí está la manzana.
Adán. Podías haberte ahorrado el trabajo.
La Serpiente. Para mí es un placer.
Eva. Tiene un hermoso color rojo.
La Serpiente. Se llama rojo-manzana. Un color único. ¿Ves el brillo? También único. Pero lo más importante...
Adán. ¡Cállate!
La Serpiente. ¡Es una fruta maravillosa!
Adán. Eres engañosa, Serpiente. No te conozco, pero me hablaron de ti.
Eva. De ti se hablan cosas atroces.
La Serpiente. Estoy habituada.
Eva. Dicen que eres la más astuta y malévola de las alimañas del jardín.
La Serpiente. ¿Sabes por qué lo dicen?
Adán. Debe ser cierto.
La Serpiente. Pronto aprendí, la vida no es lo que él nos hace creer.
Eva. ¿Lo estás llamando mentiroso?
Adán. ¡Atrevida!
La Serpiente. Mi lengua es libre. Hablo de lo que me place. Es déspota, autoritario, y lo peor: cínico. Quiere que hagamos lo que le dicta su testarudez, llevarnos a la categoría del vegetal.
Adán. Le debemos pleitesía. Es el dueño del jardín.

La Serpiente. A esta oscuridad, ¿le llamas jardín? Por vivir en este horror, ¿debemos estar agradecidos?

Adán. *(Asustado).* Te pueden oír...

Eva. No entiendo, Serpiente, ¿cómo eres tan libre?

La Serpiente. Aquí está la manzana. Su color es hermoso, pero la clave no está en el color. Su brillo es atrayente, pero lo importante no es el brillo. Su sabor es único, pero tampoco es el sabor. *(A Eva).* ¿Ya miraste tu cuerpo?

Eva. *(Mira su cuerpo con asombro).*

La Serpiente. Estás desnuda, seráfica Eva.

Eva. ¿Desnuda? *(A Adán).* ¿Conoces esa palabra?

Adán. Debe ser palabra dictada por la maldad.

Eva. *(A la Serpiente).* ¡Explícate!

La Serpiente. Aquí está la manzana. Ella es la única explicación.

Adán. *(A Eva).* Vamos. Él debe saber que no estamos donde nos dejó.

La Serpiente. Corran. Tiene mil ojos y mil orejas.

Eva. Espérate, Adán. Me atrae la manzana.

Adán. Es una fruta prohibida.

Eva. Será por eso.

Adán. ¡No empieces!

La Serpiente. *(Burlándose).* ¡Ay!, pobre mujer, no empieces con debilidades. No oigas a La Serpiente, es malvada, quiere destruirte.

Eva. En realidad, es una fruta hermosa.

La Serpiente. Solo propongo una mordida. Pequeña, leve, imperceptible mordida en su carne jugosa. Tu boca se llenará de savia dulce que bajará por tu garganta de modo muy suave. Te encenderás de placer. Luego, nada será igual. Es mentira que el manzano sea el árbol del bien y del mal. Es un manzano. Únicamente eso y es suficiente.

Eva. ¿Por qué él nos tiene prohibido acercarnos al árbol?

La Serpiente. El placer es la mejor fuente de conocimiento.

Adán. Tenían razón: astuta y maligna.

La Serpiente. Me gusta la manzana. Gozo al comerla. Soy dichosa. En nada me parezco a ustedes, maniquíes edénicos y aburridos para quienes vivir no es más que una sucesión de días largos e inútiles. Vivirán millones de años y al final no sabrán para qué.
Eva. *(A Adán. Confidencial).* Puede que tenga razón.
Adán. Si no coincide con él, no tiene razón.
La Serpiente. Aquí está la manzana: roja y saludable.
Adán. ¡No la toques!
Eva. *(Tomándola).* Su forma es casi redonda.
La Serpiente. Casi perfecta.
Adán ¡No la muerdas si no quieres perderte! Lo bello siempre es causa de perdición.
Eva. Repites lugares comunes.
La Serpiente. La belleza tiene un precio, Adán, no seas ingenuo.
Eva. *(Ajena a Adán y a La Serpiente).* Sí, la manzana es hermosa. Puedo darle una mordida pequeñita…
Adán. *(Asustado).* ¡Mujer, él todo lo ve y todo lo oye!
Eva. Roja, pulida, brillante… Invita a los labios. Anuncia placeres. *(Se lleva la manzana a los labios).*
Adán. ¡No!
La Serpiente. ¡Sí! Empieza a vivir.

(Eva muerde la manzana. Adán cae, aterrado, de rodillas. La Serpiente suspira de alivio).

Eva. ¡Qué delicia! Maravilloso. No lo puedo explicar. Además, lo maravilloso no merece explicación. *(Mirando su cuerpo).* Tienes razón, estoy desnuda. Mi piel es blanca, tersa. Mira, senos bien dibujados, simulan manzanas. La cintura… El vientre… ¿Te fijaste, Adán, qué hermoso baja el vientre? *(Transición).* Yérguete, prueba la manzana, no seas cobarde.
Adán. Tengo miedo.
Eva. Unos instantes de gozo, ¿no valen una vida de miedo? No seas cobarde.
Adán. ¿Y si nos destruye?

Eva. Habremos muerto dichosos. ¡Muerde!

(A pesar de su horror Adán muerde la manzana).

Adán. *(Irguiéndose. Como si despertara).* ¡Debías haber venido antes, Serpiente! ¿Te fijaste, Eva, qué robusto mi cuerpo? ¡Cuántos volúmenes, cuántas formas!

La Serpiente. Tóquense. Muérdanse. Ahora las manzanas son ustedes.

Eva. *(Abrazando a Adán).* Nos expulsará del jardín.

Adán. *(Abrazándola).* Da lo mismo. Tengo tu cuerpo, tienes el mío. El jardín es un lugar triste.

La Serpiente. Aquí está la manzana. Hay cientos en el árbol. Bellas, apetitosas.

(Se escucha un trueno).

Episodio cuarto

En proscenio, La Madre está de rodillas. Una vela encendida en sus manos.

La Madre. ¡Señor!
Voz. ¿Quién eres?
La Madre. Una madre.
Voz. ¿Qué le ocurrió a tu hijo?
La Madre. Escapó.
Voz. ¿No había rejas en tu casa?
La Madre Aprovechó un descuido. Ayúdame.
Voz. Todas iguales. Se les ablanda el corazón y acuden pidiendo ayuda. ¿Lo quieres vivo?
La Madre. Como sea.
Voz. ¿Y si lo consigues muerto?
La Madre. Lo sentaré muerto en su sillón preferido. Me haré la idea de que duerme. Velaré porque su carne se corrompa del

modo más sano. Vigilaré, y cuando los ojos salten, correré a tomarlos. Lavaré a diario las llagas que se abran en su piel. Muerto o vivo, un hijo es un hijo.
Voz. ¿Y si lo consigues vivo?
La Madre. Lo encadenaré. Manos y pies. Le pondré grilletes. Quiero salvarlo.
Voz. Busca a tu hijo, mujer. Sálvalo. Donde menos lo pienses, un placer acecha. El placer debilita y destruye. Te enviaré al mejor de mis ángeles. Acógelo, ten confianza en él. Te ayudará.

(Música de órgano. Un Ángel desciende).

El Ángel. La maldición cayó sobre la Tierra. Una vez más los hombres se creyeron fuertes y libres. Trataron de olvidarse del dolor, de la muerte. Quisieron que la vida fuera como en los tiempos dichosos del jardín. Un hijo huye de su madre. Una ciudad se entrega al vicio. Hay que limpiar, arrasar con lo dañino. Una vez fue un diluvio; otra, una lluvia de azufre. Ahora seremos nosotros con nuestras manos y nuestra bondad. Arrasemos. Por el bien del hombre, esa criatura frágil e indefensa. Castiguemos con amor, matemos con amor. Convirtamos este prado, regalo para los sentidos, en un desierto blanco donde sea imposible perderse en ensueños y gozos inútiles. Vamos, mujer, la destrucción del mundo comienza cuando un hijo, huye de su casa.

(Trueno y Música de órgano).

Episodio quinto

Estruendo.de trompetas. Un Heraldo.

Heraldo. A partir de la publicación del presente decreto, queda terminantemente prohibido beber agua fresca, cantar en los lindes del bosque, cocer y condimentar alimentos, acariciar un cuerpo vivo o muerto, conmoverse con niños menores de quince años, ascender a las copas de los árboles, aspirar cualquier perfume natural, dormir a la orilla de los ríos, suspirar al claro de luna. Toda persona descubierta con mirada de paz o de gozo será debidamente juzgada y condenada.

Episodio sexto

Un Joven Bailarín baila al son de una graciosa música de flauta. Baile de exaltación y gozo. El cuerpo se alegra de ser cuerpo. La música y su cuerpo: solo eso le importa en ese instante. Luego, se oye descarga de fusilería. El Joven Bailarín cae muerto.

Episodio séptimo

Tres hombres y dos mujeres sucios, desgarradas las ropas, entre las ruinas. Llevan objetos inexplicables e insólitos salvados de una catástrofe. En otro lugar La Madre hila y El Ángel, a su lado, extiende las alas. Se escucha un estruendo.

La Madre. ¿Qué fue eso?
El Ángel. La ciudad, señora. Fue destruida.
La Madre. Demasiado estrépito para cosa tan sana.
Hombre 1. ¡Qué derrumbe! ¡El mundo se viene abajo!
Mujer 1. ¡Qué desgracia! ¿Por qué debe tocarnos esta desgracia?
Hombre 2. Yo estaba calentando la cama de mi esposa y sentí que el cielo se caía.
El Ángel. Una ciudad no se destruye sin un gran estruendo.
La Madre. En silencio habría sido mejor.
Hombre 3. Yo llegaba del campo. No tuve tiempo de quitarme las botas.
Mujer 2. Yo abrazaba a mi hijo. Los dos teníamos fiebre.

Mujer 1. Yo me daba un baño de pétalos de violetas. Cantaba. Después miré el cielo blanco de estrellas.
Hombre 1. Nada parecía augurar una catástrofe.
La Madre. Nada, una catástrofe.
El Ángel. Las catástrofes no se anuncian.
Hombre 2. Oí graznar un cuervo.
Hombre 3. Los cuervos graznan cuando están enamorados.
Mujer 2. El cielo se ilumina.
Mujer 1. Es una lluvia de estrellas.
Hombre 1. ¡Un relámpago!
Hombre 2. La noche se abre en dos.
Hombre 3. La tierra tiembla.
Mujer 1. Mi casa ardió.
Mujer 2. La mía saltaba en pedazos.
Hombre 1. Los edificios se doblaron como si fueran de papel.
El Ángel. No eran edificios, sino un poco de polvo.
Hombre 2. El techo de mi casa se perdió en la noche.
Hombre 3. Ya no tengo ni recuerdos.
El Ángel. La ciudad se deshizo con facilidad increíble.
La Madre. Construir es arduo. Para destruir, basta con un suspiro de mal aliento. *(Transición)*. ¿Por qué hubo infortunados que sobrevivieron?
El Ángel. Las catástrofes necesitan sobrevivientes. Si no, ¿quién saca las consecuencias morales?
Mujer 1. Vi una pared sepultar a mi hijo.
Mujer 2. ¿Dónde está mi familia?
Hombre 1. Mi hermano fue a salvarme y cayó a un precipicio.
Hombre 2. Perdí a los míos en una neblina de polvo.
Hombre 3. Anduve horas perdido. Todavía estoy perdido.
La Madre. *(Suspirando. Muy triste)*. ¡Ya no existe la ciudad!
El Ángel. No se asombre, señora, era mortal.
La Madre. Ni me asombro ni me alegro. Sé que es bueno que lo corrompido desaparezca. *(Pausa breve)*. Y mi hijo, ¿sabes algo de mi hijo?

Episodio octavo

(El camino. El Adolescente y La Ciega. Entra El Hijo).

EL HIJO. Buenas noches.
LA CIEGA. Dios te oiga.
EL HIJO. ¿Van lejos?
EL ADOLESCENTE. Ojalá supiéramos.
EL HIJO. ¿Sabes la hora?
EL ADOLESCENTE. No importa.
EL HIJO. ¿Dónde estamos?
LA CIEGA. Como estar estar, en ninguna parte.
EL HIJO. ¿Tienen ganas de jugar?
EL ADOLESCENTE. Decimos la verdad. No estamos en ninguna parte.
EL HIJO. Tengo hambre.
LA CIEGA ¿Hambre? No menciones esa palabra.
EL ADOLESCENTE. Andas huyendo de tu madre.
EL HIJO. ¿Cómo lo sabes?
EL ADOLESCENTE. Uno siempre está huyendo de su madre.
EL HIJO. Quiero llegar a la ciudad. Dicen que es una ciudad hermosa. Díganme, ¿está bien el camino que elegí?
LA CIEGA. Uno nunca elige el camino.
EL ADOLESCENTE. Es el camino quien elige.
LA CIEGA. Ven con nosotros. Me parece que te conozco desde hace años.
EL ADOLESCENTE. ¿Vamos?
EL HIJO. Voy.
LA CIEGA. Todo camino plantea una dificultad.
EL ADOLESCENTE. Andar o detenerse. Ahí está el misterio. No sabemos a dónde vamos. Sin embargo…
LA CIEGA. …hay que tener una certeza: cualquiera sea el lugar al que lleguemos…
EL ADOLESCENTE. ¡…ese es el lugar! ¿Entendido?
EL HIJO. ¿Te ayudo?

El Adolescente. Mis pies bastan. No llevo nada salvo mi cuerpo. Deja ahí tu lío de ropa.
La Ciega. Hay que ir al camino lo más ligero posible. ¿Llevas algún retrato de tu madre?
El Hijo. No.
La Ciega. Haces bien. A las madres, cuando se las entierra, se las entierra.
El Adolescente. No será un camino fácil.
El Hijo. No importa. ¡Con tal de encontrar la felicidad!
La Ciega. *(Sorprendida)*. ¿Qué dijiste?
El Hijo. La felicidad.
El Adolescente. *(Turbado)*. Mira hacia delante. Cuando uno avanza, solo mira hacia delante. Distraerse es perder el rumbo. Vamos. Un pie primero; otro después...
La Ciega. Es difícil y no queda otro remedio.

(Salen).

Episodio noveno

La Madre hila. El Ángel la peina.

La Madre. Déjame. Me duele la cabeza. Quiero dormir.
El Ángel. Ya durmió bastante.
La Madre. Anoche soñé que destruí una ciudad. Yo estaba aquí mismo, hilando, como siempre, y se me presentaba una figura Luminosa. Vestía uniforme extraño, medallas de luz. Si hubieras oído su voz... Me dijo: «Algo sobra en el Mundo». Al principio me asusté. Tú sabes, esos sueños así, tan vívidos... Me sentí llena de poder.
El Ángel. La señora está llena de poder.
La Madre. «Algo sobra», dijo. No sé por qué pensé en la ciudad. Me levanté del sillón. En sueños, digo, me levanté. Había un ejército allá afuera. Alcé la mano, di la orden.

El Ángel. La ciudad se vino al suelo.
La Madre. Triste y no obstante necesario.
El Ángel. Nadie es feliz por destruir una ciudad.
La Madre. Lo hice con dolor, créeme.
El Ángel. Que no se diga nunca que la señora vaciló.
La Madre. No fui cobarde.
El Ángel. Espanté la tristeza.
La Madre. Me apenan los muertos.
El Ángel. De todos modos iban a morir. Usted solo adelantó un momento inevitable de la vida.
La Madre. ¡Qué sueño raro!
El Ángel. ¡Señora!
La Madre. Qué.
El Ángel. No fue un sueño.

Episodio décimo

La Lechera. Al hombro su cántaro de leche.

La Lechera. Escuchen, reyes; pongan atención, príncipes. Traigo la mejor leche de la comarca. Es la leche de mis vacas, las más grandes, las que pastan solo violetas y margaritas. La leche de mis vacas sabe a flores, a amanecer, a primavera, a muchacha enamorada. Untada en la piel, sana las heridas del cuerpo; bebida, sana las heridas del alma. La leche de mis vacas tiene poderes milagrosos. Untada en los senos, hace parir hermosos muchachos; en las axilas, despierta el amor en el desdeñoso. Escuchen, reyes; pongan atención, príncipes. La leche de mis vacas es una jarra de felicidad. Hace olvidar el infortunio. Cura el insomnio y la lepra, y el dolor de muelas. Al pequeño lo hace crecer; al gigante, le permite sentirse dichoso con su tamaño sobrenatural. Corran, no tarden. Solo tengo este cántaro. Del mundo entero reclaman la leche de mis vacas, las mejores de la comarca.

(Se escucha una descarga de fusilería. La Lechera cae muerta. El cántaro se rompe).

Episodio decimoprimero

El camino. El Hijo. El Adolescente. La Ciega duerme.

El Hijo. Escampó.
El Adolescente. No me había dado cuenta. Mi cuerpo está acostumbrado a la lluvia.
El Hijo. ¿Por qué llevas campana si no eres leproso?
El Adolescente. Hay muchos tipos de lepra.
El Hijo. ¿Qué edad tienes?
El Adolescente. *(Con cansancio).* ¡Mil años!
El Hijo. *(Riendo).* Aparentas menos edad. *(Transición).* ¿Tú también huyes de tu madre?
El Adolescente. No conocí a mi madre. Dicen que se parecía a mí.
El Hijo. ¿De qué murió?
El Adolescente. ¿Es verdad que no llueve?
El Hijo. ¿Cuándo saliste al camino?
El Adolescente. *(Hace gesto de que es mucho tiempo).*
El Hijo. A veces me desespero.
El Adolescente. Dichosos los que nos desesperamos.
El Hijo. Cuéntame, ¿cómo es el camino?
El Adolescente. Traicionero. Te crees que vas a un lado y vas a otro.
El Hijo. ¿Nunca se llega?
El Adolescente. *(Se encoge de hombros).*
El Hijo. ¿Cómo sabes tanto?
El Adolescente Probé las frutas de los árboles. Las dulces y las amargas. Aprendí a tocar la flauta y encender fuego con ramas. Aprendí a dormir bajo la lluvia. También aprendí a amar.
El Hijo. Siento envidia.
El Adolescente. *(Extrañado).* ¿Por qué?

El Hijo. Mi vida se puede contar en dos palabras.

(Instrumento de tortura. Junto a él, La Madre con sogas y disciplinas. El Hijo va donde ella).

La Madre. Despierta. Va a amanecer.
El Hijo. Quisiera seguir durmiendo.
La Madre. Mal andaríamos si el sueño nos dominara.
El Hijo. Tenía un sueño hermoso.
La Madre. Son los peores. Debilitan.
El Hijo. ¿Me dejarás ir al campo?
La Madre. No.
El Hijo. Quiero correr por el prado. Tirarme en la yerba. Bañarme en el río.
La Madre. No sabes lo que estás pidiendo.
El Hijo. Déjame. Un minuto.
La Madre. Acércate.

(Dócilmente, El Hijo acude. La Madre lo ata al instrumento de tortura).

La Madre. Hijo mío, quiero lo mejor para ti. *(Hace accionar el instrumento).* Lo hago por tu bien. Algún día me agradecerás. El sufrimiento, el dolor, el sacrificio: te harás hombre. Olvídate de las noches de luna; del sabor del pan; del vino, que enloquece; del deseo, que degrada; del campo; de la brisa; del amor. ¡Qué melancólico eres! ¡Qué tristeza veo siempre en tus ojos! Aprende de la tristeza. Aprende de todo lo que te falta y nunca –¡nunca!– vas a tener. Aquí, un vaso de agua: no lo podrás beber. Aquí, una manzana: no la podrás comer. Aprende, hijo mío, que las pasiones no puedan contigo.

(La Madre desaparece. El Adolescente se acerca a El Hijo. Le enjuga la sangre, le acaricia la espalda. Besa las heridas. Lo desata).

El Hijo. ¿Viste mi espalda? Es solo mi cuerpo, lo de menos. Te mostré un día feliz.

El Adolescente. ¿Por qué no escapaste antes?

El Hijo. Lo intenté. No pude. Donde menos esperas hay un espía para contarlo.

El Adolescente. Vivir...

(El Hijo pone una mano sobre la boca de El Adolescente para impedirle continuar la idea. Aparece La Serpiente y da una manzana a cada uno).

La Serpiente. Vivir es comer esta manzana.

Episodio decimosegundo

Abraham está sacando filo a un cuchillo. Sara enciende una vela. Isaac duerme.

Sara. ¡Qué noche oscura! ¿No pensará amanecer?

Abraham. Da lo mismo.

Sara. ¡Deja el cuchillo!

Abraham. Debe estar perfecto, entrar en la piel sin que se sienta.

Sara. Él va a arrepentirse.

Abraham. No lo conoces.

Sara. Él solo quiere probar tu fidelidad.

Abraham. No. Sabe el placer que mi hijo me provoca. Sabe que me gusta verlo crecer, se van endureciendo sus músculos, su mirada pasa de la perplejidad a la inteligencia. Sara, si vieras a Isaac pastoreando el rebaño... Si lo vieras subir las cabras por la cuesta... No. Sabe el placer que me provoca mi hijo. Que lo miro como si yo me mirara en el espejo del recuerdo. Desde que mi hijo nació me siento eterno, y lo sabe y no lo perdona.

Sara. Humíllate, Abraham. Arrodíllate en algún rincón donde te oiga, dile que nuestro hijo nunca significará lo que él.

Abraham. Estoy cansado de tanta mentira.

Sara. Se trata de salvar a Isaac.

ABRAHAM. Me cansé.
SARA. Cánsate. Para eso eres hombre. No hablo de tu cansancio, sino de ese muchacho lleno de vida.
ABRAHAM. *(Acariciando a Isaac)*. ¿Lo viste dormir? Duerme como pastorea: con los músculos en tensión. Lo único que duerme son los ojos. El cuerpo sigue despierto. Hoy lo vi. En la plaza, cortejando a una muchacha. Parecía un enviado del cielo, con dos piernas tan robustas que sentí envidia. ¿Te acuerdas de mis piernas, Sara? Me fui solo con las cabras, y tuve la mala idea de invocarlo. «Señor, salva a mi hijo del espanto. Ayúdalo a él. No lo hagas sufrir».
VOZ. Abraham…
ABRAHAM. Heme aquí.
VOZ. Torna a tu hijo, a tu unigénito, al que tanto amas, Isaac, y vete a la tierra de Moriá. Ofrécelo allí en holocausto.

(Pausa).

ABRAHAM. Fue como si me hicieran así… *(Apaga la vela con los dedos)*.
SARA. ¿Qué le dijiste? ¿Por qué no replicaste? A veces viene bien una blasfemia.
ABRAHAM. Tú no lo conoces.
SARA. Quiere probar tu fidelidad.
ABRAHAM. Quiere acabar con mi dicha.
SARA. ¡Rebélate! Destroza el cuchillo. Grítale. No puede acabar con un cuerpo que no ha sudado lo suficiente.
ABRAHAM. Tiene el poder.
SARA. Siempre fuiste de acero.
ABRAHAM. Tenía fe.
SARA. Perdiste la fe en él; recupera entonces la fe en ti, la que nunca debiste perder.
ABRAHAM. Fe, mentira, cansancio…
SARA. ¡No vas a matar a mi hijo, Abraham!
ISAAC. *(Despertando)*. ¿Amaneció?

ABRAHAM. No, hijo, no va a amanecer nunca. ¡Levántate!
SARA. Sigue durmiendo, Isaac.
ISAAC. Tuve un sueño extraño. *(Pausa breve)*. Voy a beber agua y los odres están vacíos. Abro el paño donde mamá guarda el pan y encuentro un poco de tierra. Es de noche. Esta noche oscura, de lluvia, sin viento. Tengo calor. No sudo y sin embargo no puedo soportar el calor. Voy al río. ¿Qué creen que encuentro? Arena. Y más allá, arena. Y las cabras están en los esqueletos, aunque los cencerros suenan.
SARA. Sigue durmiendo.
ABRAHAM. Lávate la cara. Vamos.
ISAAC. Ahí no termina. Hoy estuve hablando con una muchacha que me dejó aturdido. La veo también en el sueño. Viene por el desierto. Corro hacia ella. No tengo que hablarle. Sin darme cuenta estamos los dos sobre la arena, pero cuando miro bien no es la muchacha, sino un cuerpo perdido.
SARA. Es demasiado temprano, Isaac.
ABRAHAM. No, hijo, no hay peor enemigo del cuerpo que la cama.
ISAAC. *(Sin prestar atención)*. Vuelvo a la casa corriendo, para verlos a ustedes. Papá y tú discuten, no sé por qué. Papá afila ese cuchillo. Pregunto: ¿Para qué quieres el cuchillo?
ABRAHAM. Para ti.
ISAAC. ¿Quieres matarme?
ABRAHAM. Alguien se empeña en que no seamos dichosos.
ISAAC. ¿Qué le hicimos para ese odio?
ABRAHAM. Saber que la vida no es terrible.
ISAAC. Mátame mañana. Quisiera conocer a la muchacha de hoy, dejarle en el cuerpo lo que hay dentro de mí y que me sobra.
ABRAHAM. No, después no querrías morir.
ISAAC. ¡Huyamos!
ABRAHAM. Es lo mismo. ¡Arrodíllate!

(Isaac se arrodilla. Abraham levanta el cuchillo. Sara trata de interponerse. Abraham clava el cuchillo en la espalda de Isaac).

Sara. ¡Asesino!
Isaac. *(Cayendo).* No te preocupes, mamá. Es un sueño.

Episodio decimotercero

Dos Sepultureros cavan la tierra.

Sepulturero 1. ¡Tiempos difíciles!
Sepulturero 2. ¡Cuánta pudrición!
Sepulturero 1. Me canso de tanta carroña.
Sepulturero 2. ¡Oficio de aura tiñosa!
Sepulturero 1. Cava en la tierra. Saca podredumbre. Esconde podredumbre... Por unos centavos.
Sepulturero 2. Ahora resulta que me pongo melindroso. Me molesta la peste, los gusanos, esas bocas sin labios...
Sepulturero 1. Conozco mejor a un cadáver que a mi propia mujer.
Sepulturero 2. Tampoco es que tu mujer sea superior a un cadáver.
Sepulturero 1. ¡Vete al carajo!
Sepulturero 2. *(Alzando unos intestinos).* ¡Mira! No sé de quién son.
Sepulturero 1. Da lo mismo. Tíralos por ahí.
Sepulturero 2. Te lo juro, cuando llego a casa y me miro al espejo, veo sangre, pus... Las moscas no me dejan tranquilo.
Sepulturero 1. Tengo que bañarme dos y tres veces. La peste se me pega a la piel. El muerto soy yo.
Sepulturero 2. Tampoco es mentira.
Sepulturero 1. ¡Vete al carajo!
Sepulturero 2. Si no fuera porque de tiempo en tiempo se encuentra algo...
Sepulturero 1. *(Sacando una dentadura).* Esto lo encontré hoy. Es linda, ¿no?
Sepulturero 2. *(Sacando un fémur).* Con esto me pienso hacer una pipa.

Sepulturero 1. Anoche, a punto de irme, trajeron una muchachita todavía caliente. Tenía el pelo color avellana, y como no pudieron cerrarle los ojos, me quedé fascinado con aquellas dos cuentas de ámbar. Los labios, un poco pálidos, pero lindos. ¡Qué piel! La tomé por la barbilla y le dije algunas cosas para que se fuera contenta. La enterré desnuda. En aquel cuerpo la ropa podía ser un insulto. Me contuve. Los muertos son los muertos.
Sepulturero 2. ¡Ni que fuera la primera vez!
Sepulturero 1. Por lo menos respeto a los niños. No soy como otros.
Sepulturero 2. Al fin y al cabo ellos están muertos.
Sepulturero 1. ¿Y nosotros vivos? ¡Tienes cada cosas! Aquí nos mataron a todos.

(Música de órgano. Entra La Madre seguida por El Ángel).

La Madre. ¡Buenas noches!
Sepulturero 1. Mujer, ¿qué buscas en este lugar?
Sepulturero 2. Este sitio no es para vivos.
La Madre. Busco a mi hijo.
Sepulturero 1. Hemos enterrado a tantos hijos...
Sepulturero 2. Doscientos muchachos buenos mozos. Estaban llenos de vida, ahora están llenos de muerte.
Sepulturero 1. Hubo una batalla cerca.
Sepulturero 2. ¿Cómo es tu hijo?
La Madre. Hermoso pero rebelde.
Sepulturero 1. Todos eran hermosos y rebeldes.
Sepulturero 2. ¿Alguna seña especial?
La Madre. Gesto de orgullo en los labios.
Sepulturero 1. Todos tenían gesto de orgullo en los labios.
Sepulturero 2. Que irá desapareciendo con el paso de los días. Y valga la aclaración.
La Madre. Mi hijo tiene los ojos altivos y la mirada de sabio.
Sepulturero 1. Señora, al hombre más humilde, al más imbécil, cuando muere, se le ponen los ojos altivos y la mirada de sabio.

La Madre. Mi hijo tiene paso de rey.
Sepulturero 2. Eso si…
Sepulturero 1. Aquí nadie entra por sus propios pies.

(La Madre hace gesto a El Ángel. Este saca una bolsa de monedas que lanza a Los Sepultureros).

La Madre. Voy a mirar entre los muertos.
Sepulturero 1. Está contra la ley del Estado.
La Madre. El Estado soy yo.

(El Ángel lanza otra bolsa de monedas).

Sepulturero 2. No hay duda, señora. El Estado es usted.
La Madre. Gracias. Dios los tendrá en cuenta.
Sepulturero 1. ¿Le parece?
La Madre. Ustedes son dos santos que completan su obra.
Sepulturero 2. Ver los cadáveres no es lo que se dice un lindo espectáculo.
La Madre. Soy de mármol si de buscar a mi hijo se trata.

(La Madre comienza a buscar entre los cadáveres).

El Ángel. Necesitamos la ayuda de dos hombres fuertes, familiarizados con la parte sana de la vida. Serán bien pagados.
Sepulturero 1. ¿Cuál es el trabajo?
El Ángel. Purificar.
Sepulturero 2. Nadie mejor que nosotros.
El Ángel. Deben cumplir órdenes sin discutirlas.
Sepulturero 1. Las órdenes contantes y sonantes no se discuten.
El Ángel. *(Lanzando otra bolsa de monedas).* Se cierran los ojos y las bocas. Solo las manos deben actuar.
Sepulturero 2. Lo que sabemos hacer.
Sepulturero 1. *(Señalando a La Madre).* ¿Y ella?
El Ángel. Una pobre madre abandonada.
Sepulturero 2. ¿Cuándo comenzamos?
El Ángel. Ya.

La Madre. *(Conmovida)*. ¡Qué muertos tan bellos! No encontré a mi hijo, aunque siento como si todos lo fueran.

(Música de órgano).

Episodio decimocuarto

El Hijo está en el camino. Entran La Repostera y El Campanero que llevan calcios.

El Hijo. ¡Buen día nos dé Dios!
La Repostera. ¿De qué día hablas?
El Hijo. Del que habrá.
El Campanero. No te hagas ilusiones.
La Repostera. *(Confidencial)*. Se comenta que destruyeron el poco sol que quedaba.
El Hijo. Hay una ciudad…
El Campanero. *(Interrumpiéndolo)*. Nada. Saltó en pedazos.
La Repostera. Ya no hay ciudad, sino un amasijo de cadáveres y recuerdos.
El Hijo. ¿A dónde van?
El Campanero. A ninguna parte.
La Repostera. No hay dónde ir. *(Transición)*. Y tú, ¿estás huyendo de tu madre?
El Campanero. Tienes ojos de pájaro en jaula.
El Hijo. Quiero tener mi propia vida, ser libre, feliz.
El Campanero. Sí, nosotros fuimos jóvenes.
El Hijo. ¿Hace mucho que andan?
El Campanero. Eso no importa.
La Repostera. Llega un momento en que el tiempo es el camino.
El Hijo. ¿Conocieron la ciudad?
El Campanero. La ciudad no es ningún lugar.
El Hijo. ¿Quién los castigó?

La Repostera. *(Se encoge de hombros).* Los que castigan no tienen cara.
El Campanero. Una noche, mientras dormíamos, la casa ardió. Cuando despertamos…
La Repostera. …si es que despertamos…
El Campanero. …ya teníamos estos cilicios…
La Repostera. …y el camino por delante.
El Hijo. ¿De qué los acusan?
El Campanero. No se sabe.
La Repostera. Tengo una sospecha.
El Campanero. Tengo otra.
La Repostera. No estamos seguros. Como ves, estar seguro es lo más difícil del mundo.
El Campanero. No hay quien me quite de la cabeza que fue por los dulces.
La Repostera. Y a mí que fue por las campanas.
El Campanero. ¡Mujer caprichosa!
La Repostera. ¡Las campanas se oían en varios kilómetros a la redonda!
El Campanero. Los dulces tenían más fama que las campanas.
La Repostera. Bueno, no importa. Llegó el castigo.
El Hijo. ¡No entiendo!
El Campanero. Nosotros tampoco.
La Repostera. Él es El Campanero, mi esposo. ¡Las campanas! El primer día que las oí, había salido a cortar un ramillete para adornar mi cabeza. Oí la primera campanada y pensé que me estaba elevando. ¿Y qué crees? Me estaba elevando. Como si tuviera alas. Volaba cerquita del cielo, y qué hermoso el campo y la ciudad… Me puse tan bella que mi madre no me reconoció. Mi vida comenzó a depender de las campanas. Nadie discutía, nadie se odiaba. Los moribundos se levantaban de sus lechos de muerte… ¡Las campanas! ¿No me crees? Tenías que haberlas oído.

El Campanero. *(Confidencial)*. En esa época, la felicidad entraba por el oído. ¡Campanas! ¿No es increíble? Cobre, estaño, algo de cinc y una mujer se eleva de la tierra. ¡Si pudiera volver a tañerlas! ¡Mirar a lo lejos cómo la música se une con la brisa y la gente sale de las casas a saludar el repique!

La Repostera. Alguien no quiso que se oyeran las campanas.

El Hijo. ¿Por qué?

La Repostera. ¡Los hombres lloraban de alegría!

El Campanero. Las campanas no fueron la razón: fueron los dulces.

La Repostera. Mis dulces no podían competir con tus campanas.

El Campanero. De muy lejos venían ciegos, sordos, mudos, lisiados, a probar tu dulce. Y salían curados. *(A El Hijo)*. Mírala, vieja y fea… ¡La mejor Repostera! Su especialidad, el dulce de leche.

La Repostera. ¡Leche, canela, miel, un chorro de vino…!

El Campanero. Probabas el dulce y sanabas tu mal de amor y tu miedo.

El Hijo. Es bueno que el hombre sane.

El Campanero. ¡Qué joven eres, muchacho!

La Repostera. *(Suspirando)*. ¡Nací con don para los dulces! *(Confidencial)*. La felicidad comienza por el paladar. Campanas, dulces. Se iluminan los ojos de tus amigos. Frente a mi casa debe haber una multitud de niños esperando por mí.

El Campanero. Alguien no quiso que se probaran los dulces.

El Hijo. ¿Por qué?

La Repostera. No preguntes más.

El Campanero. Eres joven, pero no tanto.

La Repostera. ¡Ya aprenderás!

El Hijo. *(Hace ademán de preguntar)*.

La Repostera. *(Impidiéndole hablar)*. No, no sabemos.

El Campanero. No nos interesan los dulces ni las campanas…

La Repostera.…sino deshacernos de estos cilicios y descansar.

(La Repostera y El Campanero desaparecen tras una cortina de humo).

Episodio decimoquinto

Cuando el humo se disipa aparece El Poeta Cubierto de Dardos.

El poeta cubierto de dardos. ¡Mírame! ¿Ves? No hay nadie. Óyeme, trata de oírme. Silencio. No me busques. No estoy en ningún lugar. ¿Soy una sombra? Tampoco. *(Declama).* «¡Y a mí, Señor, a mí no se me alcanza, / en medio de la mar embravecida, / jugar con la ilusión y la esperanza / en esta triste noche de la vida!»[1]. *(Otro tono).* Cada día viene alguien y se lleva algo. Oye el estruendo: destruyen la casa. Queman libros y papeles. Oye: están secando el manantial. Ayer envenenaron al perro. Gritan, ¿no lo sientes? Gritan: «Vete». ¿Sabes por qué quieren que me vaya? Porque saben que no puedo, que no tengo a dónde ir. *(Confidencial).* Mi único lugar es la página en blanco y la están quemando. La página en blanco: mi patria, mi territorio, lugar de sufrimiento y dicha. No te rías. No hagas tú lo mismo que ellos. ¡Amo a las palabras! No existe mayor angustia ni mayor felicidad. ¡La palabra justa! Y ahora… ¡No tengo papel! ¡Tampoco manos! ¡Ni siquiera palabras! Se lo llevaron todo. A lo mejor tú sabes por qué me condenan, por qué me dejan en esta noche. ¿Sabes lo que dicen? ¡Óyelos! Que yo enveneno. ¿Cuál es el veneno? ¡Mis versos! Los hombres corrían a mi casa en busca de mis versos. ¡Yo se los daba a cambio de fruta, pan, un cazo de caldo! ¡Se iban cantando! Yo quedaba casi muerto, ¿qué cansancio!, y satisfecho. Y luego, otra noche afortunada, sin dormir, a la luz de la lámpara. A lo mejor tú sabes cuál es mi delito, por qué me trajeron a este lugar. Me duele el cuerpo. Con estos dardos no hay un solo verso que se deje dominar. Nadie. No soy nadie. Nadie. Silencio. Nadie. Silencio. Nadie…

(El Poeta Cubierto de Dardos desaparece tras una cortina de humo).

---

[1] Juan Clemente Zenea, «En días de esclavitud».

Episodio decimosexto

(*Cuando la cortina de humo se disipa, aparece La Mujer de Alabastro*).

La mujer de alabastro. ¡Déjenme, voces! No molesten. Quiero dormir en paz. ¡Cállense! ¡No quiero saber nada de ustedes!
El Hijo. ¿Qué tienes, mujer?
La mujer de alabastro. Las voces...
El Hijo. ¿Qué voces?
La mujer de alabastro. ¿No oyes los gritos? ¡Me atormentan!
El Hijo. El silencio es grande. Da miedo hablar.
La mujer de alabastro. ¡Óyelas! Hay una que grita más. Dice cosas horribles.
El Hijo. ¿Qué quieren de ti?
La mujer de alabastro. Condenarme.
El Hijo. Trata de descansar. Es solo una pesadilla.
La mujer de alabastro. Me gritan. A toda hora me obligan a hacer cosas que no quiero.
El Hijo. ¡Tu piel! *(Tocándola)*. ¡Qué piel tan hermosa!
La mujer de alabastro. *(Con terror)* ¡Cállate! No hables de la piel.
El Hijo. ¡Y qué bien huele: a sudor, a yerba, a intemperie!
La mujer de alabastro. Mi piel es la culpable. Mi piel y esas voces que no me dejan en paz.
El Hijo. Esa piel no puede hacerte culpable. Déjame tocarte.
La mujer de alabastro. No. Déjame.
El Hijo. Tu piel pide mi caricia.
La mujer de alabastro. Tampoco hables de caricias. Piel, caricias, manos. Siento el fuego. Subiendo el fuego. Llamas.
El Hijo. Estás cansada. Acuéstate. Piensa en algo hermoso.
La mujer de alabastro. ¡Loco! *(En susurro)*. ¿Quieres lanzarme a la hoguera?
El Hijo. Las voces no existen.

La mujer de alabastro. Son más reales que nosotros. ¿Te diste cuenta de que tienes piel? Yo lo sé desde niña. El primer contacto que recuerdo es con las sábanas. Luego viene la brisa. Me veo sentada en el patio, y la brisa en mi cuerpo, una y otra vez. Me llevan al río. Me baño desnuda. Mi piel es diez veces más sensible. Manos muy finas me acarician. Soy solo piel. Descubro la miel de los panales. Voy al río con el tarro de miel. Salgo del agua, vierto miel sobre mi cuerpo. La miel corre por mis senos y muslos. Duermo allí, acariciada por la brisa, la yerba y la miel. Cuando amanece, una nube de mariposas vuela sobre mí.

El Hijo. ¡No sabes cuánto te envidio!

La mujer de alabastro. Fue el comienzo. Descubrí mi piel pero no la piel de los otros. Una noche dormí con mi hermana. Su brazo me rozó. Mi cuerpo despertó completo. Esa misma noche me fui de la casa. Apenas una adolescente. Salí al camino en busca del que quisiera tocarme y ser tocado. En plazas, bosques, posadas, cabañas. La gente se agolpaba para tocarme.

El Hijo. ¿Fuiste feliz?

La mujer de alabastro. No. Es desvergonzado que una mujer se bañe desnuda en el río, se embadurne de miel, se tire sobre la yerba, se deje tocar por multitudes… Atentado contra las buenas costumbres.

El Hijo. ¡Esas son las buenas costumbres!

La mujer de alabastro. *(Confidencial)*. Me acusan de hechicera.

El Hijo. Ahora estás a salvo.

La mujer de alabastro. *(Aterrada)*. Alguien nos mira.

El Hijo. Están dormidos.

La mujer de alabastro. Aún dormidos vigilan. ¡Tú no conoces a la noche…! *(Comienza a desaparecer tras una cortina de humo)*. Aún dormidos vigilan y no quieren que duerma, que descanse, no me dejan conocer la paz. Quieren acabar con lo más precioso que tengo: mi piel.

Episodio decimoséptimo

Silenciosos, aparecen los Nobles de la Corte de Luis XVI. Ataviados como para una fiesta. Reverencias, gestos elegantes: se crea una escena digna de Wateau. En silencio bailan un minué. Hacia el fondo aparece una guillotina. Quedan inmóviles.

Episodio decimoctavo

El Adolescente, haciendo sonar su campanilla de leproso, predica a los inmóviles Nobles de la Corte de Luis XVI.

El Adolescente. Distinguidos señores, la felicidad es el placer. Hay cuatro verdades indispensables. Primera: Dios no quiere que le tengamos miedo. Dios no se preocupa por el mundo ni por los hombres. ¿Y saben por qué? ¡Vive en la dicha perfecta! Segunda verdad: ¿Por qué torturarse por la muerte? Cuando nosotros estamos, ella no está; cuando ella está, nosotros no estamos. Tercera verdad: El placer se alcanza con mayor felicidad de la que creemos. Está al alcance de la mano. Tenemos los placeres del gusto, de la música, el que provocan las bellas imágenes, el que produce tocar un cuerpo hermoso, una tela agradable, la superficie del agua… ¡El placer del amor! El solo goce espiritual no basta. Mi espíritu está escondido en mi cuerpo, que también fue hecho para gozar. Cuarta y última verdad: El mal es breve. El dolor es solo un instante en esa larga cadena de placeres que es la vida. *(Sale haciendo sonar su campanilla de leproso).*

(La luz se apaga lenta).

Episodio decimonoveno

Los Sepultureros llevan sendos cofres.

SEPULTURERO 1. No veo la podrida hora de llegar a mi casa y jugar con mis hijos.
SEPULTURERO 2. A mi hija le llevo… *(Muestra la osamenta de una mano)*. Parece tallada por un artista.
SEPULTURERO 1. *(Vaciando un cráneo)*. Mis hijos hacen títeres y máscaras.
SEPULTURERO 2. El mayor de mis hijos dice que cuando crezca será sepulturero. Le digo que se haga médico. Total…
SEPULTURERO 1. El mío será soldado. Estoy contento. Para entonces espero haberme retirado.
SEPULTURERO 2. ¿Tú crees que nos jubilen?
SEPULTURERO 1. ¡Con medallas! Que lo que se dice buen servicio…
SEPULTURERO 2. Estoy cansado.
SEPULTURERO 1. Yo también.
SEPULTURERO 2. A veces pienso: ¿y si Dios existe?
SEPULTURERO 1. *(Hace gesto de no entender)*.
SEPULTURERO 2. Nos va a castigar. Comoquiera que sea, este trabajo no es muy limpio.
SEPULTURERO 1. En primer lugar, ¿quién mata si no Dios? En segundo, somos más limpios puesto que ocultamos lo que él deja impúdicamente a la intemperie.
SEPULTURERO 2. ¡Inteligente! Merecías ser hombre de Estado.
SEPULTURERO 1. Tengo hambre.
SEPULTURERO 2. Mis tripas están aullando.
SEPULTURERO 1. Uno con hambre y tanta carne desperdiciada.
SEPULTURERO 2. No me atrevo a comerla.
SEPULTURERO 1. Una vez lo hice y me cayó mal.
SEPULTURERO 2. ¿A qué sabe?
SEPULTURERO 1. A uno mismo. Es como si te dieras una mordida.
SEPULTURERO 2. Mi estómago no anda bien para comidas pesadas.

Episodio vigésimo

Los Sepultureros llegan donde La Madre. Ella está junto a la rueca, pero no hila. Su expresión es grave y triste.

Sepulturero 2. Señora...
Sepulturero 1. Traemos su encargo.
La Madre. No tenían que apurarse.
Sepulturero 2. Es nuestro deber.
Sepulturero 1. En este cofre tiene los ojos de los jóvenes que enterrarnos hoy.
Sepulturero 2. En este, las bocas.
Sepulturero 1. Verá cuántos sueños frustrados en las miradas fijas.
Sepulturero 2. ¡Cuántas sonrisas inútiles!
La Madre. *(Muy angustiada).* ¡Sueños! ¡Sonrisas! Anoche estuve trabajando hasta tarde. Fui a la ventana. No importa que haya mandado a talar los árboles, me entristece mirar por la ventana, saber que el mundo existe y que en algún lugar un árbol está retoñando. Por el camino venía una muchacha. Casi una niña. Jugaba con un perro. Y reía. ¿Se dan cuenta? Reía. *(Más angustiada aún).* Hacía tiempo que no veía reír. Pensé... ¡Qué ingenua irresponsabilidad! ¡Reír! ¡Hay que ser ignorante!
Sepulturero 2. La risa es cosa del demonio.
Sepulturero 1. La risa hace soberbio al hombre.
La Madre. Siento pena. ¡Qué monstruoso engaño la risa! *(Transición).* También anoche sentí olor a jazmines. Hay un jardín cerca. Ya saben: ¡fuego!
Sepulturero 2. Señora...
La Madre. Váyanse. Es tarde. Algo me oprime el pecho.
Sepulturero 1. Quisiéramos pedirle un favor.
La Madre. ¡Hablen!
Sepulturero 2. Conocemos las virtudes del fuego...
Sepulturero 1. Sabemos que purifica...
Sepulturero 2. Purifica demasiado. Nos deja sin trabajo. Somos sepultureros, señora.

La Madre. Entiendo. Hagan lo que estimen conveniente con tal de que no sientan placer. Hay algo que no podemos perder de vista: cumplimos un deber. ¡Nada nos puede alegrar! Déjenme sola.

(Salen los Sepultureros).

La Madre. *(Abriendo uno de los cofres).* Ojos. Bellos. Unos melancólicos; otros desdeñosos. Ojos fuera de las cuencas. Nostalgias, esperanzas, alegrías, pasiones… *(Abriendo el otro cofre).* Bocas. Besaron, mordieron, mintieron, juraron… ¡No aprenden! Por más que uno se desangre en enseñarlos, no aprenden. Por fortuna tenemos el fuego. El hombre se salva por el fuego. *(Reparando en la rueca).* ¿Para qué quiero este instrumento inútil? ¡Los hilos me salen torcidos!

(Por el fondo pasa una figura en llamas. Se escucha un trueno. La Madre esconde la cara entre las manos).

Episodio vigesimoprimero

El camino. La Ciega. El Adolescente.

El Adolescente. Mal augurio, soñé con fuego.
La Ciega. El aire trajo olor a carne quemada.
El Adolescente. ¡Triste lugar para pasar la noche!
La Ciega. ¿No hay piedras?
El Adolescente. Ni un árbol en no sé cuántas leguas.
La Ciega. ¿Amanece?
El Adolescente. Olvídate.
La Ciega. ¡Me gustaría tanto ver un amanecer!
El Adolescente. Suéñalo.
La Ciega. ¡Mis ojos! Yo podría prescindir de cualquier cosa menos de los ojos. Ver. Mirar. ¡Qué placer! Todavía me acuerdo del azul del cielo.

El Adolescente. Nunca me dijiste por qué te sacaron los ojos.
La Ciega. Despertaba antes de que amaneciera. Me gustaba el olor del campo a esa hora. Ver. Mirar. Ningún placer se le parece.
El Adolescente. ¿Por qué te sacaron los ojos?
La Ciega. Árboles. Casas verdes y limpias Aquellos caminos. ¡Daba gusto caminar! La gente, preciosa. Hasta los feos se veían bonitos, vestidos de punta en blanco.
El Adolescente. ¿Quién te sacó los ojos?
La Ciega. Había dos hermanos, vecinos nuestros, una muchacha y un muchacho. Me enamoré de los dos. Me escondía a mirarlos. ¿Tú crees que haya algo más bello que el cuerpo de un hombre? Yo podía dejar de cantar, de comer, de dormir, de bailar... No podía dejar de mirar. Saber la hora por la intensidad de las sombras o que va a llover porque se ponen negros los tejados... ¡Una bandada de pájaros sobre la plaza desierta! ¡Una mujer durmiendo al pie de un almendro! *(Otro tono)*. El problema fue que conocí a un ángel.

(Música de órgano. Aparece El Ángel).

El Ángel. Muchacha, acércate.
La Ciega. ¿Qué desea, señor?
El Ángel. Mirarte.
La Ciega. Mire cuanto le plazca.
El Ángel. ¿Puedo tocarte?
La Ciega. Míreme, tóqueme. No para otra cosa nacimos.
El Ángel. ¿Sabes? Eres hermosa.
La Ciega. *(A El Adolescente)*. El hermoso era él. Con hermosura que no parecía de la Tierra. *(A El Ángel)*. Usted es mucho más hermoso.
El Ángel. Primera vez que me lo dicen.
La Ciega. Serán ciegos.
El Ángel. Tú, en cambio, tienes los ojos más luminosos...
La Ciega. Me gusta mirar.
El Ángel. ¿Puedo besarte los ojos?

La Ciega. Béseme la frente, los labios, pero no me quite el placer de mirarlo cuando me besa.
El Ángel. Tus ojos están pidiendo un beso.
La Ciega. *(A El Adolescente)*. Yo tenía miedo. No preguntes por qué. Algo en mi pecho quería detenerse.
El Ángel. ¡El amor!
La Ciega. *(Asustada)*. ¡No quiero oír hablar del amor!
El Ángel. ¿Por qué?
La Ciega. Me gusta mirar. Si me enamorara, solo tendría ojos para el cuerpo que nunca sería mío.
El Ángel. Estás hablando de pasión. El amor es otra cosa.
La Ciega. Si estoy hablando de pasión, el amor no existe.
El Ángel. Besa, tú, mis ojos.

(La Ciega besa los ojos de El Ángel).

La Ciega. *(A El Adolescente)*. Caí en la trampa. Me dejé besar los ojos.

(El Ángel desaparece).

La Ciega. Al instante cayó una lluvia de fuego. Todo quedaba destruido. Vi morir a los míos, y a los que no eran míos y que también lo eran. El jardín se convirtió en desierto.
El Adolescente. ¿Y el ángel?
La Ciega. *(A El Ángel)*. ¿Dónde estás? ¡No me dejes sola! ¡No quiero quedarme sola en este desierto!

(La Ciega extrae un cuchillo de sus ropas y se saca los ojos. El Adolescente limpia la sangre de la cara de La Ciega).

El Adolescente. No amanecerá nunca.
La Ciega. Nunca. El amanecer es un estado de ánimo.

Episodio vigesimosegundo

La Ciega. El Adolescente. Lluvia de fuego. Aparece el Sodomita.

Sodomita. ¿Algún camino sirve para salir?
La Ciega. ¿Quién eres que apareces con fuego?
Sodomita. ¿Tengo que decirte quién soy?
La Ciega. No. Perdona. Soy curiosa.
Sodomita. Tengo miedo.
El Adolescente. No eres nada excepcional.
La Ciega. ¿Vienes de lejos?
Sodomita. De Sodoma.
El Adolescente. ¿Qué es eso?
Sodomita. Una ciudad. A siete días de aquí. Ahora es un montón de piedras calcinadas.
El Adolescente. ¿Fuego?
Sodomita. Lluvia de azufre.
La Ciega. Otro castigo.
Sodomita. Éramos felices. ¿Tienen agua?
El Adolescente. Solo cuando llueve.
Sodomita. Me duele el cuerpo. Tengo hambre, sueño, sed…
El Adolescente. Duerme un rato. Sueña que comes y bebes.
Sodomita. No puedo. Me persiguen.
La Ciega. ¡Otra persecución!
Sodomita. Quieren castigarme.
El Adolescente. No eres nada excepcional.
Sodomita. *(Triste).* Estoy enamorado.
La Ciega. En otro mundo, sería motivo para un premio.
Sodomita. Alguien decidió que no es bueno estar enamorado.
El Adolescente. ¿A quién amabas?
Sodomita. A un hombre. Hermoso como un ángel. Era un ángel. Llegó una mañana…
La Ciega. No lo describas. Si estás enamorado, sé que era alto, con poco más de veinte años, pelo negro, ojos grandes, lejanos, boca perfecta.

Sodomita. ¿Lo conoces?
La Ciega. Todos nos enamoramos del mismo ángel.
Sodomita. No pude resistir.
La Ciega. ¡Quién puede contra un ángel!
Sodomita. Fui a la fuente. Hacía calor y tuve deseos de bañarme. Yo estaba desnudo. En Sodoma andábamos desnudos. Pensábamos que no debíamos privar a los otros del placer de admirarnos. Estaba allí, en la fuente, mirándome de un modo que no olvidaré nunca.

(*Música de órgano. Aparece El Ángel*).

El Ángel. ¡Muchacho, acércate!
Sodomita. ¿Qué desea, señor?
El Ángel. Mirarte.
Sodomita. Mire cuanto le plazca.
El Ángel. ¿Puedo tocarte?
Sodomita. Míreme y tóqueme. No para otra cosa nacimos.
El Ángel. ¿Sabes? Eres hermoso.
Sodomita. Me lo dicen y no lo creo.
El Ángel. ¿Quién te lo dijo?
Sodomita. Todos en Sodoma.
El Ángel. ¿Te dejas tocar?
Sodomita. Por supuesto. Si es verdad que mi cuerpo es hermoso, entonces es de quien lo desee.
El Ángel. Me gusta el color, la suavidad de tu piel.
Sodomita. Acaríciame.
El Ángel. Eres generoso.
Sodomita. No hay generosidad en entregar lo que no nos pertenece.
El Ángel. No eres dueño de tu cuerpo.
Sodomita. Nada puedo hacer con mi propio cuerpo. El cuerpo de uno es para otro.
El Ángel. ¡Mírame!
Sodomita. No puedo mirarlo. Algo en mi pecho quiere detenerme.
El Ángel. ¡El amor!

Sodomita. *(Horrorizado)*. No quiero saber nada del amor.

El Ángel. Es un sentimiento grande.

Sodomita. Si quiere, acarícieme, béseme, hágame suyo, pero no sea cruel.

El Ángel. Te voy a enseñar, el amor no mata. Déjame besarte. *(Besándolo)*. ¿Bebiste vino? *(Oliéndolo)*. Tu cuerpo huele a cabras, a olivo. *(Acariciándolo)*. En este pecho se amasa el pan; en esta espalda se escriben plegarias. Entrégate.

Sodomita. Es demasiado tarde para regresar. Voy dejando atrás el prado y la ciudad más bella para entrar en el desierto.

El Ángel. No hay desierto. Estamos juntos.

Sodomita. Usted tiene belleza sobrehumana.

El Ángel. La belleza es sobrehumana siempre.

Sodomita. No. Solo el hombre es bello. Dios es inaccesible. *(Transición)*. Déjeme ir. En mi casa esperan.

El Ángel. Voy a entrar en tu cuerpo.

Sodomita. Su crueldad también es sobrehumana.

El Ángel. Abre las piernas. Te voy a enseñar. El amor no mata.

Sodomita. Entre. Yo huelo a tierra y usted a nube. Venimos de lugares distintos.

El Ángel. Estoy entrando en tu cuerpo. ¿Qué sientes?

Sodomita. Se deshizo una montaña.

El Ángel. ¿Y ahora?

Sodomita. Otra montaña surge del mar.

El Ángel. Montañas grandes, gigantescas, duras. Rocas, volcanes.

Sodomita. ¡Está lloviendo fuego!

El Ángel. ¡Es el amor!

Sodomita. Sigue lloviendo fuego. La ciudad se estremece.

El Ángel. Voy a dejar mi vida en tu cuerpo. ¡Volcanes!

Sodomita. Se abre el cráter de la montaña. Lava ardiendo, lluvia de fuego.

El Ángel. Ya. Estoy en ti.

Sodomita. Desierto inmenso.

El Ángel. Se cumplió. Sodoma es un amasijo de cenizas y cadáveres.

Sodomita. ¡Quiero regresar!
El Ángel. Imposible. Sodoma no existe.
Sodomita. Nos iremos juntos.
El Ángel. Me voy solo. Tú te quedas.
Sodomita. ¿No iba usted a enseñarme que el amor no mata?
El Ángel. Aprende: el amor solo dura lo que la lluvia de azufre. Lo demás no es amor, sino hastío y troncos quemados.
Sodomita. ¿Qué hago? ¿A dónde voy?
El Ángel. A ningún lugar.

(El Ángel desaparece).

Sodomita. Llovió azufre sobre mí.
El Adolescente. Estás muerto.
Sodomita. Muerto, pero igual: quiero escapar.
La Ciega. Es tarde. Trata de dormir tu muerte.
El Adolescente. Nada haces en el mundo.
Sodomita. ¿Queda alguien?
La Ciega. Cierra los ojos, olvida.
Sodomita. Buen consejo para quien muere en paz. Yo estaba enamorado cuando encontré la muerte.
El Adolescente. Nada podemos hacer. El Ángel, tú, nosotros, una ciudad destruida, un camino de noche… Se trata del mismo hecho.
Sodomita. Llevo su vida dentro de mí. Adiós. Yo pensaba que la muerte era sinónimo de reposo. Si encuentran un ángel muy bello, abran los ojos. Cada vez que alguien se enamora, cae una lluvia de azufre.

(Los personajes desaparecen tras una lluvia de fuego).

Episodio vigesimotercero

Pelado al rape, en harapos, Job se castiga con disciplinas. Aparece La Serpiente.

Job. Maldito el día en que nací y la noche en que se dijo: ha sido concebido un hombre.
La Serpiente. Está bueno, Job. No quiero oír otra queja.
Job. Soy desgraciado. Perdí mis hijos, mis bienes, mi propia salud. Solo me queda la queja. Ahora vienes a decirme que sufra en silencio.
La Serpiente. No quiero que sufras en silencio, sino que conviertas el sufrimiento en algo útil.
Job. ¡Cállate! Sé por dónde vienes.
La Serpiente. Eres el típico caso de obediencia estúpida.
Job. Obediencia no, agradecimiento.
La Serpiente. ¿Qué agradeces?
Job. Ser lo que soy.
La Serpiente. Gracias a ti, a hombres como tú, que obedecen a ciegas, él es lo que es.
Job. No debe su poder a nadie.
La Serpiente. No seas tonto, Job, su poder se basa en nuestra debilidad.
Job. Soy su mejor servidor.
La Serpiente. Ni siquiera en los servidores confía.
Job. ¡En mí confía!
La Serpiente. ¡Vaya confianza! Confiaba en tu obediencia y tuvo que hacer una apuesta con el otro para probar tu fidelidad. ¡Hombre generoso!
Job. Quiso probar que yo le seguiría siendo fiel.
La Serpiente. No tenía que hacer gala de su mando cubriéndote de padecimientos, torturándote hasta dejarte en lo que eres.
Job. Los designios no se discuten. Es sabio.
La Serpiente. Está viejo.

Job. Vejez significa sabiduría.
La Serpiente. No siempre.
Job. Estás llena de veneno.
La Serpiente. Cuando tengo la razón me cubren de improperios.
Job. Sabes hacer dudar.
La Serpiente. La duda es el arma de los inteligentes. Estudia al hombre que no duda. Encontrarás un necio.
Job. Yo no dudo.
La Serpiente. ¡Necio!
Job. Comprende, si no creo en él, en quién voy a creer.
La Serpiente. En ti.
Job. No soy nadie. No sé vivir solo.
La Serpiente. La libertad es difícil. Cuesta adaptarse. ¡Ah, cuando aprendes, no hay poder que te encierre en una jaula! Sé sincero, ¿lo amas?
Job. Lo amé más que a mis hijos, que a mi tierra.
La Serpiente. Estás respondiendo en pasado.
Job. ¡Déjame!
La Serpiente. Lo tuyo no era amor, sino miedo. Llegó el momento de acabar. Óyeme: tú eres el hombre ideal. Dentro de un rato va a comer, opíparamente, los mejores manjares en su larga mesa. Luego, se tirará en la cama de plumas. Puedes acercarte. De ti nadie sospecha. *(Le da un cuchillo)*. Toma. Úsalo bien. Después regresa. Te daré mi mejor manzana.
Job. Tengo miedo.
La Serpiente. Peor de lo que vives no puedes vivir.

(La Serpiente sale).

Job. Señor, perdóname, te odio y no es mi culpa. Yo me creí feliz a tu amparo. Y tú jugaste con mi fe. Me llevaste a la ruina solo para probar tu poder. Perdóname. ¡Decidido! *(Levanta el cuchillo)*. ¡Puro acero! Voy a matarte. *(Otro tono)*. ¿Matarlo? ¿Podré acercarme sin que mis manos tiemblen? ¿Mirarlo sin sentir terror? ¡No! Bueno o malo es lo único que tengo. Demasiados años viviendo a su sombra para acabar de pronto con la sombra y que la luz me devore. Si lo matara, mataría mi historia, lo que soy. Perdónenme ustedes, los que tienen fe en mi odio. No voy a acabar con la creencia de toda una vida.

(Se clava el cuchillo en el vientre. Truenos y relámpagos, lluvia y viento).

Episodio vigesimocuarto

Los Sepultureros están bajo la lluvia.

Sepulturero 2. Se secaron los ríos.
Sepulturero 1. Habla bien, los mandaron a secar.
Sepulturero 2. Fui al pozo y encontré un hueco ciego.
Sepulturero 1. Dieron la orden para que secaran los manantiales.
Sepulturero 2. ¿Qué hacemos?
Sepulturero 1. Beber.
Sepulturero 2. No se fabrica cerveza. Envenenaron el vino. Antes había gacelas. Carne jugosa. Ahora no paramos de trabajar. El campo es un desierto de cadáveres que hay que enterrar.

(El Sepulturero 1 ahora tiene dos cálices. Tiende uno al Sepulturero 2).

Sepulturero 2. *(Bebiendo).* Buen vino. Tiene un ligero gusto a sangre.
Sepulturero 1. Es sangre con ligero gusto a vino. La sangre de los recién nacidos sabe a vino.
Sepulturero 2. Si tuviéramos carne...
Sepulturero 1. *(Le tiende un trozo de carne).*
Sepulturero 2. *(Comiendo).* Sabe a gloria.
Sepulturero 1. *(Comiendo).* La gloria es insípida.
Sepulturero 2. Animal tierno. ¿Gacela?
Sepulturero 1. *(Niega con la cabeza).*

SEPULTURERO 2. ¿Ternera?
SEPULTURERO 1. Una niña. Todavía no había cumplido el año.
SEPULTURERO 2. No sabe mal.
SEPULTURERO 1. En estos tiempos cualquier cosa sabe bien.
SEPULTURERO 2. Brindemos.
SEPULTURERO 1. Salud. ¡Porque siempre haya un muerto que enterrar!
SEPULTURERO 2. ¡Salud para nosotros, muerte para el resto!

(Música de órgano. Entra El Ángel. Los Sepultureros se turban).

EL ÁNGEL. *(Irónico)*. ¡Buen banquete!
SEPULTURERO 1. No, señor.
SEPULTURERO 2. ¡Dios nos libre!
SEPULTURERO 1. Recuperamos las fuerzas.
SEPULTURERO 2. Y con esta lluvia…
EL ÁNGEL. *(Bebiendo de un cáliz)*. ¡Excelente sangre! *(Comiendo de la carne)*. ¡Carne tierna! *(Otro tono)*. Ustedes saben que los banquetes están prohibidos. Es mito gozar hasta de lo repugnante. Vayan. La señora los espera.

(Salen los Sepultureros. El Ángel come y bebe lo que ellos han dejado).

EPISODIO VIGESIMOQUINTO

Aparece La Serpiente.

LA SERPIENTE. ¡Hipócrita!
EL ÁNGEL. Tú, maldita entre todas las bestias, no tienes derecho a llamarme hipócrita.
LA SERPIENTE. No tengo dos caras. Tú en cambio…
EL ÁNGEL. Cumplo un deber.
LA SERPIENTE. Vives prohibiendo placeres que gozas a escondidas.
EL ÁNGEL. ¡Qué sabes tú!
LA SERPIENTE. Lo que todos saben y nadie te dice por cobardía.

El Ángel. No hay cobardes, sino ciudadanos estoicos. ¿No oyes los aplausos?
La Serpiente. Cada aplauso es una bofetada reprimida.
El Ángel. ¡Con razón te expulsaron!
La Serpiente. Sabía demasiado.
El Ángel. ¡Cállate!
La Serpiente. Sí, silencio. Cualquier cosa se resuelve con silencio.
El Ángel. Te llevaré a la hoguera.
La Serpiente. Será un modo digno de terminar de una vez.
El Ángel. Cortaré tu repugnante cabeza y la mostraré. Será un buen escarmiento.
La Serpiente. Los hombres están hartos de sacrificios inútiles. Se nace para gozar. La vida se hizo para disfrutarla, aquí y ahora.
El Ángel. Tus palabras saben como tus manzanas.
La Serpiente. El placer es el principio y el fin de una vida feliz.
El Ángel. Si el cuerpo goza, el espíritu sufre.
La Serpiente. La mejor prueba de que mientes eres tú. ¿O el aforismo solo vale para los otros? *(Muestra una manzana)*. ¿La quieres?
El Ángel. Tu fruta está prohibida.
La Serpiente. Mírala: roja, grande, apetitosa...
El Ángel. No vas a engañarme con tu diabólica palabrería. Soy incorruptible.
La Serpiente. Da una mordida. Come.
El Ángel. Soy más fuerte, Serpiente.
La Serpiente. Está bien. Aquí la dejo por si cambias de parecer.

(La Serpiente deja la Manzana y sale. El Ángel come la fruta con avidez. El aguacero arrecia).

Episodio vigesimosexto

Al fondo, instrumentos de tortura donde hombres y mujeres son torturados. Casi en proscenio, La Madre hila.

La Madre. Esta rueca no sirve. Los hilos salen torcidos. *(Pausa breve).* Solo hay algo que me duele más que ver a un hombre sufrir: verlo gozar. Gozo, eres imperdonable. Cuerpo, estás hecho para la muerte. Cuerpo y espíritu, ustedes se contradicen. Mi hijo no se dio cuenta: yo quería lo mejor para él. ¡Nunca entienden! El día que vi a mi hijo escuchando música, por poco se me parte el corazón, ¡Qué mal anda el mundo! Esta rueca no sirve. Los hilos salen torcidos. Música, flores perfumadas, atardeceres... Regalos para el cuerpo. Sí, quemé jardines, talé árboles, sequé ríos, destruí ciudades. Tiene que haber un modo, que el hombre comprenda. ¿Y no se percatan de mi bondad? Si les quito la comida, el agua, si los hago sufrir es por hacerlos dignos de una vida más alta. No pueden entender. Aquí estoy para decirles: ¡esta es la vida verdadera! Los instrumentos de tortura no son para torturar; son para enseñar. Algún día –no muy lejano– verán el bien que represento. Yo no trabajo para ahora sino para el porvenir. Esta rueca no sirve. Los hilos salen torcidos. Perforo un cráneo para sacar la idea enferma, saco los ojos de un desgraciado para que se concentre en sí, para que nos acerquemos a la perfección. ¿Por qué el fuego? Para purificar. ¡Ay, qué arduo purificar! El dolor físico aclara la razón. El tormento del cuerpo es un acto de misericordia. Hambre, sed, medios de salvación. El espíritu se eleva. El estómago vacío levanta el corazón. Por cada hijo que se desvía de la senda correcta, sufro, sufro, sufro. ¡Y esta maldita rueca! ¡Sufro! ¡No sirve para hilar!

(Un relámpago ilumina fugazmente a La Madre antes del oscuro total).

Episodio vigesimoséptimo

No para de llover. El Hijo y El Adolescente están en el camino.

El Hijo. ¿Llegaremos?
El Adolescente. *(Se encoge de hombros).*
El Hijo. Debemos salvarnos.
El Adolescente. Estoy salvado. Me importa la ciudad que llevo conmigo.
El Hijo. Estás diciendo que el camino es inútil.
El Adolescente. Digo que la ciudad está aquí y que no nos habíamos dado cuenta.
El Hijo. No hay ciudad. Mira: un páramo.
El Adolescente. El páramo te oculta la ciudad.
El Hijo. La felicidad consiste en el placer. ¿Quién dijo eso?
El Adolescente. Yo.
El Hijo. Fue un filósofo antiguo.
El Adolescente. Yo soy un filósofo antiguo.
El Hijo. Eres joven, casi un niño. Hablo de un filósofo viejo, célebre, que vivía en un jardín.
El Adolescente. Soy viejo y célebre. Lo peor que haces es recordarme el jardín.
El Hijo. ¡Hace muchos años!
El Adolescente. Más de mil.
El Hijo. ¡Imposible!
El Adolescente. Si no lo quieres creer...

(Entra La Serpiente).

La Serpiente. No pierdan tiempo. El campo está lleno de hombres armados. Los vi y me arrastré rápida. Por milagro me salvé.
El Hijo. ¿Qué buscan?
La Serpiente. *(Señalando a El Adolescente).* ¡Matarlo!
El Hijo. Es filósofo. Seguro lo buscan para que aclare algún enigma.
La Serpiente. ¡Ingenuo!
El Adolescente. Quieren matarme: soy pernicioso.

El Hijo. ¿De qué te acusan?
El Adolescente. Grave: pensar.
El Hijo. Entiendo. Eres peor que un criminal.
El Adolescente. ¡Pensar! Mi cuerpo no se cansa ni envejece. Las buenas ideas –oye bien, las buenas ideas– no se cansan ni envejecen. ¡Pensar! Enseño a apreciar los placeres del cuerpo y del alma, y no desdeñó el vino ni la concupiscencia. Les digo a los hombres: sientan con el cuerpo, vean, toquen, huelan, saboreen y aprendan a estar a solas con su corazón. ¡No perdonan! Predico: ¡la vida es más importante que la muerte! Me persiguen, me expulsan, me cuelgan la campanilla de leproso. Les digo: vivan, sean felices; y responden: ¡muere!
La Serpiente. No pierdas tiempo, el enemigo está cerca.
El Hijo. ¡Huye!
El Adolescente. No. Estoy huyendo desde hace mil años.
El Hijo. Los demás te necesitan.
El Adolescente. Mis pies están sangrando, mis ojos se cierran. *(Se toca el pecho)*. Si tocas aquí, no oirás nada.
El Hijo. No tienes derecho a cansarte.
La Serpiente. Cada minuto es un minuto en contra.
El Adolescente. No tengo ánimos ni fuerzas. Huyan ustedes.
El Hijo. No podemos dejarte.
El Adolescente. ¡Vete! Cada cual a su propio camino.
La Serpiente. *(Arrastrando a El Hijo)*. Vamos. Para él es tarde. Ya los hombres están aquí.

(La Serpiente y El Hijo salen precipitados).

Episodio vigesimoctavo

Música de órgano. Aparecen El Ángel y Los Sepultureros.

Sepulturero 1. Es aquí.

Sepulturero 2. No cabe duda. El aire huele a leproso.
El Ángel. *(A El Adolescente).* ¿Quién eres?
El Adolescente. El que buscas.
El Ángel. Busco a un anciano filósofo.
El Adolescente. Las buenas ideas no envejecen.
El Ángel. No digas tu nombre, di una idea.
El Adolescente. «De todo cuanto la sabiduría nos ofrece para la felicidad, lo mayor es la amistad»[2].
El Ángel. Ya veo: eres peligroso.
El Adolescente ¿Quién es más peligroso, yo que hablo del placer o tú que hablas de la muerte?
El Ángel. Tú, porque mientes.
El Adolescente. Hablo del placer para liberar. Tú hablas de la muerte para dominar.
El Ángel. El hombre debe estar dispuesto al sacrificio.
El Adolescente. Vale la pena vivir, y vivir lo mejor posible.
El Ángel. Una muerte digna tiene recompensa.
El Adolescente. La única recompensa está en la vida.
El Ángel. ¿Cuál es la recompensa del placer?
El Adolescente. Toca un cuerpo hermoso, escucha una linda voz, da un beso en los labios que más te gusten y entenderás.
El Ángel. No quiero escucharte. ¡Corrompes!
El Adolescente. Estás lleno de odio. ¡Si conocieras el amor…!
El Ángel. Amo al mundo.
El Adolescente. El mundo no es nadie. ¿Amaste a alguien que suspire, que llore, que viva?
El Ángel. Tengo fines superiores.
El Adolescente. Lleva a tus labios un poco de agua fresca, asciende a la cúspide de la montaña, aspira el olor de los jóvenes que siegan el trigo, acuéstate con el hombre o la mujer que consideres más hermosos, deja que pongan la mano sobre tu boca y no hables. Serás otro.

---

[2] Epicuro, «Máximas».

El Ángel. Hay que perforarte el cráneo. La lepra invadió tu cerebro. No tienes salvación. *(A Los Sepultureros).* Aprisa, llévenlo, ábranle el cráneo.

(Los Sepultureros salen con El Adolescente. El Ángel despliega las alas).

El Ángel. ¡Amor! ¡Sueño! No puede haber nada hermoso en la segregación de una glándula, y en las imágenes de una masa nerviosa encerrada en la cavidad encefálica. Ahora mismo, en este instante, alguien tiene un bello sueño. ¡Hay que despertarlo! ¡Que despierten los que sueñan! ¡Que despierten!

Episodio vigesimonoveno

El Hijo en el centro de la escena. Comienzan a sonar campanas a las que se irán incorporando otros instrumentos hasta lograr una obertura festiva. Aparecen Adán, Eva, Abraham, Sara, Isaac, La Repostera, El Campanero, Job, La Mujer de Alabastro, El Poeta Cubierto de Dardos. Comen manzanas y beben. Alborozo. Luz vivísima.

Todos. *(A El Hijo).* ¡Bienvenido!
La Repostera. ¡Estás en la ciudad!
Job. Amaneció. Tenía que amanecer.
Eva. Mira al cielo. Nunca se vio azul como este.
Abraham. Aquel árbol… Tiene un verde tan intenso…
Adán. No había visto flores como estas.
Sara. ¡Y el aire! La brisa trae olor a azahares.
La mujer de alabastro. La brisa está húmeda, acaricia mi piel.
Isaac. ¡Mi cuerpo despierta!
El Campanero. ¡Vivo! ¡Oye, las campanas!
La mujer de alabastro. La felicidad da ganas de llorar.
El poeta cubierto de dardos. Allí, miren, el sol, la luz que no pensábamos ver.

Isaac. Los edificios son columnas de mármoles.
Eva. *(A Adán)*. Dime una palabra.
Adán. ¡Gráciles!
Eva. Las columnas se levantan gráciles.
El Poeta. Como encajes.
El Campanero. En cada esquina, un parque.
Sara. En cada parque un banco.
Abraham. Para el sueño.
La Repostera. ¡Las fuentes! ¡Oye la música!
Job. Por las fuentes no corre agua.
Isaac. Vino, rojo, espumoso, brota de los surtidores.
La mujer de alabastro. A veces llueve, la lluvia es dulce.
Adán. Llueve miel.
Sara. La comida es abundante.
Abraham. Regalo para el paladar.
El poeta cubierto de dardos. Mi cuerpo, tu cuerpo, el cuerpo de él.
Isaac. Mi boca.
El Campanero. Mis oídos.
Job. Mi olfato.
La Repostera. Mis manos.
Adán. Mis ojos.
Eva. Soy joven para siempre.

(Entran diez jóvenes: seis donceles y cuatro doncellas, réplicas exactas de los que han aparecido. Cada uno va al encuentro de su otro yo. Se establece una relación de espejo).

Eva. *(A Eva Joven)*. ¿Quién eres que tanto te pareces a la que fui?
Eva joven. Soy la que fuiste y la que serás.
Abraham. *(A Abraham Joven)*. Dame tu mano, me recuerdas tiempos dichosos.
Abraham joven. Soy tu imagen en la dicha para siempre.
Sara. *(A Sara Joven)*. ¿Podría rectificar los errores?
Sara joven. Tu vida en mí no tiene errores.

El Campanero. *(A El Campanero Joven).* ¿Sabes tocar primas, tercias, vísperas, cumplidas?
El Campanero joven. Mis campanas suenan mejor: soy enteramente feliz.
Job. *(A Job Joven).* No quiero que vuelvas para la destrucción y la muerte.
Job joven. Estoy en la eternidad. Olvídate de la destrucción y de la muerte.
La mujer de alabastro. *(A La Mujer de Alabastro Joven).* ¿Puedes bañarte desnuda en el río?
La mujer de alabastro joven. Me baño en un río inmóvil. Siempre me baño en el mismo río.
El poeta cubierto de dardos. *(A El Poeta Cubierto de Dardos Joven).* ¿Escribes?
El poeta cubierto de dardos joven. No lo necesito. Tú escribías para rectificar el mundo y yo vivo en un mundo rectificado.
La Repostera. *(A La Repostera Joven).* Los dulces, mis dulces, te enseñaré cómo se hacen.
La Repostera joven. Todo es dulce en mi estado de perfección.
Isaac. *(A El Otro Isaac).* Mi padre me asesinó. Le tengo miedo a la muerte.
El otro Isaac. Si alguien muere, no muere. Un descanso y la dicha de descansar.
Isaac. ¿Y el amor?
La mujer de alabastro joven. *(Besando a Isaac).* Siempre es correspondido.
Abraham. ¿Y el horror?
Abraham joven. Nadie odia.
Sara joven. Nadie envidia.
Job joven. Nadie tiene miedo.
El poeta cubierto de dardos joven. Nadie guarda rencor.
Adán joven. Nadie mira para traicionar.
Eva joven. Nadie desea lo imposible.
El Campanero joven. Por más que te explique, no entenderás.

El otro Isaac. La dicha no se explica.
Job joven. Se experimenta.
La Repostera joven. Y es suficiente.
Eva joven. *(Tendiéndole una manzana a El Hijo)*. ¡Pruébala!
El otro Isaac. *(Alcanzándole un cáliz a El Hijo)*. ¡Bebe!

(El Hijo muerde la manzana y bebe).

Episodio trigésimo

La luz se concentra en El Hijo. Silencio.

El Hijo. Señor, qué bien sabe tu manzana. Y tu vino, Señor, qué buenos tus viñedos. Ahora sé que estoy en tu lugar, en el lugar verdadero, en el que estás. Nos engañaron. Quisieron confundirnos. Pero la mentira es breve. Ya sabemos que el del jardín no eras tú, sino el demonio. *(Hablando hacia otro lado)*. ¡Demonio! ¡Qué fácil para ti vestirte de Dios! ¡Y qué crédulos somos! ¡Qué fácil para nosotros dejarnos engañar por el primero que traiga una promesa! *(Hablando hacia el otro lado)*. Perdónanos, Señor, somos hombres… Ya sabes, la esperanza. Debilidad de creer que todo el que viene, viene para salvarnos. No somos capaces de verle, debajo de la máscara, la sonrisa de demonio. Aquí, en tu verdadero lugar, brindo por el encuentro contigo.

(Un relámpago y se ilumina la escena. La Madre, que está en la rueca, se levanta. En proscenio baja, muy rápidamente, una reja).

La Madre. Conmovedor. ¿Terminaste?
El Hijo. Uno cree que termina cuando tú apareces.
La Madre. Te advertí. No hay huida. Siempre vuelves al punto de partida.
El Hijo. Está bien. Tampoco tú puedes tenerme.

La Madre. ¡Qué poco me conoces!
El Hijo. ¡Qué poco nos conocemos!
La Madre. Mi poder es eterno, inmutable.
El Hijo. Como siempre: ¡frases! Ya no conmueves. No tienes poder sino rencor.
La Madre. Mi poder dura lo que dure mi misión en la Tierra.
El Hijo. Misión que inventaste para ocultar tu afán de poder.
La Madre. ¡Soy tu madre! ¡Me debes lo que eres!
El Hijo. Te repites.
La Madre. ¡Me debes obediencia!
El Hijo. Confundes el miedo con la obediencia.
La Madre. ¡Te vas a arrepentir!
El Hijo. ¡Mírate al espejo! Tu cuerpo está enfermo, tu cerebro se confunde.
La Madre. Otras madres seguirán mi obra. Siempre habrá una madre dispuesta al sacrificio.
El Hijo. Siempre habrá un hijo dispuesto a acabar con su madre.
La Madre. Soy yo la que acabaré contigo. Y no lo hago con placer.

(Otro relámpago. Entran Los Sepultureros).

La Madre. Debo reconocerlo con dolor: mi hijo no tiene remedio.
Sepulturero 1. ¡Dé la orden!
Sepulturero 2. ¡Su palabra es ley!
La Madre. *(Desesperada. Con gran esfuerzo).* ¡Al fuego!

(Los Sepultureros atan a El Hijo a un poste y encienden la hoguera que lo hace arder).

El Hijo. ¡Nos engañaron, Señor! ¡Todo era mentira! ¡No nos culpes por haber creído! ¡Fuimos ingenuos! ¡Nos engañaron!

(Se alza la reja. La Madre va a proscenio).

La Madre. *(Llora).* ¡Al fuego! ¡Que arda! Lo mejor es el fuego, ¡purifica! El fuego es superior al agua. El agua solo quita las manchas visibles. El fuego conduce a lo mejor que somos, la ceniza. No te asustes, hijo mío, una hoguera es un acto de piedad.

(La hoguera cobra fuerzas. El Hijo desaparece entre las llamas. La Madre cae de rodillas. Truenos y relámpagos).

Primer final posible

El Hijo sale, transfigurado, de la hoguera. Su rostro resplandece y sus vestidos aparecen blancos. Solo él está iluminado. Sonando la campanilla y surgiendo de otra luz, aparece El Adolescente.

El Adolescente. Ya. Es suficiente.
El Hijo. No hace falta más.
El Adolescente. ¿Continuamos?
El Hijo. Es el camino quien elige.
El Adolescente. Falta poco. Estamos por llegar.
El Hijo. Hay que sembrar árboles y flores. El camino se ve demasiado árido. Debemos hacerlo más hermoso para los que vengan detrás.
El Adolescente. Cerca nace un manantial.
El Hijo. Y un árbol. El viento trae olor a sombra húmeda.
El Adolescente. *(Tiende la mano a El Hijo).* ¡Vamos!
El Hijo. *(Dando la mano a El Adolescente).* Mira: está amaneciendo.
El Adolescente. ¿Cuánto hace que no veíamos el sol?
El Hijo. *(Canta).* Noche eterna parecía
   que íbamos a sufrir
   Noche, tormenta, agonía,
   sin la esperanza de huir.
El Adolescente. *(Canta).* Pero amaneció. El jardín
   permite que el sol lo dore.
   Nunca hay noche sin un fin
   aunque cien años demore.

El Hijo. Daremos un banquete

(Se oye el trino de un ave).

El Adolescente. Alguien despierta.
El Hijo. Las nubes se alejan. ¡El cielo!
El Adolescente. El rumor del río que vuelve a correr.
El Hijo. ¿Están cantando?
El Adolescente. Ríen, juegan. Amanece y alguien despierta y canta.

(El Hijo y El Adolescente se alejan. La luz da intensa sobre un jardín. Los Nobles de la Corte de Luis XVI juegan, bailan, remedando el espíritu de un cuadro de Watteau).

Segundo final posible

Música de órgano. Entra El Ángel. La Madre aún en proscenio, es ayudada por El Ángel. Se incorpora.

La Madre. ¿Qué hora es?
El Ángel. La justa.
La Madre. Me duele saber que no veré más a mi hijo.
El Ángel. El dolor te hace grande.
La Madre. Lo sé puro, Ángel mío. Todo terminó.
El Ángel. La tierra es un hermoso desierto blanco. No hay posibilidad de que crezca la más pequeña impureza. La primera vez, fue un diluvio; la segunda, una lluvia de azufre. Esta vez, nuestras propias manos.
La Madre. Una misión enaltecedora.
El Ángel. Estás cansada.
La Madre. Cumplir un deber nunca me cansa.
El Ángel. Duerme.

La Madre. No. Hilar. Hilar. Aprender de lo que vi. Hilar. Esta rueca solo da hilos torcidos y yo quiero buen hilo, fuerte, seguro. No hay tiempo para dormir.

El Ángel. Vigila. Si algo anda mal, avisa. *(Comienza a elevarse)*. Yo vuelvo a mi lugar. Si te hago falta, sabes llamarme. Vendré enseguida.

La Madre. Pasó lo peor. No basto sola. Sube en paz y gracias por tu generosidad.

El Ángel. *(Elevándose más y más, perdiéndose en las alturas)*. ¡Que la desdicha te acompañe siempre!

La Madre. Sea siempre desdichada. Quiero ganar el descanso. ¡Adiós! Ahora a hilar. Hilar. Un hilo fuerte, resistente.

(La Madre se sienta a hilar. Un relámpago la ilumina breve).

Tercer final posible

(Lluvia torrencial. Aparece La Ciega).

La Ciega. Señor, ¿sabe si amaneció? Dicen que la noche será eterna, y aunque yo no pueda verlo, quiero que amanezca. Estoy perdida, cansada de caminar. Me dejaron sola, mis amigos se fueron no sé a dónde. ¿Por qué se irán los amigos? Comentan que destruyeron la ciudad. ¿Usted sabe si este camino tiene algún fin, si conduce a alguna parte? Me dijeron: «Al final del camino, después de esta noche…». Señor, estoy perdida, sin amigos, y tengo hambre. ¡Mucha hambre! Casi no tengo fuerzas. ¿No hay nadie? ¿Es verdad que no hay nadie? Pero si yo pido poco, yo solo pido un mendrugo de pan.

(La Ciega se sienta en el camino al tiempo que escampa y amanece).

1993, en La Habana

El dado Job
Ulises Cala

[1996]

Personajes

Job. Waki
Mujer
Tres fantasmas

Ruinas. Entra Job.

JOB. Soy Job. Tengo una nueva llaga, aquí, en la primera falange del índice derecho. Es igual a la del escroto, que ahora está verde y me parece que tiene un gusanito dentro. Es difícil asegurarlo, pero me imagino que está allí, lo siento moverse; no es escozor, no, es una sensación distinta; ya tendré que ocuparme de él alguna vez. Ahora el que me interesa es el gusano del ombligo; a ese lo he visto, es blanco, un blanco cremoso, sale un instante y se esconde otra vez; debo estar alerta. La primera vez que lo vi, yo estaba escribiendo el libro de Job. Miré y allí estaba como desafiando; quise capturarlo, pero nada, se escondió. Podría hacer un esfuerzo por cogerlo, pero tengo miedo de hurgar en la carne, es demasiado doloroso. No es lo mismo hurgar que soportar el dolor a secas; por eso los dejo quietos. Ellos terminan hurgándose a sí mismos y salen en eclosiones tristes. Todo está enfermo en mí, pero tengo los pulmones sanos y el aire limpio entra como una bendición. Eso no me ha sido quitado, por tanto, estoy a salvo de la destrucción total; sé que otro destino vendrá por mí y no me desespero, no maldigo, no reniego de todo lo que fui. Mis llagas son un juego de dados, una apuesta que la suerte me trajo por mi condición de hijo predilecto. Todos juegan en mí con sus dados cargados, apuestan por mi piel, por las magulladuras que debo soportar, pero yo tengo el aire, todo el aire; lo tengo como ayer tuve la mejor hacienda y tanto ganado que la vista se perdía hasta el horizonte, y tanto trigo que ocultaba el sol, y tuve hijos que celebraban banquetes y se convidaban a sus casas, hijos de los que siempre temí que maldijeran, porque a pesar de los banquetes podrían maldecir, y ofrecía holocaustos en su nombre para dejarlos libres del pecado de sus lenguas. La gracia estaba en mí; yo cuidaba de todo como solo el mejor de los hombres podría cuidar. Mis manos fueron remanso y mis ojos devolvían el vigor a los más cansados cuerpos. Toda la gracia estaba en mí; y de pronto los dados, la suerte del jugador sobre mi cabeza: los rebaños murieron, la tierra se secó en torno mío, los criados murieron todos y ninguno escapó para traerme la noticia, y mis hijos perecieron aplastados por el techo del primogénito o ahogados entre el polvo y los restos del banquete donde tal vez maldijeron. Esto no fue bastante y otra vez los dados, el grito de la apuesta, esta vez por mi carne y por mi piel, por el dolor-dolor. *(Entran los tres fantasmas)*. Ahí están ellos, son Elifaz, Bidad y Zofar, tres golpes más del mismo juego. Los alimento con mis llagas, son los amigos-enemigos; ellos me prestan su voces para que haya pluralidad en el silencio.

(Los tres fantasmas bailan alrededor de Job que marca el ritmo).

MUJER. Job, Job.

(Los tres fantasmas huyen hacia un rincón. Lluvia).

JOB. ¿Qué quieres, mujer?

MUJER. El aire está viciado, Job. Respiro tras de ti, voy con tus piernas y me ahogo. No puedo más, Job. Huelo humores y sangre enferma, despojos, líquidos rancios; me ahogo. Ya no tengo hijos, ni criados, ni las reces que tú tenías. Dentro de mí late una carne intacta todavía. Tengo la piel un poco ajada, pero sin úlceras, una piel como para bañar con leche de las mejores cabras. ¿Qué hago tras de ti, a dónde voy con la vida cansada y los años comiéndome? Ya he perdido bastantes cosas: la juventud, la risa, mi simiente. Hay otros hijos que esperan en el fondo de mí. De nada me sirves ni yo te sirvo ya. Acabemos de una vez.

JOB. Cállate, ingrata. ¿De qué malos olores hablas? Apestas a puta recién lavada, soy Job, eres mi mujer, calla y obedece, tiembla.

Saco de malos deseos. ¿De qué te ha valido cubrirte con mi cuerpo, vivir a mi sombra? Me desprecias ahora porque falta vino en la despensa. Controla tu mala voluntad y aguarda. Acabará la apuesta y todo me será restituido: las vacas, las ovejas, las casas, los criados. Tendrás simiente mía para regar en la tierra por toda la eternidad. ¿Qué más puedes esperar?

Mujer. ¿Qué me será restituido? Mis hijos son polvo debajo de las ruinas. ¿Acaso alguien va a devolvérmelos? Todo lo demás fue tuyo. Me alimenté de los restos del festín, me acosté en una cama que no era la mía y abrí las piernas como la mujer de Job. ¿Puedo esperar algo todavía?

(Termina la lluvia. Los tres fantasmas vuelven a bailar alrededor de Job).

Job. No soy Job. ¿Dónde están mis llagas? Tengo estas mujeres denudas y me recreo en sus cuerpos. *(Los fantasmas van sobre Job y juntos realizan juegos sexuales).* Senos de pan fresco amasados por manos milagrosas, muslos firmes, sexos húmedos que mi lengua invade. No soy Job, no tuve hacienda, ni animales, ni hijos ajusticiados en banquetes. Tengo un gran falo para mujeres de senos de pan fresco. Soy el que despierta de un sueño erótico en una mañana lluviosa, y va a su trabajo con fastidio. Su trabajo es amasar a tres putas podridas que le sorben los jugos y regresa a su casa desecho, con el corazón apagado entre las piernas. Allí se come una papilla sórdida y se acuesta pensando en los perros hambrientos. Despierta de un sueño erótico en una mañana lluviosa y va a su trabajo con fastidio. Su trabajo es amasar a tres putas podridas que le sorben los jugos y regresa a su casa desecho, con el corazón apagado entre las piernas. Allí se come una papilla sórdida y se acuesta pensando en los perros hambrientos. Despierta de un sueño erótico en una mañana lluviosa… ¡Soy Job, el hechicero Job! *(Los fantasmas se apartan de él, se toman de la mano y bailan).* Conozco el porvenir y espero el fin del juego. Los dados caen más lentos, se acerca el fin de la apuesta, todo lo tiene perdido el que apostó contra mí; no maldigo, nunca lo haré. Escribí la historia y conozco el fin de mi tiempo que es el fin de todos los tiempos. Moriré de una vejez copiosa entre la mierda de las vacas; después será un fantasma memorable, una mujercita impúdica que se masturba por los rincones si acaso no aparece otro Job, o que se revuelca con otras mujercitas impúdicas si acaso no aparece otro Job. *(Gran revuelo entre los fantasmas, gritos de alegría, el baile se hace más violento).* Ahora cuento mis llagas. Los gusanitos se asoman y se esconden, no puedo cogerlos y hurgar es más doloroso que sus mordidas. Ya viene el final del juego, ya la apuesta termina. *(Los fantasmas quedan quietos).* Aquí está el final, mírenlo todos, aquí está; los dados caen por última vez y todas las caras están en blanco. Este es el final de la partida. Todo será dicho de una vez.

(Pausa larga. Job espera).

MUJER. Job, Job.

(Los fantasmas corren a un rincón. Lluvia).

JOB. ¿Qué quieres, mujer?

MUJER. Qué asco, Job. Tengo las manos sucias de esperar. Te pudres y yo estoy a tu sombra. Me ahogo, apestas, ya no puedo soportar más. Maldice y muérete, Job.

JOB. Cállate, ¿qué dices, dónde están las pestes? No hay pestes, lengua del mal, cállate de una vez.

MUJER. No soporto más, estás podrido. Maldice y muérete, Job, muérete.

JOB. No voy a morir. El final…

MUJER. No habrá final, nunca hubo final. Tus llagas durarán hasta que dures tú. No tienes derecho, hay otro mundo aparte de tu sombra. Maldice y muérete, Job. Ya no tiemblo, la peste golpea mis sentidos y estoy loca, soy otro pedazo de mí misma que no había descubierto. No habrá final, tú bien sabes que no habrá final. No me callaré, he de gritar, aunque solo tú me oigas. No habrá otra oportunidad para mí sobre la tierra. ¿Puede importarme algo después que yo sea polvo? No se me irá la vida soportando tus llagas que, después de tanto respirarlas, ya son mías también. No soy la mujer de Job, soy una hembra con los muslos secos, soy todo lo que pude ser. Escúchame bien, Job, tus sombras me llenaron solo una parte estrecha; tuve orgasmos tranquilos que dejaron con vida la furia de mi vientre. Si algo se pareció a la felicidad, fue tu alegría, confundida a veces con la mía, pero nada más, y ahora huelo tus pestes. Bien pobre es la vida cuando no tienen ni miserias propias. Muérete, Job, porque si no te mueres, te mato yo.

(Combate entre la mujer y Job. Los fantasmas observan desde un rincón. Deja de llover).

JOB. Ha muerto la mujer de Job. Como soy tan pobre y tengo llagas, las plañideras estarán en silencio; se dispondrán de todas formas funerales según el rito y la costumbre. Debe correr la voz, algún pariente lejano podrá ensayar un dolor mal aprendido. Ha muerto la mujer de Job, inmaculada y limpia, con Job a su derecha y a su izquierda. Se impone contar la historia de la muerta: comenzaremos por un castillo entre las nubes, una fuente de aguas claras y pájaros policromos revoloteando en torno; el resto es conocido. La mujer de Job será sepultada en un lugar de Job, puesto que en él vivió hasta el fin de sus días. *(Dos campanadas. Pausa).* Yo también estoy sentado a la mesa del juego; pongo condiciones, reclamo mi lugar de semejante a Dios, tengo derecho a protestar por una moneda que no aposté. Final de la partida, basta ya. *(Los fantasmas van sobre él y comienzan a acariciarlo).* Lárguense, putas. *(Los fantasmas vuelven al rincón).* No soy un barco de pústulas a la deriva, llevo fuerte el timón y toco puerto. *(Pausa. Busca. Está muy cansado).* Soy Job, busco una mujer de vientre intacto y senos dispuestos a amamantar el mundo. Tengo todo lo posible y lo ofrezco como una garantía de mí mismo. *(Busca)*. ¿Dónde está la mujer? Le ofrezco todas las ventanas y una historia que podrá inventarse. *(Busca)*. ¿Es que no hay más mujer que la mujer de Job? ¿Quién responde? No hay nada, solo yo y mi mugre. No importa, todavía tengo el aire; el fin de la partida está cerca. No desesperarme, no maldecir.

(Los fantasmas han comenzado a bailar cogidos de la mano. Job, trabajosamente, se une a ellos).

(1992)

Yo, Judas
Gloria Maité Hernández Domenech

[2002]

Inspirada en la novela *I, Judas*, de Taylor Caldwell

Escenario a oscuras. Se escucha el sonido de las monedas. La voz de Judas cantando:

> No tengo padre por quien rezar,
> mi santa madre no me puede amar
> no tengo lecho, sueño, mujer
> soy el terrible hijo de Keriot.
> Santo, santo, santo,
> ¿adónde fuiste, qué querías de mí?
> Santo, santo, santo,
> si lo supiste, dime por qué, dime por qué me engañaste así.

(Con la canción de Judas se va abriendo la luz en el escenario, Judas está en centro-proscenio, vestido con una túnica clara sujeta por un cordón a la cintura, cuando termina su canción mira hacia adelante, pone sus ojos con tiempo en los ojos de los demás).

> Soy feo, *(se regocija)* pero tengo dinero, ¿qué más se le puede pedir a los romanos?
> Si mi padre me viera se removería en la tumba, si mi madre me viera, ¿lloraría? Nadie llora por Judas, todos quieren verlo muerto, el amor no es para él, la compasión no es para él. Nadie viene a perdonar a Judas para que le perdonen sus pecados. El perdón no es para él, la muerte, la muerte sí, y el olvido. No tendré hijos piadosos, ni mujer dócil. Judas. Judas.

(Mira hacia adelante, buscando un punto en el recuerdo, recuerda, es como si estuviera tratando de formar la imagen, hasta que el recuerdo llega y sonríe).

> Era bello. Dulce. Lo amé desde que lo vi. Sus manos se movían como si hicieran dibujos de oro en el aire. Sus ojos como palomas despiertas, sus labios…, una vez los sentí, aquí, en

esta frente. Sus brazos parecían dos soles saliendo detrás del Monte de los Olivos. Pero más, más bello que el hombre más bello, había algo en su piel que parecía no terminarse nunca, era como un brillo, como un esplendor suave que lo vestía, que lo protegía de mis manos. Pero más, más bello aún, su voz, *(trata de escuchar, rememora)*: «Judas, tú serás el instrumento, la vía para que yo llegue a mi Padre, tu nombre estará junto al mío para todos los tiempos...». Para todos los tiempos, para todos los tiempos..., su nombre será la luz, Judas, la sombra. Todos me engañaron. Lo entregué una vez y lo entregaría mil si volviera a ponerse ante mis ojos, soy Judas de Keriot, y ningún carpintero inútil va a poner su nombre sobre el mío, viva Israel y mueran los falsos Mesías. ¡Viva Judas, que liberó a su pueblo de la mentira y el error, viva el héroe de Israel, Judas de Keriot! Palabras, palabras, palabras, ¿qué pensaba hacer con tantas palabras?, así no se vence a Roma. Y me cansé, sí, Judas se hartó de tanta palabra y de tanta paciencia. La lucha, ¿dónde está la lucha del Mesías?
¿Dónde están las ciudades postradas a los pies del glorioso Israel? ¿Dónde está la muerte de los enemigos, la victoria del pueblo? ¿Dónde está el golpe?
(Escupe). La otra mejilla... *(Vuelve a escupir)*. A ver quién pone su otra mejilla para Judas. Fui el duodécimo, el último, no me miraba con amor como a Juan, ni con confianza como a Pedro, yo, el tesorero. El último. No había para mí más gloria ni esperanza, lo traicioné una vez y mil lo hiciera si vuelve a poner esa mirada de cinismo en mis hombros, nadie, nadie es más grande que el pobre Judas, solo yo tenía valor de enfrentarle, de abrir sus ojos cerrados a la realidad de Israel, siempre soñador, siempre hablando de un hombre que no existe, siempre esperando una señal que solo él veía. Mentira. Nos mintió a todos, pero todos, todos, le mintieron a Judas. Todos le hacían el juego para provocarme.

(Imitando, desdeñoso). «Maestro, toma esta silla, maestro, debes estar cansado, maestro, te juro obediencia para siempre, tú, solo tú eres el hijo de Dios», bastardos, hombres vulgares, la chusma revuelta que ni siquiera podría medirse con los animales de mi corral. Y yo, el único que había dejado algo de valor, el último, siempre el último, el criticado por todos, puesto en duda por el más grosero de esa manada de hombres. ¡Ah…, pero todos me recordarán, mientras duren sus días!
¿Quién dijo que su palabra era verdadera? ¿Quién dijo que yo también tenía que creerle como se cree en el Dios de Israel? Siempre negado a dar pruebas, no podía hablar con claridad, no podía llamar al agua «agua» y al hombre de pueblo «pecador», no, el agua era para él una bendición y el hombre vulgar era el hijo de Dios, nadie se preguntaba qué significaba todo eso, palabras vacías cayendo como opio sobre cerebros débiles. Pobre Israel, la elegida del Señor, desposada y olvidada como una novia fea, ¿qué será de ti, Israel, puesta en manos de farsantes, qué será de ti, tierra enferma?

(Se pone la capa roja y comienza a imitar a los romanos).

¡Fuego!, que ardan todos los sembrados, que no quede un grano de trigo maduro! ¡Fuego!, fuego contra los miserables, fuego en sus casas, fuego en sus templos ¡Fuego!

(Se quita la capa y la tiende ante sus pies, la contempla).

La sangre de los hijos de Israel cubre su suelo. *(Se tapa fuerte los oídos y cierra los ojos)*. Las mujeres buscan desesperadas en los montones de cadáveres, y caen, cae otra, una madre halla el cuerpo de su hijo, un pedazo de carne desnudo, más pequeño que su pecho, el cuerpo de la madre se desploma sobre el cuerpo del hijo y un soldado romano le aplasta la cabeza. *(Abre los ojos, mira de nuevo al manto rojo)*. Sangre es tu signo, Israel, sangre de tus hijos en sacrificio eterno, todas las tardes

en el templo, todas las mañanas en la puerta de Jerusalén. Cruces. Sangre. Odio.
La lucha, no hay otro camino que la lucha. Tanto odio en el fondo de las almas solo se apaga luchando, quemándolo con sangre del enemigo. La paz será el resultado de la lucha. ¡Lucha, Israel, y tu Mesías tendrá que ser un guerrero, el mejor guerrero para que guíe tus tropas a la victoria contra Roma! No un Mesías inútil, un guerrero de juegos de palabras, un tonto con una paz que ni él mismo conoce. Yo lo vi pasar junto a las víctimas, junto a las viudas y los huérfanos, yo lo vi sentarse a contemplar el espectáculo de la muerte de Israel y callar, y permanecer inmóvil mientras la muerte seguía corriendo. Parecía que no sentía nada. ¿Qué dolor es el que no va acompañado por el odio, por el deseo de cambiar? ¿Qué justicia es la que no defiende su derecho por encima de todas las leyes y todos los obstáculos, la que no pone al dictador en la horca y al soldado mezquino en su misma cárcel? Estabas equivocado, tú no podías ser el Rey de los judíos, ¿qué Rey es ese que no lucha con la espada en la mano por salvar a su pueblo de un tirano, que se sienta a esperar y a hablar de un camino que nadie puede ver? Yo no hice nada que no hubieran hecho los otros si no fueran tan miedosos. Yo hice lo que todos querían hacer.
¡Muerte!, ¡muerte al Rey de los judíos! Una muerte justa y que se salve si es Dios.

(Toma la soga de su cintura y se amarra las manos imitando a un prisionero).

Pero tú te quedaste inmóvil. *(Se desespera).* Dime, si estás en todas partes, dime por qué no soltaste la soga de tus manos, por qué no bajaste con todo tu poder y tu dignidad de rey las escaleras del palacio de Pilatos, dime por qué, yo estaba entre la multitud, *(se lleva las manos al pecho)* tenía un tambor en el corazón, golpes y golpes dentro de mi pecho, golpes en mi cabeza, yo te esperaba, porque creí en ti en ese momento como no había creído antes, te esperaba para que se cumplieran las escrituras, «el hijo de Dios volverá de la muerte…», dime, ¿por qué no sanaste tus propias heridas?, ¿por qué no cambiaste las espinas en tu cabeza por una corona de flores, por qué, Jesús, no lo hiciste por mí?

(Vuelve a amarrar la soga a su cintura).

Llueve sobre Jerusalén, los portales mojados, el fango, ¿dónde quedamos en vernos esta tarde?, ¿dónde vamos a tomar la cena? *(Se ríe frenéticamente).* En el cielo, tu cena está hoy servida en el cielo, ¿gracias a quién, Josuá?, ¿gracias a quién estás comiendo pan de cielo?
Si el Padre me creó, si puso en mí como en la tierra cada grano, cada deseo, ¿no vino de él también ese último deseo? Tal vez me abandonó, como a ti.
Te oí, hijo del hombre, tú no me podías ver, ni nadie…

(Toma la capa roja del suelo y se la pone en forma de capucha).

Olía mal, mucho sudor vulgar y mucha carne podrida con ajo. Los otros dos gritaban y se quejaban y maldecían, tú en silencio, como siempre, burlándote de mí. Pero te oí, te oí, «¿por qué me has abandonado?». Hubiera soportado cualquier cosa, pero si él te había abandonado, me había abandonado a mí primero.
Tú sentiste miedo y yo me sentía cayendo por un hueco negro y hondo, sin final. Si tú te sentías abandonado, ¿quién me había ordenado la duda?, ¿quién lo había organizado todo, para que fuera posible paso a paso?, ¿yo?, ¿yo solo? Tuviste miedo y quisiste poner el dolor sobre otros hombros, los míos. Quisiste que me quedara yo con la culpa, yo con el abandono, mientras tú resucitabas y te mostrabas a las mujeres y a los soldados. Yo no traicioné, tú me dispusiste a la traición. Tú y tu padre invisible me usaron, me engañaron y ahora continúan pidién-

dome más, exigiendo que mi nombre vaya, sí, para siempre junto al tuyo. «Fue traicionado por Judas..., fue traicionado por Judas...». ¡Yo no traicioné a nadie, ustedes me traicionaron! Ah..., pero la turba es ignorante, se deja engañar y seducir como bestias en un corral. Yo me convierto en el traidor y tú en el hijo del hombre. Me vienen a buscar con piedras en las manos. Gente vil.

Soy inocente como los leones, como los árboles espinosos que no tiene más culpa que haber brotado de la tierra, hiriendo las entrañas de la madre. Nadie me amó a mí. Tú mismo lo sabías y no me compadeciste, no levantaste tu palabra para advertirme, para decir: «No lo hagas, Judas, porque tu destino será terrible».

Y se hizo la voluntad del que lo ordena todo. Preparó su juego y yo tuve que ser el peor. Obedecí. Cumplí la orden.

(Vuelve a las monedas).

Una, dos, tres, treinta. Fui mal pagado para una misión sin precio.

(Se besa las manos).

¡Hipócrita!, ¡hipócrita! ¡Maldito Judas!
Soy feo, pobre, estoy solo, la muerte no me salvará.
¿Qué parte del juego toca ahora?
¡Que arda Judas, que se desangre!
¡Que todo el horror de esta tierra caiga ahora sobre mi cabeza!
Soy feo, pobre. Estoy solo. Solo.
La muerte no me salvará

(Toma la soga de su cintura y hace el lazo de horca, se vira de espalda, se lo echa al hombro. Sale de la escena caminando siempre de espalda al público. A medida que se aleja se oscurece la escena. Una música de salvación llena el espacio).

Daniel y los leones
Maikel Rodríguez de la Cruz

[2006]

Pórtico, epílogo y revisión
del original a cargo de John Marchena

Para John

Personajes

    Daniel
    John
    Silvia, madre de Daniel
    Pedro, padre de Daniel
    Jim, padre de John
    La Joven K, una muchacha que solo quería olvidar al novio
    Enfermera

Estructura

    Pórtico o Nota sobre el coma
    Voces cruzadas
    La ventana del cristal verde
    Cambio de suero
    La cena
    El foso
    Epílogo o Manuscrito

Pórtico o Nota sobre el coma

El estado de coma no es una enfermedad en sí, sino un síndrome, es decir, la expresión de una enfermedad subyacente. Esta condición mental pudiera ser comparable con un largo viaje que el paciente emprende sin seguridad de retorno. La persona que parece dormida es incapaz de despertarse y cuando el coma es muy profundo no asoma en ella ninguna respuesta al dolor.

Sin embargo, a pesar de la «no conciencia», los órganos de percepción del individuo se encuentran en constante actividad, probablemente alertas ante los estímulos o señales externos. El enfermo oye, es sensible a los cambios de luz, de calor o de temperatura, pero no puede procesar u «ordenar» esta información. En su modo de aprehender la realidad el caos resulta ineludible: el tiempo se dilata o se contrae sin avisar y las dimensiones del espacio parecen fundirse en un solo punto donde convergen rostros, gestos, olores, acciones proyectadas en un espacio pervertido y único.

Son extraños los testimonios de largas historias que «viven» los enfermos en esta suerte de escenario virtual. Aquí me limito a recoger una de estas historias, concretando las señales inconexas de un viaje contado al revés. Solo he tratado en algunos momentos de deslindar un posible «plano real» o vivencial del personaje, opuesto a los delirios o espejismos que lo acompañaron en sus últimos días. De este «plano real» quedan algunas hojas que adjunto al informe. De los espejismos, todo un universo de voces difíciles de alcanzar.

Voces cruzadas

Cuba, el cuarto oscuro y sucio de un hospital de provincia.
Suelo cubierto de pequeñas hojas verdes. Al centro, una cama donde Daniel duerme con un suero clavado en el brazo. A su lado, sentada, Silvia intenta no quedarse dormida. Al otro lado de la cama una silla vacía, debajo un orinal. La iluminación es muy tenue.
Entra John vestido de médico. A pesar de ser un hombre atractivo, dos cicatrices le desfiguran el rostro. Trae un ramo de flores. Solo habla con Silvia.

JOHN. Buenas.

(Jim entra vestido como un hippie de los setenta. Trae una cartera muy larga. Se recuesta a la ventana. Solo habla con Daniel).

JIM. ¿Qué hay, Daniel?
SILVIA. Umm, no esperaba que vinieras tan rápido.

(John va hasta ella, que lo saluda sin levantarse. Le da las flores).

SILVIA. ¿Para mí?
DANIEL. Buenas.
JOHN. Todavía recuerdo cuánto le gustan. *(Se acerca a la cama, observa a Daniel).* El telegrama no da muchos detalles.
JIM. ¿Estás bien?
SILVIA. Él quiso que vinieras. *(Pone las flores con cuidado en una mesita al lado de la cama).*
DANIEL. Mucho silencio.
JOHN. *(En susurro).* ¿Está dormido?
JIM. Todo no puede ser música.
SILVIA. Puedes alzar la voz. Lleva un mes así.

Daniel. ¿Dónde estoy? Me parece escuchar a John susurrando y mi madre le pide que hable más fuerte. ¿Dónde estoy?
John. ¿Qué dicen los médicos?
Jim. Estás en la sala ocho del Nazareno. Yo hubiera preferido un safari. Cierro los ojos, veo una sabana inmensa y el sol es insoportable.
Silvia. Se despertó el miércoles, dijo que te llamaran y se volvió a dormir.
John. Vine lo más rápido…
Silvia. Yo sé, yo sé.
Jim. El movimiento del Land Rover entre las piedras no me deja apuntar bien.
Daniel. ¿Vas a tirar?
Jim. En realidad, no sé. La bestia de lejos te mira, es tan elegante… Puedo halar el gatillo en cualquier momento.
John. Ocho años…
Silvia. El tiempo pasa rápido.
John. Siempre estuve al tanto. Cuando supe que él también estaba enfermo casi vengo. Marqué el número y salió Pedro: «Oigo».
Daniel. Un rostro muy familiar.
Jim. Cierro los ojos, tengo la cabeza en blanco.
John. Caí en la butaca y parecía que el teléfono se me había pegado a la oreja: «Oigo… comemierda». Y colgó.
Daniel. ¿De la universidad?
Silvia. Pedro murió un año después.
John. Lo supe. Yo los quise mucho a ustedes, eso no lo quita nadie.

(Silencio).

Jim. Dejé la universidad en el 73. Empezó el Servicio Militar y una noche en el parque decidimos dejarla porque era una mierda que obligaran a todo el mundo a ser militar. *(Riendo fuerte, tose)*. Libertad, ¡ah!… Éramos cinco y estábamos borrachos. *(Cantando)*. Come together right now, over me… Luego me metí a fotógrafo.

DANIEL. Me gustan las fotos.
JIM. Al principio era un negocio. Luego le cogí el gusto.
DANIEL. Hay una foto dentro de la *Biblia*.
JIM. Una foto tamaño postal que le regalé a John antes de irme.
DANIEL. Jaime… el padre de John.
JIM. Así me dice mi hermano. Me gusta más Jim.
SILVIA. Regresaste.
JOHN. No, vine porque Daniel mandó a buscarme.

(*Silencio*).

JIM. De tanto tiempo con el dedo en el gatillo se me acalambra. Si el yipi se sigue moviendo la foto no va a quedar bien.

(*Jim va a tirar una foto y apunta como si tuviera un arma. Daniel espera*).

JIM. Si Silvia no se corre un poco a la izquierda no va a salir.
DANIEL. No tenemos fotos juntos.
JIM. *(Señalando la cartera)*. Aquí están.
DANIEL. ¡No tenemos fotos juntos!
JIM. La primera es de cuando fuimos a Matanzas, en la segunda Pedro y Silvia cumplían veinte años de casados… *(Se la muestra)*. ¿Ves? Tenías la cara malísima…
DANIEL. Está bien, dámelas.

(*Jim le pasa las dos fotos, Daniel las observa y las rompe. Jim saca otra foto y otra y otra, las riega por el suelo*).

DANIEL. Está bien, ¡para!… ¡Para!
JIM. Puedo irme cuando quieras.
DANIEL. Vete.
JIM. Pero las preguntas no se irán.
SILVIA. John, tenía que encontrarte, aunque Pedro se levantara de la tumba.
JOHN. *(Extrae de la cartera una foto, se la muestra)*. Esta es mi niña. Tiene cuatro años y es Piscis igual que tú. Ella trajo el sobre

hasta el comedor y Raquel estaba haciendo la comida. Cuando vi la dirección me tranqué en el baño. No quería que supieran. No saben nada de lo que pasó aquí.

SILVIA. Cuando la muerte de Pedro esperé verte en el cementerio.

JOHN. No pude ir.

SILVIA. Él fue tu padre.

JOHN. *(Tocándose el rostro)*. Al menos eso dijo.

DANIEL. Tengo miedo.

JIM. Claro, vas a morirte.

DANIEL. El mar está lejos. Desde la casa donde John y yo vivíamos en Versalles, se veía el mar. Él a veces llegaba tarde y yo lo esperaba en el balcón mirando la luz del faro que recorría el agua negra.

JIM. El mar de noche es terrible. Tanto espacio a donde ir y no puedes soltarte del pedazo de goma que te queda. La libertad es una mierda.

JOHN. A veces pienso que estoy muerto.

DANIEL. ¿Pensaste en John?

SILVIA. No, John, no estás muerto.

DANIEL. Tu hijo estuvo tres días cayéndose de hambre.

SILVIA. ¿Yo no significo nada?

JIM. Pensé en un safari.

SILVIA. Dime, ¿no soy nada?

(Silencio).

JIM. Cerré los ojos, solté la goma, me dejé caer: silencio y oscuridad. Debajo de mis pies siento la arena caliente de la sabana. Cerca de mí un cachorro de león lame las patas de otro león que se han ido comiendo los buitres.

DANIEL. John te esperó en el sillón más grande de la sala.

JOHN. Tú solo mirabas, Silvia.

SILVIA. No podía moverme.

JIM. Un país te mata lentamente, tu hijo te mira a la cara y no puedes decirle que te vas y lo dejas solo.

DANIEL. Jim, ¿qué se siente…?
SILVIA. Pudieras venir a verme algún día.
JOHN. No lo creo.
DANIEL. ¿Qué se siente cuando abres los ojos?
JIM. Luz. Mucha luz. ¿Podemos empezar?

(Daniel asiente).

LA VENTANA DEL CRISTAL VERDE

El suelo sigue cubierto de pequeñas hojas verdes. John juega al descuido con soldaditos regados por el suelo. Conserva la bata de médico. La cama de la escena anterior ha desaparecido. Solo queda, en un costado, Silvia dormida en su silla. Daniel entra arrastrando el suero con su traje de hospital. Permanece de pie observando a John que mira a su vez la cama invisible. Muy al fondo se escucha una canción cristiana.

DANIEL. Sé que me estás mirando.
JOHN. Estabas despierto.
DANIEL. Por el día despierto, por la noche despierto. Y si digo algo me meten más pastillas. Entonces tengo que luchar en serio para no irme durmiendo. Al principio decía: no puedo dormir, no puedo dormir. La cabeza en un hueco. Oía voces. Desde entonces no paro de oírlas. Abro los ojos y ahí está mamá leyendo, haciendo un crucigrama, las luces blancas del hospital. Abro y cierro los ojos. Mamá carga una cuchara de Novatropín porque me voy en mierda por la tanda de chocolate que me di en la fiesta del CDR. La luz, veo la luz verde que entraba por la ventana de cristales verdes que había en mi cuarto, el olor verde de las matas del patio. ¿Te acuerdas de las fiestas del CDR? Una mesa larga llena de platos que todos traían para que todos comiéramos, y si se acababa había más. Con la barriga llena se puede ser socialista, decía el cura.

Entonces viene mi papá borracho, me coge con las manos llenas de chocolate y me acuesta desnudo en la cama porque los chocolates no son para mí solo: «Daniel, ¿qué pasa con los demás niños que también quieren?» ¡Compartir, compartir... Compartir! Entonces el Novatropín baja hasta el estómago y mi madre me regaña: «Bueno que te pase». Soy un gordito desnudo llorando en la cama, con la pinguita chiquita como si estuviera llorando también. Tú venías, John, me traías los libros de pintura porque hasta fiebre me daba del regaño y de tanta mierda saliendo, una llave abierta, ciérrala por mí que me cago si me levanto. ¿Ves?, no tiene sentido. Cuando aquello tú todavía no habías llegado al barrio. Nada tiene sentido. Ojalá hubieras estado allí, ojalá estuvieras aquí ahora. Hace ocho años que no te veo y quiero verte, John. ¿Estás aquí o te inventé?

JOHN. Aquí estoy.

DANIEL. Claro, si te hubiera inventado dirías igual algo parecido. ¡Qué manera de joder! No tomo una pastilla más. *(Riéndose fuerte. Tose)*. Al final es lo mismo, duermes mucho, o no duermes. Pero siempre el hueco negro y las voces. Tengo miedo de tocarte y que mi mano pueda atravesar fácilmente tu cara.

JOHN. *(Llorando)*. Puedes tocarme.

DANIEL. Estoy mejorando, cada vez es más real. Por la madrugada cuando la vieja se duerme echo un vistazo por la ventana: veo el exterior, el cristal verde de mi ventana, la mesa enorme llena de platos en la fiesta del CDR. Mamá lleva un flan de calabaza, lo planta en la mesa y se mete en la casa porque Pedro está borracho y a ella no le gustan los papelazos. No me mires así. Puedo creer que realmente estás ahí. También pudiera irme por la ventana. Una vez me fui por la ventana.

JOHN. Mandy me lo dijo.

DANIEL. Ese maricón. Sigues hablando con maricones. ¿Qué te dijo?

JOHN. Que te habías saltado.

Daniel. Es igual. Aquí estamos y si me pusieras un yate lleno de putas no lo cambiaría por media hora de mirar por la ventana mientras la vieja está dormida. ¿Dijiste que tenías una niña? *(Se ríe)*. Si no lo dijiste no importa, ya lo sabía. *(Tose con fuerza).* Cojones, no me puedo reír. Tienes una foto, ¿puedo verla?

John. Vine porque tenías algo que decirme.

Daniel. No tienes que ser tan duro.

John. No soy duro.

Daniel. Mandy me dijo que las cosas te han salido bien. Me trajo un librito tuyo, la vieja le puso un forro de periódico para qué no se viera el nombre. *(Silencio)*. No, eso fue hace tiempo. Papá está muerto, ¿no? Aunque pudiera estar vivo. Ayer se sentó donde tú estás ahora. ¿Ves lo que da hablar con maricones? Terminas leyéndote cualquier mierda.

John. Lo siento.

Daniel. Buhh, viene Pedro. ¡Viene Pedro! ¡Viene Pedro! Papá, papá, llegó uno nuevo al barrio.

John. No quiero problemas.

Daniel. Estás ahí, sentado, jugando en silencio, en el portal de tu tío… Sí, también el cura estuvo sentado ahí. Buena gente tu tío, mucha paciencia, muchos libros.

John. Daniel, no hay tiempo.

Daniel. Claro… Yo venía a ver si te sacaba algún soldadito. Tú estabas ahí sentado, mirándolos, porque ya me habías visto y sabías que algo me traía. ¿Recuerdas?

John. *(Niño de once años)*. ¿Qué miras?

Daniel. *(Niño un año mayor que John)*. ¿Eres el nuevo?

(John toma interés en el juego con los soldaditos).

Daniel. ¿Cómo te llamas?

John. John.

Daniel. ¿Eso es un nombre chino? No… *(Se ríe)*. Traías el short de la escuela todavía.

(John se quita el pantalón, debajo trae un short rojo escolar).

DANIEL. No, es el nombre de un cantante. En español es José… No. En español es Juan, ¿o José? José-José-José-José. ¿Vives con el cura? Pedro oía a John-John y tu papá a José Lennon.

JOHN. Él no es cura.

DANIEL. ¿No? Los curas son los que rezan y van a la iglesia. Él es un cura.

JOHN. ¿Tú vas a la iglesia?

DANIEL. A mí no me dicen mentiras.

JOHN. En la iglesia nadie dice mentiras.

DANIEL. Ahí pensé darte un gaznatón, agarrar los soldaditos y dejarte llorando. *(Lo mira fijamente).* ¿Estás enfermo?

JOHN. No.

DANIEL. Si estás enfermo no hay problema.

JOHN. Yo-no-estoy-enfermo. *(Mordisquea con furia un soldadito. Escupe un pedazo).*

DANIEL. Debes estar en sexto.

JOHN. Séptimo.

DANIEL. Estamos en la misma aula. Yo me llamo Daniel.

JOHN. *Daniel y los leones.*

DANIEL. ¿Qué?

JOHN. Tu nombre lo sacaron de la *Biblia*.

DANIEL. No lo sacaron de ningún lugar. Mi tío se llamaba así: Daniel. Lo mataron en Angola.

JOHN. Daniel creía en Dios y por eso lo echaron a un foso con cien leones que tenían tremenda hambre y salió vivo.

DANIEL. *(Ríe).* ¿Quién se cree eso?

JOHN. Cállate.

DANIEL. ¿Qué es el cura tuyo?

JOHN. Él no es cura, es un pastor y un pastor es como un padre.

DANIEL. ¿El cura es tu papá? *(Se ríe).*

(John para de jugar, muerde con más furia otro soldadito. Lo hace pedazos).

Daniel. Me voy.

(Daniel da unos pasos, pero permanece cerca).

Daniel. Si te vas a comer otro soldadito regálamelo.
John. Recógelo.
Daniel. Está babeao.
John. Límpialo.

(Daniel lo ignora. Saca de uno de los bolsillos de su batón un trompo, lo enrolla lentamente. John lo observa encantado).

Daniel. ¿Sabes jugar? No sabes jugar nada. *(Daniel lanza el trompo, lo recoge con la mano).* Ven, cógelo. Apúrate. *(El trompo termina de bailar y cae cerca de John).* ¿Ves?, no sabes.

(John va a cogerlo).

Daniel. ¡No lo toques! *(Lo recoge).* Aquí nadie toca el trompo de nadie, ¿oíste? Además, para qué. *(Realizando los pasos).* Primero pones recta la pita. Después lo envuelves. La pita en la punta tiene que ir más dura…
John. No te pedí que me enseñaras.
Daniel. Estoy hablando solo.
John. Los locos hablan solos.

(La música cristiana que ha estado de fondo sube).

Daniel. Es mejor estar loco a que venga un cura y te diga mentiras.
John. ¿Quién te dijo?
Daniel. A todo el mundo le dice mentiras. En la cuadra nadie le cree. Antes de que vinieras, yo y dos más le rompimos los cristales a pedradas. ¿Tú ves ese hueco de ahí?, ese fui yo. Cuando la policía llegó ya nos habíamos perdido. *(Riendo).* El cura estaba rojo y se puso a decir cosas del gobierno y al final casi lo meten preso. Todos los curas deberían estar en la cárcel, o mejor, que se vayan, que nos dejen solos. Ahora lo sabes y no vas a abrir la boca. Dilo: no voy a abrir la boca.

JOHN. Voy a decir lo que me dé la gana.

(Daniel suelta el trompo y se le encara).

JOHN. Mi tío no se mete con nadie.
DANIEL. Es un paquetero. Mi papá lo dice.
JOHN. Mentira.
DANIEL. Los militares no dicen mentira.
JOHN. *(Rápido).* Mentira, mentira, mentira...
DANIEL. Te voy a romper los dientes.

(Van a pegarse. La música, que hasta ese momento se ha mantenido de fondo, cesa).

JOHN. Espera, mi tío viene.
DANIEL. ¡Pendejo!

(Voz del cura: «John»).

JOHN. ¿Ves? No me deja quieto.
DANIEL. En la escuela lo arreglamos.
JOHN. No te vayas.
DANIEL. Eres un mierda, quieres que me coja.
JOHN. Espera. *(Asomándose al fondo).* Quitó la música para dormirse.

(Se vuelve a poner en guardia. Daniel por un momento lo imita).

DANIEL. *(Relajándose).* Deja eso. Mi papá no cree ni en su madre, pero no dice nada del cura. Lo inventé.
JOHN. Yo no tengo miedo.
DANIEL. La próxima vez te invitamos a tirar piedras.
JOHN. Si quieres los soldados puedes cogerlos. No me gustan.
DANIEL. *(Tomando uno).* Parecen de verdad. ¿No tienes cañones?
JOHN. Tengo.
DANIEL. ¿Tanques?

(John asiente).

DANIEL. Yo vivo en la casa de la esquina. Te pasas el día aquí sentado.
JOHN. No me gusta adentro.

DANIEL. ¿Vas a estar mucho tiempo?

JOHN. No sé.

DANIEL. ¿Por qué el cura te vigila?

JOHN. ¿Tú eres policía?

DANIEL. Na, cuando yo era chama había una mujer en la bodega que me decía que yo iba a ser limpiapisos. Yo me encojonaba y le decía que iba a ser *sheriff*. Ella seguía jodiendo y yo le sacaba el rabo. Todos en la bodega se reían. Pedro, mi papá, es capitán.

JOHN. ¿Tú vas a ser militar?

DANIEL. No sé. Me gusta la música. Aunque lo que más quiero es tener veintipico. ¿Nunca has visto una mujer desnuda? Yo he visto fotos, pero quisiera tenerla ahí mismo. Te puedo enseñar las fotos. Son viejísimas. Pedro las guarda debajo de la cómoda.

JOHN. ¿Tu papá tiene de esas?

DANIEL. Sí, todos los hombres tienen. Él no sabe nada, si se entera me muele. A veces cuando viene de la guardia y mi mamá está en la cocina las coge y se tranca con ellas en el baño. Yo le toco en la puerta, o me pongo a hablar muy alto con la vieja en el cuarto de al lado. Así seguro le cuesta más trabajo. Que se joda.

JOHN. Yo he visto pinturas.

DANIEL. La pintura no es igual. Bueno, las pinturas… ¿Las tienes ahí?

JOHN. No.

DANIEL. Seguro no te gusta eso, te la pasas leyendo y rezando. No sabes jugar trompo, ni has visto nada. Todo el mundo lo sabe, a los curas no les gustan las mujeres.

JOHN. Yo no soy un cura. Había una pintura de una mujer desnuda saliendo de la playa. Era rubia y tenía el pelo larguísimo.

DANIEL. Me gustan las rubias. John, ¿quieres que te cuente algo? Entre las fotos de las mujeres había tres de hombres también desnudos. Yo no entendí pero supuse que era normal que mi papá las tuviera allí. Pero no eran hombres metiéndosela a las mujeres de las otras fotos. Eran hombres, hombres solos mirando.

JOHN. La mujer del pelo larguísimo miraba hacia mí y se tocaba.
DANIEL. ¿Cómo va a mirar hacia ti? Yo sabía cómo un hombre puede mirarte a los ojos. Pero las mujeres no. Ellas te enseñan las tetas, el culo macizo y blanco. Los ojos no. Te enseñan la boca, los dientes. Y se supone que eso baste.
JOHN. Si tú las vieras también te mirarían.
DANIEL. ¿Se tocaba?

(*John asiente e imita* El nacimiento de Venus *tocándose el pecho y la entrepierna*).

DANIEL. No hagas eso.
JOHN. (*Sigue el juego, acercándose*). ¿Quieres que te enseñe una cosa?
DANIEL. ¿Estás loco o qué?
JOHN. ¿No quieres?
DANIEL. ¿Estás loco o qué?
JOHN. ¿No quieres?
DANIEL. ¿Estás loco o qué?
JOHN. ¿No quieres?
DANIEL. (*Cantando*). *Love is real, real is love, love is asking, love is asking, lovvve isssisss aaaskkkkinnng...* El disco de Lennon que me regalaste se rayó en su mejor parte. Pedro lo quita, me da un bofetón y dice que si quiero que lo boten del ejército.
JOHN. ¿De verdad no quieres que te enseñe una cosa?
DANIEL. ¡No jodas!
JOHN. (*Riéndose mucho*). ¡Qué cara!
DANIEL. Pa la próxima te la rompo. No te rías más, ¡ya!
JOHN. Me caes bien. Papá jugaba así conmigo cuando me enseñaba las pinturas. Había una de tres mujeres desnudas...
DANIEL. ¿Tres mujeres?
JOHN. Iban bailando y un hombre con unos cuernos las miraba desde unos árboles. Papá se escondía como el hombre de los tarros y me ponía a bailar.
DANIEL. Tu papá está quemao.

(Silencio).

JOHN. Mi papá se llamaba Jaime. Todo el mundo le decía Jim. Él también tenía nombre de cantante.
DANIEL. Jim es el que más viene a verme al hospital.
JOHN. Se metían en el cuarto del fondo a oír música en inglés. A veces venían con él algunos amigos y fumaban mucho, reían mucho. A veces no me dejaban entrar.
DANIEL. Me gusta conversar con él. La próxima vez que venga te aviso para jugar los tres y que Pedro mire desde los árboles.
JOHN. Papá no va a venir.
DANIEL. Se perdió sin avisar y te dejó solo en la casa. Pasaron tres días y el vecino de al lado te sintió llorando. ¿Dónde está tu papá?
JOHN. Esperé tres días en el sillón más grande de la sala.
DANIEL. *(Como Jim).* Ya mi *beatles* está grande... un día lo vas a entender.
JOHN. ¿Qué tengo que entender, papá...?
DANIEL. *(Como Jim).* La vida no puede ser solo esto... *(Sonríe).* No puedo morirme sin ver la nieve.
JOHN. Lo único que veía era el círculo grande de madera con la pata de gallina en el centro...
DANIEL. *(Cantando como Jim). And you may say I'm a dreamer, but I'm not the only one...*
JOHN. Hasta que lo rompí a patadas.
DANIEL. Yo no te vi, no te veo ahora.

(Silencio largo).

DANIEL. John, ¿dónde está Jim?
JOHN. *(Casi al llorar).* No sé. Nunca supe.
DANIEL. *(Abrazándolo).* ¿Somos amigos?

(Caen las luces).

Cambio de suero

Luces muy intensas. En el centro la cama de Daniel. Silvia sigue dormida en su silla. John, muy cerca de Daniel, parece como si lo escuchara. Entra la Enfermera.

ENFERMERA. *(A Silvia)*. Buenas tardes, ¿cómo pasó la noche?
JOHN. Está dormida.
ENFERMERA. Disculpe... Es que a usted no lo vi. *(Se acerca Daniel. Revisa una tablilla que lleva en la mano)*. ¿Es un familiar?
JOHN. No.
DANIEL. Llegó la puta. Mírala cómo te mira. Puta-puta-puta-puta.
ENFERMERA. No es horario de visita, ¿cómo entró? ¿Es médico?
JOHN. Psicólogo.
DANIEL. Un mentiroso, pudiera ser John Lennon.
ENFERMERA. ¿Era paciente suyo?

(John niega).

DANIEL. ¿O Scott McKenzie? *(Cantando)*. If you going to San Francisco/ you should be wear/ some flowers in your head... *(Ríe, se ahoga de la tos)*.
ENFERMERA. No puede estar aquí. *(Toca a Daniel, revisa la aguja, las sábanas)*.
DANIEL. ¡Que no me toque! No dejes que me toque.
JOHN. Me voy enseguida.
ENFERMERA. ¿Amigo suyo?
JOHN. Sí.
ENFERMERA. Para la visita falta menos de una hora.

(Daniel tararea la misma canción que cantó anteriormente).

JOHN. Estábamos conversando y se durmió. Solo estoy esperando a que se despierte.
ENFERMERA. Pobre mujer.
JOHN. No soy de aquí, más tarde no tengo en qué irme.
ENFERMERA. Enfrente hay un hotelito donde puede pasar la noche.

JOHN. He recorrido casi trescientos kilómetros para verlo diez minutos. Diez minutos y me voy. Por favor, no la despierte.
ENFERMERA. *(Apunta algo en la tablilla).* Lleva días sin descansar.
DANIEL. ¿Quieres un espejo, John?

(La iluminación baja hasta una penumbra rojiza. John saca un cigarro de su bata y lo prende. Fuma despacio. La atmósfera va cargándose de humo).

ENFERMERA. No puede fumar.
DANIEL. Con esa cara ya no es igual.

(La Enfermera toma el pulso de Daniel).

JOHN. *(Esconde el cigarro).* ¡Cómo se me ocurre!
ENFERMERA. Diez minutos, no más. *(Sale).*
JOHN. Daniel…

Caen totalmente las luces. Suave entra la canción «The End» de The Doors. John tararea la canción, pone la bata en el suelo, se recuesta sobre ella, es feliz. La luz descubre a Daniel, que trae a la Enfermera en estado de coma alcohólico, ahora es La Joven K. John y Daniel ríen al verse.

DANIEL. Aquí no hay puertas. Si hubiera puertas hubieran sonado ¡plaff! al abrirlas de una patada igual que tu cuarto del pre. ¿Fumando de la buena, no? Te ríes.
JOHN. ¿Qué tiras al agua?
DANIEL. Lo que recuerdo mejor es el pelo largo, la sonrisa y el silencio. El silencio como el humo lento, subiendo, quedándose en el techo para luego expandirse hacia abajo, sin gravedad, sin vergüenza. En la taquilla del cuarto el grabado enorme de Liechtenstein nos mira: *We rose up slowly, as if we didn't belong to the outside world any longer, lake swimmers in a shadowy dream who didn't need to breathe.* La gigantesca boca de ella, la boca de él arriba, el fondo azul que te deja sin aliento. John, aguanta la respiración por mí, cuenta despacio hasta diez. Espero. Pude haber dicho «ven», pero me quedo callado, te observo y no respiro.

JOHN. ¿K?
DANIEL. Sí.
JOHN. Les poníamos letras a las mujeres que iban al cuarto.
DANIEL. Siempre te gustó y ahora estaba aquí, mirándonos con esa cara de vaca dentro de un cine, pero da igual, un regalo. ¿Te gustan los regalos? Aquí está la *Biblia* que me dio tu tío. En el pasaje de Daniel dentro del foso hay una foto de las de Pedro.
JOHN. *(Como Pedro)*. ¡Daniel, me falta una foto! ¿Dónde la metiste? Fuiste tú, ¿dónde está la foto?
DANIEL. *(Arrodillándose)*. Aquí, aquí está, papá. No me mates, aquí está, en la *Biblia*.

(Daniel le muestra a John los senos de La Joven K).

DANIEL. Déjame tocarte la cara, John. Todavía recuerdo la sangre. No preguntes. Esa boca, no preguntes. *(En susurro)*. La boca de John de tan roja parece como si siempre estuviera sangrando.
JOHN. ¿Cómo...?
DANIEL. *(Apretando los senos de la Joven K)*. ¿Vas a hablar o qué?
JOHN. Tápale eso.
DANIEL. No jodas.
JOHN. Me pasé el día pinchando, estoy hecho tierra...
DANIEL. Ven.
JOHN. ¡Fue tu novia, cojones!
DANIEL. Siempre te gustó, ven.
JOHN. ¡Hijo de puta!
DANIEL. No engañas a nadie.
JOHN. Déjame procesarlo.
DANIEL. No hay apuro.
JOHN. ¿Cómo fue?
DANIEL. Se fajó con el novio, me dijo que quería emborracharse.
LA JOVEN K. Quiten esa música.
DANIEL. La desvestimos.
JOHN. ¿Nadie te vio?
DANIEL. Deja la paranoia.

JOHN. Es preciosa. Es… es tan rubia. Espera. Párala bien. Riégale el pelo, ponle la mano… *(Le coloca la mano en el seno izquierdo, la otra entre las piernas).* Así. Es la Venus.
DANIEL. ¿No quieres una concha?
JOHN. No jodas. *(Riendo).* Acuéstala aquí.
LA JOVEN K. *(Completamente desnuda).* Son dos. *(Se ríe).*
DANIEL. Nos reímos mucho.
JOHN. Tócala.
DANIEL. Fue extraño.
JOHN. ¡Tócala!
DANIEL. Te sentaste a mirarme y yo te obedecí. El tipo de la foto está hablando, hablando, hablando…
JOHN. ¿Era eso, era eso lo que querías decirme?
DANIEL. Papá nos mira escondido detrás de los árboles. La mira a ella y te mira a ti mientras tú me miras chupándole las tetas. Soy una boa tragándome un huevo, un desodorante, una foto. Obedezco. Me llamo Daniel.
LA JOVEN K. Suave.
JOHN. ¡No! Estoy apurado, tengo que irme antes de que llegue Pedro.
LA JOVEN K. ¿Pedro? ¿Él está en la escuela?
DANIEL. Pedro está muerto. Yo me asomé en la caja para creerlo.
JOHN. Tienes un lugar a donde llevarle flores.

(Daniel se ríe con fuerza).

JOHN. ¿De qué te ríes? Deja de reírte.
DANIEL. Papá, John quiere ir a verte al cementerio. Vamos a llorar sobre tu hueco.
JOHN. ¿Y yo, dónde voy a llorar? ¿Sobre el mar?
DANIEL. Podríamos llevarle flores, las flores les gustan a los muertos.
JOHN. ¿Para qué me llamaste?
DANIEL. *(Cantando). We don't need no education.*
JOHN. ¿Qué quieres probar?
DANIEL. *We don't need no thoughts controlled.*
JOHN. Tú no sabes tirar el trompo.

Daniel. *We don't need no... We don't need no...*
John. No sabes mirar a una mujer.
Daniel. *We don't need no... We don't need no...*
John. No sabes la letra de la canción.

(Ambos besan los senos de La Joven K. Daniel se acerca a John y lo besa. John se retira asustado).

John. *(Gritando).* ¿Qué cojones te pasa?

(Daniel, mientras besa a la mujer desnuda, no para de llorar).

Daniel. Somos dos hombres, papá, dos animales comiéndose el ciervo que resbaló y se ahogó en la cubeta de cerveza. Aquí está la foto, papá, la guardé para ti. Yo no tuve la culpa. Fue algo tan sencillo como una foto, una hoja seca que se cuela por el hueco de la ventana.

(La Joven K camina seductora por el escenario).

Daniel. ¿Quién soy? Papá que me guarda en el clóset y trae a la mulata bonita que pasa todos los días vendiendo dulces. Desde mi rendija espero al enemigo. «Mira», me dice y la desnuda y se la mete masticando uno de los dulces, y ella: «Qué rico, qué rico». Mamá puede demorarse todavía dos horas porque fue a arreglar los zapatos que se han ido rompiendo y no hay más, mucha comida, pero pocos zapatos. ¿Quieres otro dulce? Eso es ser hombre.

(La Joven K mordisquea un mantecado).

Daniel. ¿Qué soy? Un pura sangre. Mamá, papá compró unos dulces, están en el estante, en el fogón, en el escaparate, en la taza del baño, dentro de la cómoda envueltos en unas fotos viejas.

(Toma a La Joven K por el brazo, la vira de espaldas y simula que la penetra con fuerza).

DANIEL. Yo no tengo miedo. ¡Yo no tengo miedo! ¡Yo no tengo miedo! ¡Estoy listo para morir en Angola! ¡Yo soy un hombre! ¡Yo soy un hijo de puta!
JOHN. Cállate, vas a despertar a todo el hospital.
DANIEL. Aquí adentro no hay nadie, solo tú y yo. Abre los ojos, tú y yo. *(Pierde el control, se queda en una esquina llorando).*
JOHN. Daniel, para.
DANIEL. ¡No me toques!
JOHN. ¡No quiero tocarte!
DANIEL. Ahí está ella, la traje para ti. ¿Sabes cuándo lo supe? Estábamos en la universidad porque ella tenía guardia, habíamos discutido fuerte y regresábamos a casa en el tren. Dentro del vagón no se veía nada. Ella encendió un cigarro y yo empecé a llorar. Estuve llorando todo el viaje sin que ella lo notara.
JOHN. Abre los ojos.
DANIEL. Recordé que cuando el cura se fue del país tú dijiste que te quedabas con nosotros.
JOHN. Pedro me abrazó como a un hijo y Silvia lloró cuando me enseñó la cama de tu tío muerto que habían armado al lado de la tuya. Ahora sí vamos a ser hermanos, dije.
DANIEL. Ahora sí vamos a ser hermanos, dijiste. No dejaste de hablar con papá cuando empezó a hablarte de mi tío Daniel. Yo me acosté con un poco de envidia.
JOHN. Después me tiré en la cama.
DANIEL. Te abracé y lloramos hasta el amanecer.
JOHN. Tienes que despertar.
DANIEL. Cuando nos bajamos del tren fue fácil besarla y pedirle disculpas. Ella me miró sorprendida porque siempre soy duro. Yo ya me había limpiado las lágrimas secas para que ella nunca supiera y en realidad nunca supo. *(Se acuesta en la cama).*
JOHN. Daniel, abre los ojos.
DANIEL. Tu cara, ¿qué han hecho con tu cara?
JOHN. Daniel… Daniel… *(Lo sacude).*
DANIEL. *(Incorporándose).* Mamá…

(John se separa asustado. Silvia despierta, rápido toma la mano de su hijo).

Silvia. Danny...
Daniel. Dile a John que venga. *(Vuelve a perder el conocimiento).*

(Caen las luces).

La cena

Últimas horas de la tarde. La silla, la cama y el suero, de alguna extraña forma, recuerdan el comedor de la casa de Daniel. Silvia y John terminan de arreglar la cena abundante de un 30 de diciembre. Entran riéndose Pedro y Daniel. Pedro está borracho.

Pedro. Hacía tiempo que no ganaba tanto.
Daniel. Hacía tiempo que no jugábamos en pareja.
Pedro. ¿Viste cómo se quedó el viejo Andrés? *(Imita al viejo).* ¡Eso no es dominó! *(Tose como él).*
Daniel. Casi le da una cosa.
Pedro. *(Todavía como el viejo).* ¡El dominó no se juega con señas!
Daniel. No recuerdo la última vez que jugamos.

(Se sientan a la mesa. Silvia, de pie, sirve la comida. John la ayuda).

Silvia. Pudieron quedarse jugando.
Pedro. Nos picó el hambre. ¿Donde ustedes viven allá en Versalles no se juega?
Daniel. Sí, pero a John no le entra y a mí no me gusta jugar con cualquiera.
John. Sí, échame la culpa.
Daniel. Yo he hecho mi esfuerzo.

(Silvia le sirve a John).

John. Gracias.

Pedro. Bueno, ¿y cómo está la situación con la tropa femenina?
Daniel. Papá, es un albergue de hombres.
Pedro. Ah, ¿y yo no sé lo que es eso?
Daniel. Trabajo, mucho trabajo.
John. Yo salgo del consultorio bien tarde y a veces a esa hora todavía tú no has llegado.
Daniel. *(Con la boca llena).* Ahora todo se está construyendo fuera de la ciudad.
John. *(Afirma con la cabeza mientras sonríe).* El viaje nada más dura dos horas.
Pedro. *(Mirando fijo a John).* Cómo se parecen tú y Silvia cuando se ríen.
Silvia. *(Sonriendo).* Es un problema de familia.
Pedro. Eso debe significar algo.
Daniel. ¿Qué, el dominó te puso profundo?

(Todos sonríen).

Silvia. Por suerte están juntos. Porque eso de vivir con extraños…
John. No hay que exagerar, la pasamos bien.
Daniel. Papá se embulló con el juego, hacía rato que no se reía tanto.
Silvia. ¿Y con la botella también se embulló?
Daniel. Se dio unos tragos. Déjalo tranquilo.
Silvia. Qué fácil se dice.

(Comen en silencio).

Silvia. ¿Por qué tanto silencio?
Pedro. *(Con la boca llena).* ¿Qué tú quieres, una fiesta como la gente de al lado?
Silvia. Una fiesta no estaría mal.
John. A mí tampoco me gusta el silencio.
Silvia. Danny, ¿por qué pasan tanto tiempo sin venir?
Pedro. Ya te dijeron que tienen mucho trabajo.
Silvia. Pudieran venir más seguido.
Pedro. Les va bien. Son dos hombres y entienden lo que hacen.

DANIEL. ¿Qué quieres decir con eso?
PEDRO. Que entienden lo que hacen.
DANIEL. ¿Qué quieres decir?
PEDRO. En mi casa lo que yo quiero decir lo digo.
DANIEL. Con más razón.
JOHN. Eh, ¿qué pasa? Ganaron en el dominó, llevábamos tiempo sin estar juntos. Somos una familia, ¿no?
SILVIA. Esa es la bebida.
DANIEL. Mamá…
SILVIA. Tú no sabes la lucha que yo tengo.

(Pedro toma a Silvia por el brazo y la zarandea).

PEDRO. *(Gritando).* Tomé, ¿y qué? Dime, tomé, ¿y qué?

(Daniel la aparta interponiéndose entre los dos).

DANIEL. ¡Papá, eh! ¿Qué es eso?

(Silvia abraza a John).

PEDRO. Pobrecita, ¿eh? Y el hijo de puta que la maltrata es tu padre. Lo peor del caso es que me lo creo. Pedro, eres un borracho de mierda. Eres un hijo de puta, eres…
DANIEL. Cállate.
SILVIA. Te vas a quedar solo. Te lo juro, te vas a quedar solo.
JOHN. No digas nada. No va a oír.
PEDRO. No me jodas. *(Se pone el reloj).*

(Silencio. Vuelven a la cena).

JOHN. ¿Me pasas la sal?
SILVIA. Sí, quedó un poco baja.
DANIEL. ¿Qué?
SILVIA. La carne.
PEDRO. ¿Cuándo se van ustedes?
SILVIA. ¡Pedro!
DANIEL. El lunes.

SILVIA. Faltan tres días.
PEDRO. Todavía hay tiempo para que juguemos de nuevo.
DANIEL. Claro.
SILVIA. Siempre que no tome.
PEDRO. Tú no sabes cuándo callarte.
JOHN. Pudiéramos quedarnos un poco más.
PEDRO. ¿Cómo es la comida por allá?
DANIEL. Buena.
JOHN. Nunca como esta.
SILVIA. La comida que se hace para muchos no es igual.
PEDRO. La voz de la experiencia.
SILVIA. Trabajé en la cocina cuando estaba en la Vocacional.
DANIEL. ¿Cómo?
SILVIA. Era mejor que ir al campo.
PEDRO. De tu madre hay mucho que contar. ¿No es verdad, Silvia?
SILVIA. Cállate.
PEDRO. *(Con hipo)*. Ups, ya van dos veces que me mandan a callar. A lo mejor estoy borracho.
DANIEL. ¿Trabajaste en una cocina de verdad?
PEDRO. No te quedes ahí, pregúntale, pregúntale.
SILVIA. Pedro.
PEDRO. ¿Ves? Le falta… *(Gesticula)*.
SILVIA. *(Se levanta y tumba la silla)*. ¡Me tienes muy rejodía ya, coño! *(Llorando)*. Yo no te debo nada, métetelo en la cabeza. Yo-no-te-debo-nada.
JOHN. Silvia…
PEDRO. La primera vez se lo oí decir a un compañero de la unidad tres meses antes de casarnos. Él no sabía, o no quería saber. Se rió mucho, me dijo que las mujeres así solo estaban bien con un burro.
DANIEL. Papá.
PEDRO. Yo no supe si darle las gracias o partirle la boca. Le pregunté a mi hermano Daniel, él también lo sabía, pero pensaba que yo no le daba importancia. «A mí me hubiera resbalado», me

dijo riéndose. Yo estaba arreglando el motor y tenía una llave de cubo en la mano. El golpe se lo tiré a la cara. Él lo bloqueó, pero le partí el brazo. Estuvo como dos meses sin hablarme.

SILVIA. Al día siguiente no viniste a buscarme. Te esperé todo el fin de semana. Pasó un mes sin que dieras la cara.

JOHN. Pedro, ni yo quiero enterarme, ni Daniel tampoco.

PEDRO. ¿No? ¡Todo el mundo sabe!

DANIEL. Eso es asunto de ustedes.

SILVIA. Me dejaste un papelito, porque ni la cara diste. Pasó otro mes y en ese tiempo sí gocé de verdad. Tú me jodiste y yo tenía dieciséis años, ¿qué me pedías?

PEDRO. Que no te hubieras ido con mi hermano y dos más... Que no te hubiera visto.

SILVIA. Lo que más te jode es que después viniste a que te perdonara.

PEDRO. Te voy a reventar.

DANIEL. ¡No vas a tocarla!

(Pedro intenta golpear a Silvia, Daniel forcejea con él. Pedro cae al suelo. Llora. Poco a poco pierde la embriaguez a medida que canta).

PEDRO. *(Cantando). Aturdido y abrumado/ por las penas de la vida/ se oye en la cantina a un borracho ya sin fe...*

SILVIA. Te lo juro, te vas a quedar solo. *(Lo ayuda a levantarse).*

(John sale. Daniel lo sigue).

PEDRO. ¿A dónde vas?

JOHN. A acostarme un rato.

PEDRO. Silvia no hizo esa comida para que se quedara en la mesa.

(Silvia toma a John por el brazo).

SILVIA. Hazlo por mí, quédate.

(Vuelven a comer en silencio. Solo se escucha la música de la fiesta de los vecinos).

DANIEL. Coño, pero esa gente no cambia.

SILVIA. Ahorita salen fajaos.
PEDRO. No hay un fin de año que no termine en bronca.
SILVIA. *(A Pedro).* Puedes comer despacio.
PEDRO. Entro a las ocho.
JOHN. Por lo menos vas a tener el treinta y uno libre.
SILVIA. Te va a caer mal.
DANIEL. Dijo que entra a las ocho.
PEDRO. Tú también saliste bocón.
SILVIA. Pudiste haber cambiado la guardia.
PEDRO. Hoy es un día cualquiera.
DANIEL. Hay que dar el ejemplo.
PEDRO. Tú lo sabes.
DANIEL. Eres ridículo.
PEDRO. ¡No me resingues! *(Da un manotazo sobre la mesa y vira un plato de ensalada. Se embarra el uniforme).* ¡Cojones! ¿Qué más falta? ¿Que tiemble la tierra?
SILVIA. ¿Te manchaste? Échale talco. El talco está en…
PEDRO. ¿De qué te ríes?
DANIEL. Fue gracioso. Mira cómo estás.
PEDRO. Eres igual que tu madre. ¿El otro está planchado?
SILVIA. Está limpio. Lo plancho rápido. *(Sale).*

(Afuera el escándalo de la fiesta se hace más fuerte, persiste).

EL FOSO

Primeras horas de la noche. John y Daniel recogen los platos, luego organizan las sillas. Pedro, sin camisa, espera por Silvia. La música de la fiesta persiste.

PEDRO. Coño, qué frío.
DANIEL. Papá, ¿cuando tú estuviste en Checoslovaquia había nieve?

(Pedro asiente).

John. Yo espero no morirme sin verla.
Pedro. No es nada del otro mundo. Todo blanco y ya. Se aburre uno de ver siempre lo mismo.
Daniel. Sí, pero la viste.
John. En el cuarto de Jim había una foto de Lennon y Yoko acostados en la nieve. Yo debía tener seis años cuando le pregunté que por qué todo estaba blanco. Él me dijo: «Cuando seas grande la vas a ver».
Pedro. ¿Ver qué?
John. La nieve.
Pedro. Ahora hay que meterse la bulla hasta que se acaben los días feriados.
John. Y después no me perdía los muñequitos de nieve. Daniel, ¿te acuerdas de la música? *(Intenta tararearla).*
Pedro. *(Molesto).* ¿Dónde iría Silvia a buscar el uniforme? Estoy tarde.
Daniel. Papá, ¿te acuerdas de aquellos muñecos donde había un viejo que se llevaba a todos los unicornios y los metía en el mar?
John. *(Sonríe).* Ese es de finales de los ochenta.
Pedro. No me acuerdo, qué hay con eso.
Daniel. El viejo los obligaba a vivir en el agua, pero al final el último unicornio se hacía pasar por mujer e iba a vivir con él a su castillo.

(Aumenta el escándalo de la fiesta).

Pedro. ¡Qué gente! Ayer no pararon hasta las tres de la mañana.
John. Yo estaba despierto.
Daniel. Pero el viejo no sabía que ese era el último. Tenía la sospecha, pero nada más.
John. El último unicornio. *(Intenta recordar la música).* No me sale.
Pedro. En aquellos tiempos yo no tenía cabeza para ver muñequitos.
Daniel. Lo intuía cuando le miraba los ojos a ella. ¿Sabes qué veía en los ojos de ella?
Pedro. *(Muy alto).* ¡Silvia!

DANIEL. Puedes gritar todo lo que quieras, Silvia no va a venir. Aquí solo estamos nosotros tres.

(*La música de la fiesta cesa de golpe*).

PEDRO. Ella sabe que no me gusta llegar tarde.
DANIEL. Es mi recuerdo y mamá todavía se demora.
JOHN. Yo me voy.
DANIEL. No.
PEDRO. ¿Qué coño pasa?
DANIEL. ¿Sabes qué veía el viejo de los unicornios en los ojos de la mujer?
PEDRO. No sé qué cojones veía.
DANIEL. Primero, nada. Luego un hueco negro. Un foso.
JOHN. *(Intenta recordar)*. Y en el foso… el toro rojo.
DANIEL. No, John. El foso está lleno de leones. Leones con la boca abierta, los dientes largos y amarillos. Papá, ¿te acuerdas de los leones en Angola?
PEDRO. Donde yo estaba no había leones.
DANIEL. ¿Recuerdas la postal del león con la boca abierta que había en una esquina del espejo grande de tu cuarto?
PEDRO. Sí.
DANIEL. ¿Recuerdas a tu hermano?
PEDRO. ¿A qué coño viene eso?
DANIEL. ¿Recuerdas a tu hermano Daniel?
PEDRO. Claro que lo recuerdo.
DANIEL. ¿Cómo murió?
PEDRO. Una mina. Tú lo sabes. Todo el mundo lo sabe.
DANIEL. John, cuando tenía doce años papá estaba borracho en el baño y me llamó.

(*Pedro despacio se baja los pantalones agachándose como si estuviera sentado en una taza*).

SILVIA. Está borracho, no vayas.
DANIEL. Pedro estaba cagando, siempre cagaba con la puerta abierta.

Pedro. *(No se le entiende bien)*. Mira, míralo bien. *(Le alcanza un periódico amarillo de tan viejo).*
Daniel. El periódico solo traía hileras de nombres de los muertos en Angola.
Pedro. Ven acá, cojones... ¿Tú tienes miedo?
Daniel. No.
Pedro. No te oigo. Los hombres hablan alto.
Daniel. ¡No!
Pedro. Tú sí tienes miedo.
Daniel. ¡Yo no tengo miedo!
Silvia. Pedro, deja al niño tranquilo.
Pedro. ¡Así! Así... ven, ven con papá.

(Daniel obedece).

Pedro. *(Señala con el dedo un nombre)*. Aquí está.
Silvia. Pedro...
Daniel. En algún lugar de las hileras decía:
Pedro. Daniel Casas Figueroa. Primer teniente... ¡Ese es mi hermano... y está muerto! *(Llorando)*. Ese no eres tú, ese es mi hermano.

(Pedro estruja el periódico y se limpia con él).

Daniel. Yo no entendí.
Silvia. Lo enterraron como muerto en combate con todos los honores.
Pedro. *(Con los pantalones por las rodillas)*. Yo no dije nada. Total... ¿para qué? ¡Qué cojones! La mina estaba ahí... *(Pierde el equilibrio y cae de espaldas).*
John. *(Asistiéndolo en el suelo)*. ¿Qué pasa?
Pedro. ¡Ja, ja, ja! Si el mismo Mahoma hubiera pisado también se hubiera hecho mierda.
John. No cierres los ojos. Respira hondo por la nariz.
Pedro. Estoy mareado.
Daniel. Estás viejo.

PEDRO. ¿Cuándo viene Silvia?
JOHN. ¿Te sientes mejor?
PEDRO. Estoy mareado, solo eso.
DANIEL. *(Mirándolo de cerca).* Papá, tienes algo en los ojos.
PEDRO. Es la presión.
DANIEL. Papá, ¿qué hay en tus ojos?
PEDRO. ¿Por qué Silvia me dejó solo?
DANIEL. ¿No lo ves?
JOHN. Sí, es como un…
PEDRO. ¡No te acerques!
DANIEL. Quiero ver qué hay en tus ojos.

(John lo sujeta. Daniel mira. Pedro grita. Oscuridad completa).

PEDRO. *(En lo oscuro).* Daniel… Daniel…

(La cama, la silla, todo está en completo desorden. La sábana embarrada de sangre está hecha un amasijo en el suelo. Humo negro. Dos botas quemadas en una esquina. Pedro está acostado al lado de ellas. Mira el sol de 220 que lo deja ciego).

PEDRO. *(Tropeloso).* Ya es mediodía. *(Ríe).* Me desperté al mediodía. ¿Daniel? ¿Dónde dejamos las negras? ¡Daniel! ¿Dónde están las putas negras? ¡Danieeeeel! ¿Qué voy a hacer si ya era mediodía cuando vi las botas quemadas, los pedazos, la sangre seca…? *(Busca el orinal y vomita).* Aquí está la comida y la borrachera del treinta y uno. Estábamos en guerra y casi nunca comíamos puerco porque estaban llenos de gusanos. Pero era treinta y uno, ¿entiendes? *(Vuelve a vomitar).* El puerco lo mató mi hermano Daniel, pero el cuchillo era mío. Mi cuchillo… Yo nunca lo suelto.
DANIEL. El mismo cuchillo. Tiene forma de colmillo de león.
PEDRO. Se lo cogí a un comerciante portugués que estaba muerto al lado de la carretera. Daniel, ¿qué tengo en el ojo?
DANIEL. Un foso.
PEDRO. ¿Ves el foso?

(Daniel asiente).

JOHN. Déjalo.
DANIEL. ¿Viste la cicatriz en la cara de John?
JOHN. *(Desde lejos).* Pedro, ¿qué edad tenías en Angola?
PEDRO. Era muy joven. En Angola había uno que tenía un machete lleno de marcas. Un guajiro noble con la cara roja. Cada marca era un negro muerto. Yo lo vi degollar a uno delante de mí.
JOHN. Yo lo vi cortarme la cara.
DANIEL. Yo lo vi cortarte la cara.
JOHN Y DANIEL. *(En coro).* ¿Qué sentiste? ¿Qué sentiste? ¿Qué sentiste?
PEDRO. John, ¿tú has visto cómo se degüella un carnero? A Daniel no le pregunto, degolló uno cuando tenía diez años.
JOHN. No lo he visto.
PEDRO. Una cabeza negra regando sangre, el cuerpo que se derrumba... Y lo mejor es que no gritan.
JOHN. No me di cuenta. Sabía que había pasado algo y que todo sería distinto. Pero, ¿dolor? No sentí dolor.
DANIEL. ¿Cuál es la palabra?
PEDRO. Yo desperté al mediodía y vi las botas quemadas, los pedazos, la sangre seca.
JOHN. Yo desperté y vi la sangre mojándome las manos, después no sé cuánto corrí. Caí desplomado en la carretera. Un auto me llevó al hospital.
DANIEL. ¿Cuál es la palabra?
PEDRO. Tu mamá con sus medias blancas esperándome en la puerta de la Vocacional.
DANIEL. ¿Cuál es la palabra?
PEDRO. Tenías dos años y te alcé jugando, upa, upa. Tú me orinaste la cara y Silvia casi se muere de la risa.
DANIEL. ¿Cuál es la palabra?
PEDRO. Miedo.
DANIEL. Escribe la palabra.

Pedro. Hubo algo que cambió. No sé dónde, no sé cuándo.
Daniel. ¿Ese es el fondo?
Pedro. No.
John. ¿Ese no es el fondo?
Pedro. No.
Daniel. ¿A que no sabes dónde escondí la foto del tipo desnudo?
John. Dilo.
Daniel. En la *Biblia* que me regaló el cura. Nadie la vio. Ni Silvia, ni John.
Pedro. Tendría que matarte si tú…
Daniel. Tuve ganas de contarle a John.
John. ¿Por qué tanta rabia?
Pedro. Daniel, tú eres mi hermano, ayúdame. Dile a esa gente que baje la música. Llevo dos días sin dormir. Las botas no se me van de la cabeza.
Daniel. Das lástima todo sucio de orine.
John. Es sangre.
Daniel. Polvo quemado.
Pedro. Yo regresé antes de tiempo. No debí regresar.

(Entra Silvia agitando un manojo de llaves. La música de la fiesta popular poco a poco se hace perceptible. La luz baja).

Silvia. Pedro, las llaves se te quedaron en el bolsillo de la camisa.

(Pedro las guarda en un bolsillo).

Pedro. Abrí la puerta en silencio y fui directo al cuarto.

(Se escuchan gemidos cada vez más fuertes. Daniel y John están juntos).

Silvia. Pedro…
Pedro. *(Sonriendo).* ¡Mira en lo que están estos cabrones! Espero, ahh ahh… me caliento un poco. Ahh, ahh… Hay una mujer, tiene que haber una mujer. Me pego a la puerta que se abre un poco y… ¡No hay mujer! ¡No hay mujer!
Daniel. Yo soy la mujer.

JOHN. Yo soy la mujer.

PEDRO. Aprieto el mango del cuchillo. Dos marcas, dos marcas. Daniel, tú sabes matar un carnero.

SILVIA. Sentí cuando Pedro tiró la puerta al entrar. Después no hizo más ruido. Yo lo llamé, pero no me escuchó.

PEDRO. Voy a entrar, pero algo me para los pelos aquí en la nuca y me quedo quieto. Espero al otro lado de la puerta y los hombres no tienen miedo, pero yo...

DANIEL. ¡Yo soy un hombre!

JOHN. ¡Yo soy un hijo de puta!

PEDRO. *(Apretándose el cinto)*. Ahora me despego de la puerta un paso, dos pasos...

SILVIA. Me levanto y lo veo a él temblando, caminando hacia atrás alejándose de la puerta entreabierta del cuarto de ellos.

PEDRO. Casi me voy, casi salgo por la puerta como si Daniel estuviera vivo, como si no hubiera estallado la mina... Pero lo vi, todo. Vi los pedazos, las botas quemadas...

DANIEL. Es sangre.

JOHN. Polvo quemado.

PEDRO. Escuché a John reírse y pensé en Silvia... pensé en... ¿Por qué se ríen tan iguales?

JOHN. *(Riéndose)*. ¿Yo? Yo no me estoy riendo.

PEDRO. ¿De qué te estás riendo, maricón? *(Lo agarra por el cuello)*.

JOHN. ¡Yo no me estoy riendo!

SILVIA. Pedro, no...

PEDRO. Coño...

(Corta la cara de John dos veces).

DANIEL. ¡Papá...!

PEDRO. ¿Por qué se ríen tan iguales?

JOHN. *(Llora)*. Yo no...

(John se tapa la cara y sale corriendo. Daniel lo sigue. Las luces).

PEDRO. *(Casi no se le escucha)*. El horror.

Epílogo o Manuscrito

Daniel Casas Vidal murió un jueves después de mes y medio en coma. El cáncer lo pudrió igual que a su padre. Unas quince personas acompañamos el carro hasta el final. Cuando ayudé a recoger las cosas que quedaron en el hospital descubrí dentro de la almohada un paquete de hojas estrujadas y escritas por todos lados. El primer impulso fue el de dárselo a su madre, me contuve. Camino al cementerio leí las dos primeras hojas y le pedí a Silvia que me dejara pasar la noche en su casa. Ella no respondió, siguió caminando en silencio justo como había hecho hasta ese momento. Saliendo del entierro me tomó de la mano y dijo: «Ven».

Daniel quiere verte. Decía el telegrama. No pudimos hablar. No salió del coma. Tenía una expresión de risa burlona y la enfermera tuvo que cerrarle los ojos. Lo enterraron al lado de su padre y a Mandy, borracho, se le ocurrió cantar «Stairs to Heaven» cuando bajaron la caja. Mientras cantaban sentí que me alegraba de la canción, de que fuera allí, de que yo estuviera delante de la que decía: «Pedro Casas Figueroa. Mayor de las FAR. Hombre, padre, revolucionario. De su familia y de todos a quien quiso y de todos por quien fue querido». Por un segundo fui feliz.

A Daniel siempre le gustó la música, tenía buen oído y buena voz. Los años que dejé de verlo supe por Mandy que había empezado a pintar y que era bueno. Pero con los libros no podía. Por un momento pensé que aquellas hojas no pasaban de una broma. No lo imagino a él escribiendo, mucho menos teatro. Yo soy psicólogo, a veces hago de poeta, pero de teatro no sé mucho. Tal vez Daniel no haya querido que yo lo pasara en limpio, que lo clasificara, mucho menos que lo imprimiera.

El manuscrito era un desastre. Armarlo me costó una semana durmiendo en mi antigua cama del tío muerto. Fue extraño volver, mirar el techo, el póster de los Rolling Stones. Por partes el creyón del lápiz de tan suave desaparece. Hay que imaginarse las palabras. A veces es más difícil, hay que recordarlas. Las ¿acotaciones? a veces no indican nada, ni acciones, ni escenarios, nada. El orden de las escenas puede que no haya sido ese originalmente.

Yo no recuerdo bien a Jim, pero leyendo el pasaje de «Voces cruzadas» creí que en realidad Jim había estado allí y, más que eso, lo sentí. El manuscrito no tenía título; el que tiene se lo puse porque la parte en que menciona el pasaje bíblico tiene un hueco de tanto subrayarlo. No había márgenes, a veces la réplica de los personajes estaba en blanco, llena de tachaduras... No voy a decir más: solo son las palabras de un hombre enfermo.

Sangre
(Primera parte de la decalogía *Las diez plagas*)
Yunior García Aguilera

[2006]

> Y Moisés y Aarón hicieron como Jehová lo mandó; y alzando la vara golpearon las aguas que había en el río, en presencia de Faraón y de sus siervos; y todas las aguas que había en el río se convirtieron en sangre. (Éxodo 7, 20)

Personajes

>(Para cuatro actores)
>Saúl / Pablo
>Isaac / David
>Sara / Raquel
>Débora / Judit

Estructura

>i. Coro de transeúntes
>ii. Isaac y Saúl
>iii. Sara y David
>iv. Raquel y Débora
>v. Pablo y Judit
>vi. Cántico a las aguas púrpuras
>vii. Débora e Isaac
>viii. Judit y Raquel
>ix. David y Pablo
>x. Saúl y Sara
>xi. Diáspora

1. Coro de transeúntes

    El río Almendares amaneció lleno de sangre
    La prensa no ha dicho una palabra
    Dicen que es la sangre de los que aún tienen esperanza
    Y de los que ya la perdieron para siempre

    Dicen que es una plaga
    Una maldición
    Un augurio
    Un ajuste de cuentas

    Desde que amaneció lleno de sangre
    El Almendares no apesta
    Nadie se ha atrevido a mancharlo
    El río se ha convertido en un lugar de culto
    De consagración
    De penitencia
    Las mujeres se acercan de rodillas ofreciendo plegarias
    Los hombres sobre los que pesan viejas culpas
    Se han lavado las manos

    El rumor ha recorrido la Isla
    De boca en boca
    Desde los lugares más recónditos
    Han llegado los fieles
    Los herejes
    Beatos de Tierra Santa
    Los gentiles

Célebres eruditos
Marginados
Los de casaca roja
Disidentes
Los soplones de esquina
Los discretos
Verdugos de conciencia
Torturados
Antiguos dictadores
Los modernos
Soviets aburguesados
Proxenetas
Cubanos de esta orilla
Y de las otras

Todos alzan su cántico a las aguas púrpuras
Ahogadas de silencio.

II. Isaac y Saúl

Un pequeño taller de carpintería. Isaac está solo, ajustando los clavos de una silla. Saúl llega y se recuesta a la pared sin que su hermano note su presencia. Luego toma un trozo de madera del suelo y toca a la puerta.

Isaac. ¡Saúl! Al fin te apareces. *(Sigue martillando)*. Tiene que pasar algo grave para que te acuerdes de nosotros.
Saúl. ¿Dónde está mamá?
Isaac. *(Pausa)*. Yo tampoco lo sé.
Saúl. Vengo del hospital. Me dijeron que no amaneció en su cama. No te hagas el imbécil.
Isaac. ¡Respétame! Estás en mi casa y no tienes ningún derecho...
Saúl. ¡Tengo todo el derecho del mundo a saber dónde escondieron a mi madre!

Isaac. ¡Caramba! El hijo pródigo. En tres años nunca recibimos una carta tuya, nunca le mandaste un quilo a esa vieja que se moría de hambre y de ganas de verte; y ahora te apareces reclamando, ofendiendo y levantando calumnias.
Saúl. ¿Dónde está mamá?
Isaac. No lo sé.
Saúl. Si le pasa algo te juro que…
Isaac. Mira estas manos, Saúl. ¿Te parecen las manos de un mal hijo? He dejado la piel en este taller para que mi madre pueda llevarse algo decente a la boca. Qué sabes tú de sacrificios.
Saúl. Y tú… ¿qué sabes de mí?
Isaac. Nada. Te encargaste de que no supiéramos nada.
Saúl. ¿Para qué? ¿No era yo el mundano, el pecador, el apóstata?
Isaac. Cada cual escoge el camino que quiere.
Saúl. Nadie me permitió escoger cuando tenía cinco años y ya me llevaban de casa en casa hablando cosas que ni entendía.
Isaac. No te bautizaron con un cuchillo en el cuello.
Saúl. Tenía catorce años.
Isaac. A esa edad nuestro padre mantenía a cuatro hermanos.
Saúl. Bravo por él.
Isaac. No te engañes, Saúl. Dejó de gustarte nuestra vida. La cabeza se te llenó de musarañas y reventaste. ¿Con qué cara ibas a pararte delante de nosotros después de aquello? Al menos tuviste la vergüenza de irte.
Saúl. No es ninguna vergüenza luchar por las cosas en las que uno cree.
Isaac. Excelente. ¿Sabes algo? No sé quien se llevó a mamá del hospital, pero el que haya sido tiene todo mi apoyo.
Saúl. Mamá se va a morir, Isaac.
Isaac. ¿Tú puedes evitarlo? Yo tampoco. Sin embargo, hay uno que lo puede todo. Tú decidiste no creer, yo cada día estoy más convencido.
Saúl. No puedes demostrarme que existe.

Isaac. Se llama Fe. ¿Lo olvidaste? Hebreos, capítulo once, versículo uno. Tú tampoco puedes demostrarme que no existe. *(Pausa. Le extiende una lijadora)*. ¿Me ayudas?

(Saúl lo mira unos segundos. Toma la lijadora y frota torpemente la madera).

Isaac. Espera. Déjame enseñarte. Tienes que frotar así para que la madera quede lisa. *(Isaac le demuestra, Saúl lo hace)*. Mejor. ¿Dónde piensas pasar estos días?

Saúl. No sé. Buscaré algún lugar.

Isaac. Puedes quedarte con nosotros. Rebeca y yo nos acomodamos en el cuarto del niño.

Saúl. No quiero causar problemas. Puedo encontrar un alquiler que no sea muy caro.

Isaac. Yo insisto.

Saúl. Pensé que no debías.

Isaac. ¿Qué cosa?

Saúl. Hablarme. Recibirme en tu casa.

Isaac. Y no debo; pero eres mi hermano. *(Pausa)*. ¿Cómo supiste lo de mamá?

Saúl. Rebeca.

Isaac. ¿Rebeca?

Saúl. Hablo con ella de vez en cuando, por teléfono. Le pedí que no te contara nada. *(Suelta la lijadora)*. Ya basta, Isaac.

Isaac. ¿Qué pasa?

Saúl. No puedo estar aquí, lijando esta madera como un tonto sin saber dónde escondieron a mamá, dónde la tienen.

Isaac. Querían ponerle sangre, Saúl. ¿No entiendes?

Saúl. Si querían eso, es porque lo necesita.

Isaac. ¡Qué saben ellos! Antes hacían lo contrario, sacaban sangre; sangría le llamaban; y luego se dieron cuenta de que era un error.

Saúl. Mamá está muy enferma, Isaac. Eso puede salvarla. ¿No te das cuenta?

Isaac. No puede. Tú lo sabes.

Saúl. ¿Por qué? ¿Por qué una estúpida religión lo dice?
Isaac. *(Arrojando a Saúl al suelo)*. ¡Es Dios quien lo dice!
Saúl. *(Arrogante)*. ¡Dios!
Isaac. Para ti no significa nada. Puede sonarte estúpido o terco; pero para mí y para mamá lo significa todo. Fue ella quien tomó la decisión. ¿Puedes respetar eso?

(Saúl lanza al suelo a su hermano, forcejean, Isaac queda debajo. Saúl toma el martillo).

Saúl. Te lo voy a preguntar una vez más, Isaac. De lo contrario, voy a olvidar que eres mi hermano. *(Levanta el martillo)*. ¿Dónde está mamá?

III. Sara y David

Interior de una casa. Afuera llueve. Sara coloca flores rojas en un jarrón. Se sienta a contemplarlas. Llega David, con su uniforme militar y un paraguas. Lo pone a escurrir al lado de la puerta.

David. Parece que el cielo nos quiere caer encima. *(La besa)*. ¿Y esas flores? *(Pausa)*. Se ven bien. A esta casa le hace falta un poco de alegría. ¿Te sientes mejor?
Sara. Fui al médico.
David. Debes estar cansada. Yo tampoco he tenido un día fácil. Me cambiaron la guardia, imagínate. Si esto sigue así, creo que voy a reventar. Es demasiado.
Sara. Puedes sentarte un momento.
David. Claro. *(Lo hace)*. Ah, se me olvidaba. Pasé por la policía. No tienen nada. Dicen que el retrato hablado y las muestras de semen no son suficientes, que necesitan tiempo. Era de esperar. Se la pasan persiguiendo a los revendedores; mientras, los verdaderos delincuentes hacen lo que les da la gana. Vergüenza es lo que necesitan.

SARA. Estoy embarazada.

(Pausa).

DAVID. ¿Cómo?
SARA. Estoy embarazada.
DAVID. No puede ser.
SARA. Me hicieron todas las pruebas necesarias. Dicen que tengo ocho semanas, pero tú y yo sabemos que son nueve. *(Pausa)*. ¿No piensas decir nada?
DAVID. Lo sabía.
SARA. ¿Cómo podías saberlo?
DAVID. Lo sabía. ¿Cómo era el tipo, Sara?
SARA. ¿Para qué?
DAVID. ¡Dime cómo era el tipo!
SARA. Te lo he dicho mil veces. La policía lo sabe todo y no ha hecho nada. ¿Qué puedes hacer tú?
DAVID. Buscarlo. Casa por casa, calle por calle, rincón por rincón hasta encontrarlo. Pienso en eso todo el tiempo, Sara. Sueño que corto su cuello con un cuchillo blanco. Una herida honda, profunda. Veo su sangre salir a chorros y me siento feliz. Once años casado contigo, Sara. Once años… ¡Coño!
SARA. Quiero tenerlo, David.
DAVID. Estás loca.
SARA. Es mi hijo.
DAVID. ¡Pero no mío!
SARA. ¡Contigo nunca voy a poder!

(David le da una bofetada. Luego intenta acariciarla).

SARA. No me toques.

(Silencio).

SARA. Quiero un hijo, David. Es lo único que he querido desde hace mucho tiempo. Llevarlo en el vientre, darlo a luz, cargarlo con cuidado, darle de mamar. Era un sueño que veía casi deshecho.

DAVID. Me hubieras dejado.
SARA. Ya ves. Había renunciado a ese sueño por ti; pero pasó esto.
DAVID. Dime qué hago. Busco al hijo de puta y le doy las gracias. Le digo que mi mujer no tiene cómo pagarle el favor que le hizo.
SARA. ¡Cállate! ¿Qué sabes tú lo que sufrí? ¿Crees que me daba placer soportar su cuerpo salado y grasiento sobre el mío? ¿Te parece excitante que un desconocido te penetre mientras golpea tu cuerpo hasta hacerlo sangrar? ¿Crees que eso pudo gustarme? Mejor no hables.
DAVID. No voy a permitir que tengas ese niño.
SARA. ¿Y qué vas a hacer? ¿Matarme?

(David intenta irse).

SARA. Eres un egoísta.
DAVID. Sí. Soy egoísta. No hago otra cosa que pensar en mí. Y no estoy siendo irónico. Ha tenido que ocurrir algo así para darme cuenta de que nada más me importa. Cuando supe lo tuyo no me puse a pensar en tu dolor ni en el daño que pudieran haberte hecho. Solo pensaba en una cosa. En el semen fértil de ese hombre metido en tu vientre. ¿Crees que no quiero un hijo, Sara? Me muero por eso. Pero no puedo. Ese niño que estás esperando no es mío. Y yo no voy a ser su padre. *(Toma el paraguas).*
SARA. No me hagas esto.
DAVID. ¿Yo?
SARA. Todos estos años he vivido a tu sombra; haciendo solo lo que a ti te place. Mientras, tú creces y te conviertes en alguien, yo me empequeñezco, me opaco, me diluyo. A veces he pensado que corro el riesgo de desaparecer. Que un día entrarás por esa puerta y ya no podrás verme. *(Se agarra de él).* Me siento sola.
DAVID. Suéltame.
SARA. Si sales por esa puerta, no vuelvas más.

(David se queda quieto frente a la puerta. Sara comienza a golpearse el vientre).

DAVID. ¡Sara!
SARA. ¿No es esto lo que quieres?
DAVID. ¡Sara, basta!
SARA. Quería que fuera nuestro, ponerle tu nombre, que fuera como tú…

(Pausa).

DAVID. Tienes la falda… manchada de sangre.

IV. RAQUEL Y DÉBORA

Salón de visitas de un centro penitenciario. Dos mujeres esperan. Débora viste de blanco, lleva un crucifijo en el pecho y una foto de su esposo sobre la parte izquierda de su blusa. Está sentada en un banco. Raquel permanece de pie.

DÉBORA. Me alegra mucho que hayas venido. Necesitaba verte. ¿No te vas a sentar?
RAQUEL. No. Estoy bien así.
DÉBORA. ¿Tienes miedo de que te vean conmigo?
RAQUEL. Venir a verlo ya fue bastante.
DÉBORA. Es tu hermano.
RAQUEL. Claro. Mi querido hermano es la vergüenza de toda la familia.
DÉBORA. Para mí es un orgullo.
RAQUEL. Te paseas por toda La Habana con su retrato en el pecho. La Dama sale en periódicos extranjeros, cena con embajadores, recibe regalos, dinero… Es lógico que estés orgullosa.
DÉBORA. No quiero iniciar una discusión.
RAQUEL. Yo tampoco. Mientras menos hablemos, mejor.
DÉBORA. ¿Entonces, por qué viniste?
RAQUEL. Por mamá. La pobre está enferma. Y su hijo es un bastardo, pero es su hijo.

DÉBORA. Yo podría ir por la casa y llevarle alguna carta…
RAQUEL. Por supuesto. Tú y toda esa sarta de señoras ilustres que ocultan su churre detrás de unos vestidos blancos.
DÉBORA. ¿Cuál churre?
RAQUEL. El de una causa que nadie aprueba. ¿Creen que haciendo esas cosas se ganan el respeto de la gente?
DÉBORA. Yo no sé cuánta gente está de nuestro lado o del tuyo. Tu hermano es un buen padre y un excelente esposo. No merece estar preso. Eso es lo único que sé.
RAQUEL. Entonces piérdanse de este país y déjennos la vida en paz.

(Pausa).

RAQUEL. Ya salen. ¿Son aquellos?
DÉBORA. No. Son presos comunes. La última vez tuve que esperar casi una hora para verlo.
RAQUEL. No debí haber venido. *(Saca un cigarro y lo prende).* ¿Dónde lo dejaste?
DÉBORA. ¿Qué?
RAQUEL. Al niño, ¿dónde lo dejaste?
DÉBORA. En la casa de unas amistades.
RAQUEL. Ya. Mamá se muere por verlo.
DÉBORA. Él también la extraña; pero como no somos bienvenidos…
RAQUEL. El niño sí. ¿Qué sabe él de estas cosas?
DÉBORA. ¿Tú irías a buscarlo?

(Silencio).

RAQUEL. ¿Siguen con la idea de irse cuando mi hermano salga?
DÉBORA. Yo no. Se han presentado contratiempos.
RAQUEL. ¿Allá? ¿Algún problema con tu familia?
DÉBORA. Aquí. Problemas conmigo.
RAQUEL. Por eso querías verme. ¿Vas a chantajearme? ¿Al fin te vas a decidir a abrir la boca?
DÉBORA. No seas tonta. Esa estúpida riña solo existe en tu cabeza. Nuestra disputa es con el gobierno, no contigo.

RAQUEL. Tonta, estúpida, ¿qué más?
DÉBORA. Tengo que pedirte algo.
RAQUEL. ¿Una proposición?
DÉBORA. Un favor.
RAQUEL. ¿Y por qué no se lo pides a alguna de tus amigas?
DÉBORA. Porque tú eres la única persona a quien puedo pedirle algo semejante.

(Pausa. Raquel se sienta).

RAQUEL. Te escucho.
DÉBORA. Necesito que te quedes un tiempo con el niño.
RAQUEL. ¿Estás hablando en serio? ¿Quieres que yo cuide a tu hijo?
DÉBORA. Nadie lo haría mejor que tú. ¿Puedes o no?
RAQUEL. Depende.
DÉBORA. Serían solo unos meses. Hasta que pueda resolver este problema.
RAQUEL. ¿Qué problema?
DÉBORA. Estoy enferma.
RAQUEL. No juegues. Tu única enfermedad es la plaga de «gusanos» que te rodea. *(Con ironía).* ¿Qué traman? ¿Un golpe de estado?
DÉBORA. Estoy hablando en serio.
RAQUEL. ¿Piensan desfilar frente a la plaza con sus ridículos carteles?
DÉBORA. Habla bajo. Nadie tiene que escucharnos.
RAQUEL. Ya sé. Están planeando su salida en masa del país. ¿Es eso?
DÉBORA. Estoy enferma.
RAQUEL. ¿Qué tienes?
DÉBORA. Leucemia.

(Silencio).

RAQUEL. ¿Mi hermano lo sabe?
DÉBORA. Nadie lo sabe. Me lo diagnosticaron esta semana.
RAQUEL. ¿Y qué piensas hacer? ¿Te vas a los países libres?
DÉBORA. No seas irónica. Sabes que aquí no tengo a nadie; pero enferma no puedo irme. Sería un gasto muy grande para mi familia.

RAQUEL. ¿Entonces?
DÉBORA. Me quedo. En diez días comienzan los análisis y el tratamiento. No tengo ni idea de cuánto pueda demorar todo esto; por tanto, necesito saber si puedes ayudarme con el niño.

(Raquel se pone de pie, avanza un poco. Débora la sigue).

RAQUEL. ¡Ya salen! Aquel es mi hermano.
DÉBORA. Quiero que me digas ahora si puedes ayudarme o no.
RAQUEL. Tengo que pensarlo.
DÉBORA. De acuerdo. No le digas nada a tu hermano. Por ahora no quiero que lo sepa.

(Pausa. Débora hace señales con sus manos para que su esposo pueda distinguirla).

RAQUEL. Débora…
DÉBORA. ¿Sí?
RAQUEL. ¿Tiene remedio?
DÉBORA. ¿Cómo puedo saberlo?

v. PABLO Y JUDIT

Un cuarto de baño. Pablo piensa metido en la bañera mientras Judit lo observa a sus espaldas.

JUDIT. Te ayudo.
PABLO. *(Volteándose).* ¿Qué haces aquí?
JUDIT. Mirándote.
PABLO. ¿Cómo entraste?
JUDIT. Por la ventana. Siempre la dejas abierta.
PABLO. Estás loca, muchacha.
JUDIT. Eso dicen todos. Loca de atar, loca de remate… loca por ti. Creo que deberían internarme. *(Camina por el lugar).* Me gusta tu baño. *(Intenta tocar el agua de la bañera).* ¿Está fría?

PABLO. *(Se lo impide).* Espérame en la sala. Tengo derecho a un poco de privacidad.
JUDIT. Te he visto desnudo cientos de veces.
PABLO. *(Confundido).* ¿Cómo?
JUDIT. Desde allí. ¿Lo ves? Aquella es la ventana de mi cuarto. Siempre está cerrada, pero desde adentro puedo verlo todo. Sé cómo te afeitas, cómo te cepillas los dientes, cómo es tu cuerpo… He sido testigo de casi todas tus aventuras. Y hay que reconocer que tienes buen gusto. Te espío desde que dejé de ser una niña.
PABLO. ¡Fantástico! ¿Y cuándo ocurrió eso?
JUDIT. Tengo dieciséis. Hace mucho que sé para qué sirve eso que tienes entre las piernas.
PABLO. Hablas como si fueras una experta.
JUDIT. ¿Sabes cuántos hombres de tu edad han pasado por mi cama? No podría contarlos. La última lista mi madre la encontró en un diario y me costó más de tres semanas sin salir de mi cuarto. Ya no llevo listas. Perdí la cuenta.
PABLO. ¿Eso te hacer sentir orgullosa?
JUDIT. No. Pero tampoco me hace sentir mal. *(Se detiene mirándolo).* ¿Puedo bañarme contigo?
PABLO. Hemos hablado de esto antes. Conoces la respuesta.
JUDIT. Quiero escucharla de nuevo.
PABLO. No puedes.
JUDIT. ¿Quién lo dice?
PABLO. Yo lo digo.
JUDIT. ¿No te gusto?
PABLO. No es eso. Sabes que no es eso.
JUDIT. ¿Entonces qué es?

(Pablo toma una toalla. Intenta ponerse de pie).

PABLO. Lo discutimos afuera.
JUDIT. *(Evitando que se incorpore).* ¿Por qué tienes tanto miedo?
PABLO. Me estás acosando.
JUDIT. Acúsame.

Pablo. Puedo hacerlo.
Judit. No puedes. ¿Qué hombre, en este país, acusa a una mujer bonita por meterse en su baño?
Pablo. Me das lástima, ¿sabes? Joven, inteligente... ¿Qué necesidad tienes de hacer estas cosas? ¿Para qué quieres a un tipo como yo? ¿Te gustan las emociones fuertes o levanta tu estatus delante de tus amigas?
Judit. Yo no tengo amigas.
Pablo. Entonces qué quieres.
Judit. A ti. Te quiero a ti.
Pablo. Sal de mi casa.
Judit. Tú sí te tienes lástima.
Pablo. ¡Sal de mi casa!
Judit. ¿Qué ganas tú encerrándote, huyendo de todos, evitando la realidad? ¿Por qué no puedes aceptar que estás vivo, que puedes hacer un montón de cosas y que hay gente que te quiere?
Pablo. ¿Quién me quiere?
Judit. Yo, Pablo. Estoy enamorada de ti. Mucho antes de que pasaras por todo esto. No estoy aquí por un impulso de chiquilla rebelde. Lo he pensado cientos de veces. Y estoy decidida.

(Pausa).

Pablo. ¿Sabes lo que esto significa?
Judit. Completamente.
Pablo. Tus padres me matarían.
Judit. No tienen que saberlo. Últimamente ni notan que existo.
Pablo. No tengo derecho a hacerte esto.
Judit. Déjame enjabonarte la espalda.
Pablo. Eres casi una niña.
Judit. *(Tomando la esponja).* ¿Puedo?

(Pablo no dice nada. Judit comienza a deslizar la esponja por la espalda de Pablo).

JUDIT. La primera vez que hice el amor fue hace tres años. Quiso aparentar experiencia, pero resultó bastante torpe. No me importaba. Yo cerraba los ojos y veía tu cara. Eran tus manos las que acariciaban mis tetas pequeñas, Era tu lengua metiéndose en mi boca. *(Se mete en la bañadera)*. Ya no soy una niña, Pablo. Soy una mujer que sabe lo quiere. Y lo que quiero es esto.

(Judit se quita la blusa. Pablo la mira unos segundos y luego comienza a acariciarla. La besa. Primero lentamente, luego con más fuerza. Finalmente la aparta).

PABLO. No puedo.
JUDIT. Bésame.
PABLO. Estoy enfermo.
JUDIT. Lo sé.
PABLO. No sabes lo que es. Lo que significa. Claro que me gustas, claro que te deseo; pero no voy a arriesgarte. Déjame solo.
JUDIT. No vas a convencerme.
PABLO. Por favor, déjame solo.

(Pausa).

JUDIT. Está bien, Pablo. Pero voy a volver. Ojalá te des cuenta de que así, tal vez, me estás haciendo más daño. Adiós.

(Judit se pone su blusa. Sale de la bañera. Intenta irse).

PABLO. Judit.
JUDIT. ¿Sí?
PABLO. No quiero dejar de verte.
JUDIT. No lo harás. Yo siempre estoy allí, en la ventana.

(Se va).

vi. Cántico a las aguas púrpuras

¡Abre tus ojos negros, Almendares!
Aparta la pereza de tus aguas
Sálvanos de la culpa de los castos
Del llanto mudo
La mirada ciega
Del mísero vaivén de los cordales
Repitiendo consignas

Redímenos de pactos de silencio
Que enferman a la Patria de hemorragias
Líbranos, por favor, de los diestros confines
De zurdos batallares
Y de nosotros mismos

Disuelve el rojo coágulo de sangre
Que tupe tus arterias
Deja que corra libre cuesta abajo
Que se lleve su mugre
Sus deshechos
Por las alcantarillas
Con la mierda

Y si llegara a padecer la Patria
De una inminente enfermedad venérea
Permite que la sangre llegue al río
Y llévala hasta el mar
Para que muera.

VII. Débora e Isaac

Ningún lugar. Isaac busca a tientas en el suelo. Le sangra la frente. Débora permanece estática.

Débora. ¿Qué hace?
Isaac. Busco mi martillo.
Débora. Para qué sirve un martillo en un lugar como este.
Isaac. Tiene un cabo plateado con mis iniciales. Es que soy carpintero, ¿sabe?
Débora. ¿Igual que Jesús?
Isaac. Igual que Jesús. ¿Usted cree en Dios?
Débora. Por supuesto. Todos creemos en Dios, ya sea Jesús, Buda, Alá, Olofi, Marx o la Patria.
Isaac. Todos esos dioses son falsos.
Débora. ¿Incluso Jesús?
Isaac. Jesús es el hijo de Dios, no Dios mismo.
Débora. ¿De veras?
Isaac. *(Le extiende su mano)*. Me llamo Isaac.
Débora. *(Respondiendo al saludo)*. Y yo Débora. ¿Por qué le sangra la frente?

(Isaac se toca la frente y descubre que tiene sangre).

Isaac. No lo sé.
Débora. Parece que se dio un golpe.
Isaac. ¿Un golpe? Debió ser Saúl.
Débora. ¿Quién es Saúl?
Isaac. Mi hermano. No debí recibirlo en casa pero… con este asunto de mamá. Hacía tres años que no lo veía.
Débora. ¿Su hermano, dice?
Isaac. Está expulsado. Solo somos hermanos de sangre. Ahora ya lo sé. No volveré a dirigirle la palabra.
Débora. Pero es su hermano.
Isaac. También Caín era hermano de Abel.
Débora. Entiendo.

Isaac. Y usted, ¿cómo llegó aquí?
Débora. No lo sé. Pensé que podría encontrar a mi hijo.
Isaac. ¿Está perdido?
Débora. No. La que está un poco perdida soy yo. Anoche casi no pude dormir. Tenía unos dolores insoportables. Ahora ya me siento mejor.

(Isaac mira fijamente el vestido de Débora).

Débora. ¿Le inquieta mi vestido?
Isaac. Disculpe.
Débora. No deja de mirarme.
Isaac. Es que… es blanco.
Débora. ¿Nunca ha visto un vestido blanco?
Isaac. Por supuesto. Mucha gente usa ropa blanca.
Débora. Es un color despejado. Los ángeles llevan ropas blancas.
Isaac. Sí, claro, los ángeles.

(Pausa incómoda).

Débora. Tal vez estemos en el cielo.
Isaac. *(Mirando a su alrededor).* Este no es el cielo.
Débora. O en el infierno.
Isaac. El infierno no existe.
Débora. A algún lugar deben ir los muertos.
Isaac. No estamos muertos.
Débora. ¿Cómo puede estar tan seguro?
Isaac. Lo sé.
Débora. Un cristiano que no cree en el infierno.
Isaac. ¿Es católica?
Débora. Sí.
Isaac. El infierno es un invento de ustedes para convertir a los hombres a través del miedo. ¿Cómo puede un Dios de amor atormentar a las almas en un lugar como ese?
Débora. *(Pausa).* Tiene razón. Sería una violación de los derechos humanos.

(*Ríen. Luego quedan muy serios*).

DÉBORA. ¿Cómo sabe que no estamos muertos?
ISAAC. ¿No ha leído la Biblia?
DÉBORA. Varias veces, pero eso no responde mi pregunta.
ISAAC. Eclesiastés, capítulo nueve, versículo cinco: «Los vivos saben que han de morir, pero los muertos nada saben».
DÉBORA. Entonces no podemos estar muertos.
ISAAC. Todavía no.
DÉBORA. No sé si es una buena o una mala noticia.
ISAAC. Siempre es una ventaja estar vivos.
DÉBORA. Eso espero. *(Pausa)*. Y entonces, ¿qué pasó con su madre?
ISAAC. *(Cambia su ánimo bruscamente)*. ¿Cómo sabe lo de mamá?
DÉBORA. Yo no sé nada. Usted lo mencionó al principio.
ISAAC. Hemos hablado de todo menos de mamá.
DÉBORA. Claro que sí. Usted dijo algo de su hermano y luego añadió: «pero con este asunto de mamá».
ISAAC. No recuerdo haber dicho eso.
DÉBORA. Sí lo hizo; pero si no quiere hablar del asunto, no lo haga.
ISAAC. Es que estoy convencido de que no le he hablado de mi madre.
DÉBORA. De acuerdo. Yo lo inventé.
ISAAC. ¿Cómo llegó aquí?
DÉBORA. Suponga que de la misma forma en que llegó usted.
ISAAC. *(La toma por los hombros)*. ¿Quién la envió?
DÉBORA. ¿Qué dice?
ISAAC. ¿Mi hermano? ¿Los del hospital? ¿La policía?
DÉBORA. No sé nada de ningún asunto relacionado con la policía.
ISAAC. *(La sacude con violencia)*. ¿Qué hace aquí? ¿Por qué lleva ese vestido blanco? ¡Contésteme!
DÉBORA. ¡Porque esta es mi manera de gritar! ¿No tiene usted la suya? Deje en paz mi vestido y saque sus manos de encima de mí.
ISAAC. *(Reacciona. La suelta)*. Disculpe.
DÉBORA. No vuelva a tocarme. No tengo nada que ver con lo que usted dice. Y no conozco a su hermano.

Isaac. *(Pausa. Se sienta).* Tiene razón. Tal vez estemos muertos.
Débora. ¿Qué pasó con su fe?
Isaac. Está llena de dudas.
Débora. Es por las dudas que buscamos la fe.
Isaac. Yo maté a mi madre. *(Silencio).* Querían ponerle sangre. Les exigí que buscaran otras alternativas. Que nuestros principios no nos permitían aceptar una transfusión; pero ellos no escucharon. La saqué del hospital y la escondí en un pequeño taller cerca del río Almendares. Al mediodía ya estaba muerta. La dejé allí, tirada sobre un mueble roto, con los ojos semiabiertos y la boca reseca. Y me fui a esperar un milagro. Pero ya no son tiempos de milagros.

(Isaac va a retirarse).

Débora. ¿A dónde va?
Isaac. A buscar mi martillo.
Débora. ¿Para qué sirve un martillo en lugar como este?
Isaac. Tiene un cabo plateado con mis iniciales. Debo encontrarlo antes de que empiece a olvidar… quien soy.

VIII. Judit y Raquel

Una consulta. Raquel revisa un expediente. Judit está sentada frente a ella con las manos ocultas.

Raquel. Ahora podemos hablar sin temores. Tus padres han salido.
Judit. ¿Qué le hace pensar que puedo confiar en usted? Estuve nueve meses en el vientre de mi madre, me alimenté dos años de su pecho y no confío en ella para nada. Mi padre siempre ha estado ahí, a la vista, como una verruga. ¿Y sabe qué? Tampoco confío en él.
Raquel. Entonces padeces de una terrible crisis de confianza.

Judit. *(Sonríe)*. ¿Ha leído sobre el síndrome de los hijos de padres no divorciados? Debería hacerlo. No sabe el daño que puede causarle a alguien de mi generación.

(Judit se pone de pie y se voltea. Raquel la observa detenidamente).

Raquel. Eres una muchacha muy... inteligente.

Judit. Gracias. No sabría si decir lo mismo de usted. ¿Qué tiempo hace que se graduó?

Raquel. Creo que soy yo quien hace las preguntas.

Judit. Soy yo quien tiene las muñecas cortadas. Si no puedo hacer preguntas no hago nada en este lugar.

(Pausa).

Raquel. Nueve años. Me gradué hace nueve años y he visto cientos de chiquillas como tú. Excéntricas, rebeldes, autosuficientes. ¿Y sabes qué esconden todas? Un miedo terrible a la vida. Se creen fuertes y ni siquiera tienen el valor de soportar una pelea con el novio, un regaño del padre o una baja calificación en la escuela. ¿Qué sabes tú de pérdidas? ¿Qué sabes tú de frustraciones? Si quieres irte, vete; pero no te hagas la víctima porque no lo eres.

Judit. Nueve años. Usted sí sabe de pérdidas. Ha perdido nueve años de su vida. ¿Quién le dijo que la psicología es una profesión? Es un pasatiempo. El juego de intentar resolver los problemas ajenos para evadir los propios. ¿Quiere jugar conmigo a la sicóloga? Hágalo. Me sobra el tiempo.

(Judit saca un cigarro y lo enciende).

Raquel. ¿Tus padres saben esto?

Judit. ¿Que fumo? *(Arroja el humo sobre la cara de Raquel)*. ¿Quiere que le cuente lo que hacemos mis amigos y yo cuando no tenemos dinero para comprar nieve? *(Confidencialmente)*. Raspamos la cinta de los casetes de video. Es mucho más barato y produce casi el mismo efecto. Claro, ¿a quién no le gusta el color blanco? Pero para conseguirlo hacen falta trabajos que reporten ganancias.

Raquel. ¿Qué tipo de trabajos?

Judit. ¿No tiene imaginación? Este vicio *(muestra el cigarro)* es ciertamente inofensivo.

(Raquel le quita el cigarro y lo apaga).

Raquel. En mi consulta no le permito a ningún paciente vicios inofensivos.

Judit. Usted también fuma.

Raquel. Yo soy la doctora.

Judit. Claro. El sistema de poderes. *(Pausa)*. ¿Puedo hacerle una pregunta, doctora?

Raquel. Depende.

Judit. ¿Es casada?

Raquel. No.

Judit. ¿Tiene hijos?

Raquel. Cuido al de mi hermano.

Judit. Ah… No se preocupe. No voy a preguntarle por su hermano.

Raquel. Mi hermano está preso y su esposa muerta. ¿Eso te complace?

Judit. Lo siento.

Raquel. No lo sientas. El único que puede sufrir toda esta desagradable situación es demasiado pequeño para entender.

Judit. Ya.

Raquel. Eres curiosa, ¿sabes? Quiero proponerte un juego. Es sencillo. Consiste en lo siguiente: tú me haces una pregunta y yo te contesto con la verdad.

Judit. ¿La verdad?

Raquel. Tienes mi palabra. Luego pregunto yo y tú contestas igual de franca. ¿Estamos?

Judit. ¿Quién comienza?

Raquel. Ya respondí a tres preguntas tuyas.

Judit. Dos. Habló de su hermano porque quiso. Yo no pregunté.

327

Raquel. Está bien. Entonces tengo dos turnos.
Judit. Adelante.
Raquel. ¿Por qué crees que lo hiciste?
Judit. ¿Qué cosa?
Raquel. Intentar matarte.
Judit. Yo no intenté nada. Solo estaba probando si las cuchillas tenían filo.
Raquel. Quedamos en decir la verdad.
Judit. Esa es la verdad. Si hubiera querido matarme, lo habría hecho. Sé perfectamente cómo hacerlo.
Raquel. Confiemos en tu capacidad. Segunda pregunta: ¿amas a alguien?
Judit. ¿Qué tipo de amor?
Raquel. El amor es uno solo. Lo que cambia es el modo de enfocarlo.
Judit. Amo a una persona mayor que yo. Alguien que podría matarme.
Raquel. Se lo has dicho.
Judit. Ya hizo sus dos preguntas. Ahora es mi turno.
Raquel. Es cierto. Te escucho.
Judit. ¿Yo le gusto?
Raquel. ¿Cómo?
Judit. Vamos. No se ponga colorada. Desde que entré no deja de mirarme de manera extraña. Sé que le molesta, pero no puede evitar que sus ojos vayan a parar siempre a mis tetas. Es mi culpa. Uso ropa demasiado provocativa.
Raquel. Estás pasándote, chiquita. No voy a permitir que me ofendas.
Judit. ¿Es una ofensa ser homosexual?
Raquel. Claro que no, pero...
Judit. La persona de quien le hablé es homosexual y aún así lo amo.
Raquel. Jamás me he acostado con otra mujer.
Judit. ¡Qué lástima! ¿No ha tenido el valor o no ha aparecido la persona?

RAQUEL. Hemos terminado.
JUDIT. De acuerdo. Yo seguiré de consulta en consulta hasta que mis padres se harten y usted continuará con su vida frustrada e insatisfecha.
RAQUEL. Ya puedes salir. Tengo otros pacientes.
JUDIT. Allá afuera hay solo dos mocosos. Y le digo algo: he visto sus caras. No tienen remedio.
RAQUEL. ¿Tú tienes remedio?
JUDIT. Yo tengo lindas tetas. ¿No lo cree?

(Raquel se sienta. Aparta un poco su silla de la mesa. Prende un cigarro. Fuma).

RAQUEL. Qué tienes en esa cabeza, muchachita.
JUDIT. Usted es la sicóloga. Averígüelo.

(Pausa).

RAQUEL. ¿Dónde vives?
JUDIT. Cerca. En las orillas del río Almendares.
RAQUEL. Y tus padres, ¿te dejan salir?
JUDIT. Nunca pido permiso.
RAQUEL. Bien. Pues creo que deberíamos vernos fuera de esta consulta. Eres un caso muy difícil.
JUDIT. *(Pidiéndole el cigarro).* ¿Puedo?

(Raquel lo piensa. Luego se lo pasa).

RAQUEL. Te gusta jugar con fuego, ¿verdad?
JUDIT. ¿A usted no? El fuego siempre es excitante.
RAQUEL. *(Acalorada).* ¿Cuándo puedo verte?
JUDIT. ¿Para qué?
RAQUEL. Para hablar. Quiero que me cuentes alguna de tus historias con el fuego.
JUDIT. Antes tengo que decirle algo.
RAQUEL. Te escucho.

(Judit se le acerca provocativamente).

Judit. Resulta que *(apaga el cigarro sobre la libreta de notas)* usted no me gusta. Ni siquiera un poco.

(Pausa).

Raquel. Sal de mi consulta.
Judit. Siempre me echan de los lugares.
Raquel. Sal ahora mismo.
Judit. No se preocupe. No pienso quedarme un minuto más. *(Intenta salir. Retrocede).* Una última cosa… Si prueba con cuchillas, procure cortar bien profundo y meter los brazos en el agua. Si es caliente, mejor. Le aseguro que casi no duele y es muy efectivo. Buenas tardes.

(Sale).

ix. David y Pablo

Un cuarto de baño. Pablo se prepara para afeitarse. Una toalla alrededor de su cintura cubre su desnudez. Conversa con alguien que aún no está en escena.

Pablo. Debiste avisarme que vendrías.
David. *(Voz en off).* ¿Cuándo he tenido que llamarte para decir que vengo?
Pablo. No te pongas así. Es que me da un poco de vergüenza que tú llegues y yo esté de salida.
David. *(Voz en off).* Puedo esperarte. No tengo prisa.
Pablo. Tal vez me demore.
David. *(Voz en off).* Te dije que no estoy apurado. *(Pausa).* ¡Mierda!
Pablo. ¿Qué pasa? ¿No lo encuentras?
David. *(Voz en off).* Por ninguna parte.
Pablo. Busca encima de la cómoda.
David. *(Voz en off).* Ya lo hice. Encima, debajo…

PABLO. Entonces no tengo ni idea de dónde pueda estar.
DAVID. *(Voz en off).* Ya lo encontré.

(David entra en la escena).

DAVID. *(Mostrando un espejo).* Debajo de la cama.
PABLO. Buen lugar para un espejo. *(Lo toma. Comienza a afeitarse).*
DAVID. ¿Con quién vas a salir?
PABLO. Con quien va a ser. Con los pocos amigos que me quedan. ¿Te molesta?
DAVID. Claro que no. Soy yo el primero que quiere que salgas de este encierro.
PABLO. Tú también deberías distraerte de vez en cuando.
DAVID. ¿Me estás pidiendo que te acompañe?
PABLO. ¿Para qué? Te cuidas demasiado.
DAVID. Eso puede cambiar. Además, no tengo nada que hacer ahora.
PABLO. Déjalo. Te aburrirías con nosotros.
DAVID. ¿Por qué habría de aburrirme?
PABLO. Hazme caso. Yo voy para no dejarlos embarcados.
DAVID. No quieres que vaya contigo.
PABLO. No es eso.
DAVID. ¿Entonces?
PABLO. Digamos que… prefiero ir solo.
DAVID. ¿Qué te pasa? ¿Por qué estás tan indiferente?
PABLO. ¿Indiferente yo? ¿Cuándo fue la última vez que te vi? ¿Un mes? ¿Dos?
DAVID. He estado ocupado.
PABLO. Yo en cambio he permanecido en esta casa sin sacar un pie por esa puerta.
DAVID. Déjame afeitarte.
PABLO. Tendría que estar loco para poner una cuchilla en tus manos y entregarte mi cabeza.
DAVID. Tengo tu cabeza en mis manos desde hace mucho tiempo.

(Pablo le entrega el espejo y la navaja a David).

Pablo. Con cuidado.
David. Sé hacerlo.

(David comienza a afeitar a Pablo).

David. Me gusta el sonido que produce la cuchilla cuando raspa la piel. Afeitarse es como un ritual purificador. Eliminar el pecado, la doble moral, la hipocresía… Si pudiera me raparía las cejas y el cráneo. Adoro la piel lisa, desnuda. No entiendo cómo puede haber hombres que se pasen la vida escondidos detrás de una máscara de pelos. *(Pausa)*. Me estoy divorciando, Pablo.

(Silencio).

Pablo. ¿Por qué?
David. Porque ya no soporto mi barba.
Pablo. ¿Y qué piensas hacer?
David. Pedirte ayuda.
Pablo. *(Apartándose sutilmente)*. Es una locura que vengas para acá.
David. No tengo otro lugar a donde ir.
Pablo. ¿Sabes lo que implicaría que empieces a vivir conmigo?
David. No me importa. En algún momento tenía que asumir lo que soy.
Pablo. ¿Y qué eres? ¿Te atreves a nombrarlo? *(Pausa)*. Eso no es bueno para ti, David.
David. Soy yo quien sabe lo que es bueno para mí.
Pablo. Piénsalo mejor.
David. He pensado suficiente. Estoy cansado de pensar. Si el problema es contigo, me lo dices: «No puedo ahora. No quiero a nadie en mi casa. Estoy demasiado acostumbrado a estar solo. Encontré a otra persona».
Pablo. No se trata de eso. *(Pausa)*. Sí se trata de eso.
David. Ah… ¿Uno de los ejemplos o todos juntos?
Pablo. Encontré a otra persona.
David. Comprendo. ¿Y yo? Me voy al carajo, ¿no?

Pablo. Puedes quedarte hasta que consigas algo.
David. ¿Algo como qué?
Pablo. No sé… Un alquiler.
David. ¿Y cómo lo pago? ¿Con mi salario?
Pablo. No soy tu padre.
David. ¡Caramba! Debí pensar en eso cuando ni tu padre ni tu madre querían saber de tu existencia.
Pablo. Recuerdo todo lo que hiciste por mí y te lo agradezco; pero agradecimiento no es amor.
David. Amor, amor… ¿Quién coño habla de amor? Mi problema es que ahora no tengo un techo que me cubra ni una almohada donde recostar la cabeza.
Pablo. Voy a ayudarte; pero no te puedes quedar conmigo por tiempo indefinido.
David. ¿Quién quiere eso? No te estoy exigiendo nada. Me estoy quejando de mi suerte. Claro que no quisiera estar aquí cuando comiences a revolcarte con otro tipo. ¿Puedo saber quién es?
Pablo. *(Pausa).* Es una muchacha.
David. ¿Una muchacha? *(Empieza a reír).*
Pablo. Sí, una muchacha. Y me gusta mucho.
David. ¿Qué edad tiene?
Pablo. Dieciséis.
David. ¿Y sabe que estás enfermo?
Pablo. Lo sabe. Y no le importa.
David. Estás loco, Pablo.
Pablo. Quizás.
David. Termina con eso. Puedes ir preso. O peor, si lo padres de esa niña se enteran te van a matar.
Pablo. ¡No me digas lo que tengo que hacer!
David. ¿Y si la enfermas?
Pablo. ¿Te enfermé a ti? Sé muy bien cómo cuidar a otra persona. No voy a dejar que le pase nada.
David. ¿Qué derecho crees que tienes…?

PABLO. ¡Todo el derecho del mundo! No estoy muerto. No soy un anciano decrépito. No estoy vegetando en una cama. Tengo derecho a enamorarme de quien quiera. ¡De quien me dé la gana! No estoy engañando a nadie.
DAVID. Yo también estoy vivo. ¿Tengo derecho a algo?
PABLO. Sí. Vuelve con tu mujer.
DAVID. *(Pausa).* ¿Sabes una cosa? A los treinta y ocho años he decidido dar el paso más importante de mi vida y no pienso retroceder... ni un centímetro.

X. SAÚL Y SARA

Interior de una casa. Saúl está tirado sobre el piso, dormido, desnudo, atado y con las manos manchadas de sangre. Sara, también desnuda, está sentada en un mueble contemplando a Saúl. Acaricia un cuchillo.

SAÚL. *(Levantando la cabeza).* ¿Todavía estoy aquí?
SARA. *(Coloca el cuchillo sobre el mueble y se cubre con una sábana).* Es muy temprano para que quiera irse.
SAÚL. ¿No ha llamado a la policía?
SARA. ¿Quién necesita policías?
SAÚL. En todo caso... yo.

(Saúl empieza a reír).

SARA. ¿De qué se ríe?
SAÚL. Cuando llegué, pensé que no me abriría la puerta.
SARA. ¿Por qué no? Si tuvo el valor de venir hasta aquí es porque estaba desesperado. ¿Qué daño podía hacerme?
SAÚL. Me sorprende. Un simple vaso de agua y mire lo que ha hecho conmigo.
SARA. Pastillas. Un simple vaso de agua y pastillas. ¿Quiere lavarse las manos?

SAÚL. *(Deja de reír).* Ya lo he hecho. No es en la piel. Es más adentro. He intentado lavármelas más de cien veces y por más que froto no quedan limpias.
SARA. Entonces no lo siga intentando.
SAÚL. Debería deshacerme de ellas. Un solo corte rápido, preciso.
SARA. ¿A eso ha venido? ¿Quiere que yo le corte las manos?
SAÚL. Había venido a pedirle perdón.
SARA. Yo no soy Dios.
SAÚL. Necesito el suyo, no el de Dios.
SARA. ¿Para qué?
SAÚL. Para irme en paz.
SARA. Es una tontería pensar que mi perdón puede traerle paz. Si vino a eso tendrá que seguir con su tormento. No puedo perdonarlo.
SAÚL. Entonces por qué abrió la puerta.
SARA. Necesitaba verlo.
SAÚL. ¿Precisamente a mí?
SARA. A nadie más que a usted. Los primeros días no era capaz de pensar en nada. No me producía ninguna sensación en específico. Luego vino la rabia. Una rabia inmensa que se me aculaba en el estomago y se convertía en asco. Vomité mi hígado. Estaba podrido. Vomité mi insignificancia, mi falta de ego, mis inseguridades, mi sumisión, mi ausencia. Ya nunca más podré sentir asco por nada. Agoté mis reservas. Y todo eso se lo debo a usted.
SAÚL. ¿Me está dando las gracias?
SARA. Quería verlo. Pero esta vez yo no sería la víctima.
SAÚL. Por eso hizo todo esto.
SARA. Por eso y porque soy de carne y hueso.
SAÚL. Aquella tarde cuando vi sus carnes y sus huesos no pude contenerme. Tuve que seguirla, calle tras calle. Cuando la perdía me guiaba por su olor. Podía ver su sudor corriendo como un hilo de sangre entre sus tetas. Sentía el roce de sus muslos

húmedos... Disfruté cada grito, cada súplica, cada lágrima. No fue ni culpa lo que pasó. Usted..., usted también quería.

SARA. ¿Y no puede sentir lo mismo hoy? Acuéstese.
SAÚL. ¿Piensa violarme?
SARA. Pienso muchas cosas.
SAÚL. ¿Qué gana con esto?
SARA. Placer. Es la mayor de las ganancias.
SAÚL. Es una enferma. ¿Desde cuándo no lo hace con su marido?
SARA. Ya no tengo marido. Solo lo tengo a usted.
SAÚL. *(Pausa)*. Lo que piense hacer, hágalo rápido.
SARA. ¡Cállese! Para ustedes todo es rápido. Las mujeres hacemos las cosas de un modo distinto. *(Se sienta encima de él y comienza a tocarlo)*. ¿No ha escuchado que los hombres se excitan por los ojos y las mujeres por el oído? Entonces hábleme. Hábleme de usted.
SAÚL. ¿Qué quiere que le diga?
SARA. Esa sangre que lleva en las manos, ¿de quién es?
SAÚL. Es mi sangre.
SARA. No mienta. No tiene heridas por ninguna parte. No puede ser suya.
SAÚL. Es mía. Se lo aseguro. Sangre de mi sangre.

(Sara voltea a Saúl).

SARA. Escúcheme...
SAÚL. Saúl. Me llamo Saúl.
SARA. Su nombre no me interesa para nada. Cállese y escuche. Quiero que me haga el amor. Varias veces. Cuantas veces yo quiera.
SAÚL. Está loca. ¿Qué busca?
SARA. No le importa. Después lo dejaré irse. Y entonces, quizás, le dé el perdón.
SAÚL. Cuando hayamos terminado estaremos parejos. No me hará falta su perdón.
SARA. Como quiera. Empecemos ahora. *(Comienza a movérsele encima)*. ¿Qué pasa? ¿Por qué no se excita?

Saúl. Estoy incómodo. No puedo hacerlo con las manos atadas.
Sara. No se haga el listo. No voy a soltarlo.
Saúl. Al menos desnúdese. ¿No dice que los hombres nos excitamos por la vista? ¿Cómo quiere que lo haga si no se quita la sábana?
Sara. Me está costando demasiado trabajo. No sabía que violar a un hombre fuera tan difícil.
Saúl. Tal vez si usted estuviera debajo y yo encima…
Sara. Olvídelo. *(Se quita la sábana)*. ¿Así está bien?
Saúl. Está mejor.
Sara. ¿Le parece que tengo buenas tetas?
Saúl. Me recuerda a mi madre.
Sara. *(Lo golpea)*. No piense en su madre y concéntrese en mis tetas. ¿Quiere que baile? ¿Pongo un poco de música?
Saúl. Usted está loca.
Sara. ¡Míreme!
Saúl. ¡Le dije que con las manos atadas no puedo!

(Sara se levanta. Toma el cuchillo y corta la cuerda que ata las manos de Saúl. Tira el cuchillo sobre el mueble y vuelve a su posición).

Sara. Ahora no quiero excusas. Haga lo suyo.
Saúl. ¿Puedo acariciarla?

(Sara toma las manos de Saúl. Las pone sobre sus tetas).

Saúl. *(Pausa)*. Lo siento. No puedo hacerlo.

(Silencio).

Sara. ¿Cree que pueda más tarde?
Saúl. No lo sé.

(Sara se levanta y se cubre. Toma el cuchillo y lo deja caer sobre Saúl).

Sara. Tome. Córtese las manos.

XI. Diáspora

Quedarse en un oscuro rincón del mundo
No es cosa de cobardes
Hay que tener coraje para ver los veleros alejarse
Y morder la arena desierta de la playa

Sobre el mástil anclado en tierra firme
Donde planté mis botas
Vislumbro los confines no tan luminosos
De los otros rincones

El Almendares sangra como el Nilo
El Sena, el Orinoco, el Mississippi

La sangre es roja desde el Amazonas
Hasta el Plata, el Bravo y el Missouri

Todos llevan su corona de espinas
clavada en la cabeza
Todos sangran
por el mismo costado

Irse en sangre
Tragar buches de sangre
Sangre azul
Sangre de horchata
Sangre que te quiero sangre
La sangre derramada
Sangre caliente
Sangre fría
El llamado de la sangre
Mi sangre.

Epifanía del cangrejo
Reinaldo Montero

[2016]

a carlos pérez peña / en cuba
a ivam cabral / en brasil

los hechos en el espacio lógico son el mundo

Ludwig Wittgenstein,
Tractatus logico-philosophicus

Dramatis personæ

    o un actor o varios actores o multitud de actores
    o un coro o varios coros o multitud de coros
    el público

Lugar

    frente al público
    o entre el público

Tiempo

    ahora
    o nunca

Acción

    es como sigue

Primer tiempo: de los hechos

un choque
la realidad no son las cosas la realidad no es lo que se ve la realidad
no es mi mano
la realidad es lo que sucede la realidad son los hechos
en un hecho cualquiera
el primero que se nos ocurra
está contenido todo lo sucedido y por suceder
un ejemplo
lo que está pasando ahora mismo aquí es un hecho
y ese hecho explica el de
no y no
por poco suelto la palabra «devenir»
«devenir» tiene tufo a «destino» o a disfraz de destino
aborrezco el destino la idea de destino
aborrezco el destino inexorable el destino inextricable el destino
inexcusable el destino y más palabras con equis que no me vienen a
la cabeza pero por ahí andan
el destino supone brazos cruzados
«devenir» es peor
palabreja además franchute
«devenir» no indica nada no dice nada no es nada
ahí la dejamos
a lo que iba
los hechos son impertinentes los hechos son tozudos los hechos
suceden de un modo y no de otro
hoy mismo por la mañana cuando me estaba cepillando los dientes
escuché un estruendo que venía de la calle
gomas chillando hierros que golpean hierros cristales rompiéndose
sonido de susto
escuché un «ah» o una especie de «ah» en susto

un choque
fue un choque
un choque supone culpa también inocencia un choque es un hecho
no sé si en ese hecho hubo heridos sí sé que no hubo muertos
uno siente cuando hay muertos
yo percibo con claridad la muerte
la presiento la siento la
aquí está
no es una obsesión personal es un hecho
muerte muerta seas muerta y mal andante
olvídenlo
vete
yo no te olvido pero vete
aléjate por lo menos
así
volvamos al choque
no
dejemos el choque dejemos el «ah» de muerte que no hubo y que no
quiero dejemos mi boca a medio cepillar
me arde una idea
la luz de la razón
lo que yo o tú quisimos que alguna vez ocurriera y no ocurrió o lo
que tú o él o ella quieren que ocurra y no va a ocurrir o lo que él y
ella hubieran querido y hoy aún quieren y mañana querrán
no no por ahí no va la idea que me arde
qué cosa dolorosa una idea
la mayoría de las ideas se quedan en el parto
ideas estériles como semillas estériles
interesante poner bajo la lupa una semilla estéril
es como poner bajo la luz de la razón una idea cualquiera incluso
las que suenen a disparate
«la luz de la razón» parece una frasecita pero tiene su quisicosa
cuando la luz de la razón ilumina un suceso

cómo nos ponemos tontos cómo nos dejamos cautivar por lo sonante
«cuando la luz de la razón ilumina»
bah
la idea que tengo no es tonta la idea que tengo es noble aunque no sepa decirles en qué sentido de la palabra noble
¿por qué no acabas de salir?
¿por qué no arrancas con la fuerza rompedora que tiene una idea que vale?
sé que vales
sé lo que pasa
la idea no cree estar lista
a arrastrarla quiera o no quiera y que se deje contemplar
imposible
vamos a darle tiempo vamos a darnos tiempo
dejemos que repose que madure
será una idea fecunda
será
es mi esperanza
quiero que sea tu esperanza y la tuya y la tuya y la tuya y la tuya también
un cuento belga
mientras la idea se va añejando les contaré la historia de una idea estéril por causa de un alumbramiento caprichoso de la famosa luz de la razón
érase que se era un plácido día de primavera en las afueras de amberes cuando el flamenco jean marc vanden broeck se sentó en el jardín de su casa ante un espléndido servicio de té y frente a un bosquecillo que la primavera había revivido
toda una postal
la historia me gusta porque tengo que imaginar las afueras de amberes y nunca he estado en bélgica y nada sé de primaveras
en el trópico las cuatro estaciones son tres
lluvia y seca

aclaro que bosquecillo y servicio de té parecen de novela traducida
pero en verdad eran herencia del abuelo de jean marc vanden broeck
que también se llamaba jean marc vanden broeck
volvamos al nieto de su abuelo que en la remota y exótica bélgica llena
su taza casi hasta el borde con un líquido oloroso de color ambarino
no salimos de la postal
de pronto a jean marc vanden broeck le llamó la atención algo que
arruina la postal
era algo cotidiano y no tenía por qué causar asombro
mas asombro causó en jean marc vanden broeck
dicho con otras palabras hizo una entrada bestia la luz de la razón y
el nieto del abuelo quedó iluminado con un fogonazo brutal
nuestro héroe observa una gota de té que rueda por la boquilla de la
tetera la observa como si viera ese hecho por primera vez en la vida
y rácata
la consecuencia del fogonazo fue una idea que sedujo a jean marc
vanden broeck por diecisiete años
era su destino al decir de los antiguos
pergeñando complejas fórmulas matemáticas jean marc vanden
broeck pasó la retahíla de diecisiete años tratando de diseñar una
boquilla de tetera que no goteara
dicho sea de paso el ejército de estados unidos financió la acuciosa
investigación con setecientos veinte mil dólares
setecientos veinte mil en diecisiete años son más de cuarenta y dos
mil al año que vienen siendo unos tres mil y medio mensuales que
en el trópico serían un potosí aunque en europa tal vez no alcance
ni para sentarse en un bar y pedir un achicoriado café belga y un
roñoso tabaco belga
¿los yanquis tan pragmáticos pensaron que la boquilla no goteante
serviría para algo más que para no gotear?
¿habrá detrás de los setecientos veinte mil dólares una gratificación
por espionaje y la persecución de la gota resbalosa era una tapadera?
the answer my friends is going in the wind

el caso es que la investigación de jean marc vanden broeck fue infructífera
en parte porque los dioses no permiten boquillas de teteras sin gotas resbalosas y en parte porque jean marc vanden broeck murió
otra vez la muerte asomando su oreja
muerte muerta seas otra vez
muerte no me importas muerte
qué mentira
a lo que iba
qué fascinación causan las semillas estériles
y las semillas estériles son legión
esterilidad dichoso tesoro esterilidad y dispendio de carretilla de dólares esterilidad y vida vuelta desperdicio
uno también puede hacerse el belga y morir en el intento
ah
un «ah» no de susto un «ah» de asombro del alma porque después viene una frase bonita
a repetirlo
oigan cómo suena cómo prepara la frase bonita
ah
ah la semilla estéril nos hace paladear la virtud terrestre el tesón de las plantas pujantes la gracia de los frutos pulposos
semilla estéril es raquitismo en los plantíos en el terruño desierto en el alma
por si fuera poco la semilla estéril es también el ejemplo más feraz de la decadencia
cuánto encandila la decadencia
más que la luz de la razón
de la decadencia
dejemos algo claro
al tránsito de la maravilla a la mierda no se le puede llamar decadencia
más respeto para la decadencia
hay decadencias varias hay decadencias para escoger

por el mundo medran variopintas decadencias entrelazadas como guirnaldas
una de las muchas decadencias suele llegar a pequeños pasos
mansa decadencia suave y seductora decadencia
oigan como suena lo que viene
decadenza rallentata decadenza non vivace e invece molto piana pianissima questa decadenza dolce
hay montón de frases decadentes como esta en la viña decadente del señor
mi voz que contiene al mundo todo
ya en eso estamos de acuerdo
puede ganar en decadencia
verán
ahora mismo
¿lo notan?
o más aún
¿sí?
y mejor todavía
¿no les parece?
así se puede ir decadenteando y hundirse y más hundirse
pero qué sutil decadencia la del belga jean marc vanden broeck que estuvo goteando inútiles fórmulas matemáticas que le fueron oprimiendo y más oprimiendo el pecho hasta que un día no le quedó ni una resbalosa gota de aire
¿o será que los servicios secretos belgas asesinaron al espía de los servicios secretos gringos?
violenta la decadencia de los servicios secretos que chocan como los autos chocan
¿tendrán también su carga de culpa e inocencia?
ah
ese «ah» no me gustó
ah
este es mi «ah» mejor este «ah» advierte que ahora sí que sí que llega
que aquí está

hablo de la idea que andaba madurándose no de la muerte
¿por qué la pienso la nombro la convoco?
olvídenla
yo no te olvido
escuchen parte de la idea
solo una parte
dice
solo partiendo de la más profunda decadencia podemos arribar a la epifanía
vida de jesús
la epifanía es revelación advenimiento visión de visiones ¿queda claro?
la epifanía indica la presencia de ¿cómo decirlo?
qué doctoral me quedó «¿cómo decirlo?»
el problema es que yo no soy cristiano ni mahometano ni budista ni palero ni espiritista ni profeso la fe judaica ni-ni ni-ni ni-ni
pero me encanta ese personaje a quien llamaban entre otros muchos nombres jesús
jesús no iba como un emperador
¿cómo se muestra jesús ante los magos del oriente?
desnudo un recién nacido desnudo
¿cómo se presenta jesús ante san juan el bautista?
desnudo un hombre joven desnudo
¿cómo se revela jesús cuando comienza su vida pública en las bodas de caná?
desnudo o sea bailando porque bailar es un anticipo de la desnudez
y de ese modo desnudo entró al escenario de su primer milagro
el milagro del vino que vino del agua
no escogió la sinagoga como escenario de su primer milagro
tampoco escogió a un enfermo
escogió el momento previo a la desnuda templeta de los amantes
todo lo que produce placer es artículo de primera necesidad y en general escasea y jesús baila baila baila y hace correr el vino acuoso
casi una epifanía
casi

heráclito vs. demócrito
alcanzar la más cumplida epifanía no es difícil es imposible
por eso la estamos procurando aunque me lata en las sienes la amenaza de la semilla estéril
no y no y no
no habrá semilla estéril
vamos a intentarlo vamos a intentarlo vamos a intentarlo
el claro deseo de que una tetera no gotee o el sordo averiguar sobre las aventuras africanas de bélgica
posible objeto del espía
o la ceguera de conducir un auto a velocidad imprudente
posible causa del choque que les dije
o el procurar el prodigio de voz que tenía luciano pavarotti
posible sueño de mis gorjeos decadentes
o el dar con la revelación de la epifanía
hay que concentrarse
¿lo ven?
yo lo veo
¿no lo ven?
teatro cual teatro del mundo todo cabe en ti todo queda claro gracias a ti que eres decadente por naturaleza que eres burlador a perpetuidad de la oscura lucecita razonante y de otras negruras que eres metedor de narices donde no te llaman
metamos las narices para ver la imagen de un par de viejos
un viejo llora
otro viejo ríe
no se trata de las máscaras de la tragedia y la comedia
qué vulgaridad
los dos viejos de que hablo son muy parecidos y muy diferentes y fueron tema de la pintura durante siglos
por supuesto que no son dos viejos cualesquiera son dos célebres filósofos griegos avejentados
el llorón es heráclito
el risueño es demócrito

heráclito de efeso llora por el triste espectáculo del mundo y la falta
de moderación de armonía razonable no porque no pueda bañarse
dos veces en el mismo río
es probable que no se bañara ni una
demócrito de abdera ríe por pura propaganda porque se debe defender la alegría a ultranza y es fama que su risa a mandíbula batiente
era contagiosa y hacía olvidar la moderación y la armonía razonable
moderación y armonía razonable son dos artefactos que se asocian
con los filósofos
qué desatino
¿pero de verdad heráclito era un hombre triste hasta el desconsuelo?
sufrir vende bien
miren cómo sufro
¿impresiona o no impresiona?
lo cierto es que de los escritos de heráclito solo se conservan unos
pocos ripios donde queda claro su tono sombrío
quizás se perdieron todos sus ripios en tono ja ja
¿y de verdad demócrito era un hombre alegre hasta lo carcajeante?
la comedia vende bien
miren lo cómico que me planto
¿se dan cuenta?
lo cierto es que de demócrito quedan menos ripios
todos sus libros fueron quemados
pero en alguna que otra línea chamuchamusquiada la alegría es el
mayor bien
san pablo confesó vivir con una espina clavada en sus carnes así que
no podían gustarle libros que recomendaran el antónimo de su púa
«llora que te quemaron toda tu obra» jirimiquea heráclito
«ríe que con lo tuyo hicieron picadillo» carcajea demócrito
destino cruel destino de miedo destino del peor
no del peor porque la peor peoría es la muerte
¿habrá manera de evitar que se asome?
nuestro heráclito concibió una muerte sin muerte
vivir-morir-vivir-morir-vivir-morir-vivir-morir-vivir

todo era transcurso y retorno y no se le veía el fin
otro motivo para el llantén
nuestro demócrito resolvía el dilema de la muerte con una paradoja sencilla
no debemos temerle porque cuando ella está ya nosotros no somos y mientras somos no está
otro motivo para el carcajeo
el aguafiestas de spinoza se apea con que ni llorar ni reír sino comprender
la puso demasiado difícil
y en cuanto a la muerte
no más
¿y por fin en el teatro cabe o no cabe todo?
cabe todo y descabe todo
¿dónde se ha metido la idea? ¿dónde la dejé? ¿ya habrá alcanzado el punto de caramelo? ¿no? ¿seguro que no?
que siga madurando
esto es un teatro es un teatro es un teatro
hay que soltarlo
esto es un teatro es un teatro es un teatro
no es erre con erre
lo que quiero decir es que este es un espacio elegido para ustedes
tampoco es demagogia
desde donde estoy respiro el agradable tufo del teatro
un olor a humedad recóndita a polvo aposentado sobre el polvo
en el teatro huele hasta la luz
aquí huele distinto que aquí y que aquí
no quiero ponerme sentimental
tampoco quiero que me vean muy postdramático muy no-ficción muy sin fábula muy sin trama muy me da igual ocho que ochenta
¿la trama no es una vulgaridad burguesa? dijo perec que nabokov decía
¿el estilo no avanza dando zancadas mientras que la trama camina arrastrando los pies? dijo john banville que no se quién decía

y el paquete de lo postdramático lo no-ficcional lo infabulado lo
destramado incluye el actuar lo menos posible o mejor no actuar
y creerse y pretender que la gente crea que uno no es un personaje
como si por un instante en la vida se pudiera no ser un personaje
lo increíble es que con todos esos alimentos para el aburrimiento
arman un marketing de altura y embaucan a maría santísima
yo no me presto para eso
si el teatro es el teatro es el teatro
un actor es un actor es un actor
y cuando habla tal parece que se le están ocurriendo las palabras en
el justo momento en que las hace sonar
a veces siento que lo que digo no es algo que alguien escribió para
que yo lo vomitara
de muchos modos estas palabras que pronuncio son mías
qué maravilla
es como alcanzar la epifanía
alcanzarla por otros medios
está claro y río
está oscuro y lloro
les confieso algo
he descubierto la fórmula para cautivar y la uso
ustedes son mis cautivos
se nota yo lo noto ustedes lo notan
¿les revelo la fórmula?
les revelaré solo el afuera de la fórmula
el adentro queda conmigo
porque yo estaré repleto de ideales pero no idealizo y tendré mis
idioteces pero no soy idiota
la fórmula por fuera es tan simple como lograr el agua tibia
resumo
algo tiene que vibrar aquí para que ustedes vibren allí
y parte de la fórmula es que jamás de los jamases me ocupo de la
vibración de ustedes
si yo vibro sé que ustedes vibrarán

no necesito comprobarlo
vibrar es lograr algo así como lo que estoy sintiendo como lo que está ocurriendo en mí ahora mismo
puedo asegurarles que desde que empecé el espectáculo vibro
en varios tonos con diversas intensidades pero vibro revibro recontravibro
y la fórmula de esta fórmula su adentro profundísimo es más simple que su afuera
no puedo no decirlo y no lo tomen como generosidad
es un vicio del actor esto de compartirlo todo
es un bendito vicio
por mí estaría aquí con ustedes todas las noches hasta que la muerte nos separe
siempre la mala entraña la despreciable la me cago en su madre la no puedo con ella
¿por qué no esperas tranquila chica hazme el cabrón favor?
ya llegaremos al final
¿o tu asomadera canta que mi hora está más cerca de la cuenta?
no todavía y lloro
no te voy a dar el gusto de llorar y río
adiós heráclito
acude demócrito
el adentro de la fórmula es atacar siempre atacar siempre
entrarle a mordidas al teatro
comer todo comerme a todos
vamos vamos espectadores con ojos de par en par no teman al actor caníbal que come a vivos que come a
no dije «muertos»
vivan vivan este instante
¿lo sienten?
¿sienten lo que yo siento?
estamos aquí y ahora
y el aquí y el ahora contiene lo ocurrido en otras representaciones y lo que ocurrirá en las próximas

qué bien qué requetebién
percibimos el instante en este teatro donde juntos vamos a conjurar la muerte y juntos vamos a olvidar lo que nos espera allá afuera con su larga y abigarrada sucesión de tonterías que llamamos vida y juntos vamos a contemplar el advenimiento de la epifanía
porque estamos haciendo un viaje hacia la remota estación de nombre epifanía
y ya la avizoro
¿no es conmovedor? para mí es conmovedor
es lo que pasa soy romántico y clásico y barroco y ecléctico y moderno y postmoderno y soy lo que venga y vuelta a empezar
DE LA FE
pero esto sí es una sorpresa
acaba de hacer su entrada la fe
entrada triunfal
la fe es dueña y señora
no es que la fe no se asomara antes
a cada rato le veo el pelo como a la muerte
no y no que la muerte es calva
la fe estuvo antes de que comenzáramos la función antes de iniciar el trabajo de montar esto en que andamos y antes aún
les digo qué me pasa
si me da por tener fe no hay quien me pare
tener fe es diferente a ponerse para la fe tener fe entra sin permiso no pide nada tener fe es rarísimo
ponerse para la fe es yerba de otro surco no tiene nada que ver con tener fe al pelo
ponerse para la fe es ir a la iglesia por ejemplo esperando que a dios le dé por tener fe en ti y no tú en él y que te compadezca te ayude si por fin se decide
el tener fe es distinto es como descubrir un olor y gustar mucho de ese olor
por ejemplo el olor del teatro

un olor que no te desilusiona nunca y cuando sales del teatro la
creencia arrecia porque el recuerdo del olor se aviva a cada momento
aunque no lo estés respirando
no sé si el ejemplo del olor sea bueno
el caso es que cuando la fe me entra hasta los huesos pongo la cabeza
en un picador porque esa fe vale
no digo que valga para mí
vale para ti vale para todos vale de aquí a china
vale porque la fe hace que me dé cuenta de muchísimo
la fe hace entender
parece cosa de bolero pero es verdad
y claro que puedo equivocarme puedo engañarme
me ha pasado
a ver si nos entendemos
cuando dije «me arde una idea» cuando dije «que la luz de la razón
me asista» cuando dije «estamos haciendo un viaje hacia la remota
estación de nombre epifanía» y me quedaba así
estaba mirando con fe a la fe
y verla hace que todo cambie
es como si participara de una ascensión
hemos ascendido por encima de los hechos para divisar una tierra
prometida una tierra nueva
¿no lo notan? ¿no notan que falta muy poco? ¿que casi tenemos al
alcance de la mano la substancia única? ¿no presagian el encuentro
con la epifanía?

Segundo tiempo: de la substancia

parís y reyes
antes de palpar la substancia única llamada epifanía quiero que nos pongamos de acuerdo en dos asuntos cruciales
primer asunto crucial
los niños vienen de parís
¿estamos de acuerdo?
a ver si nos entendemos
parís es una palabra
no hay ninguna ciudad en el mundo que se llame parís
nos han engañado por siglos
parís es una palabra o el espacio de una palabra cumplida no de una palabra tipo semilla estéril
pocas veces las palabras se realizan tan bien y con parís se logró
los niños vienen de parís
yo mismo alguna vez vine de parís y usted y usted
y la baby machine que es parís seguirá vomitando gente por los milenios de los milenios
que no pare que no se atore que no se canse que no se repugne
¿de dónde vienen los niños?
veo que a nadie le queda duda
segundo asunto crucial
los reyes magos que se llaman melchor gaspar y baltazar existen durante otros días no sé pero el seis de enero día de la epifanía esos tres reyes magos que trajeron oro incienso mirra y luego se reconvirtieron en mensajeros de juguetería existieron y existen
veo que no hay unanimidad
se dice que los restos de los tres reyes descansan en la catedral de colonia
falso
los tres reyes magos viven

veo que algún que otro piensa «no trago»
la verdad-verdad es que no se sabe cuántos fueron
el evangelio de mateo dice que tres
en la iglesia siria llegaron a una docena como las tribus de israel como los apóstoles
pero la iglesia copta tiene el record en la iglesia copta se cuentan la molotera de sesenta magos
no nos pongamos coptos no nos compliquemos la vida
nos quedamos con la síntesis de mateo
y los tres magos se fueron transformando como todo
en los dos primeros siglos solo fueron magos
cuando al colegio romano le pareció que la magia era pecaminosa
les pusieron corona de reyes pero no les quitaron el sayón de magos
y de sustantivo la palabra mago pasó a adjetivo
una sutileza más política que lingüística
por cierto no hubo mago negro hasta el siglo xvi cuando europa empezó a hacer viajes regulares a áfrica y le dio por la pejiguera del ecumenismo
hoy por hoy nuestros magos viven un feroz bajón
les sacaron la mula y la vaca del pesebre que eran sus compañeras de siempre y de yeso
lo bien que se veían mula y vaca
¿a quién le molestaban?
a la mula y a la vaca les cayó un armagedón anticipado
¿pasará algo así con los reyes magos? ¿cometerán con los tres infelices desahucio? ¿el papa se volverá republicano?
¿quién sacará una espada flamígera y se abalanzará sobre melchor y zas sobre gaspar y zas sobre baltazar y zas?
ruedan las tres cabezas reales mágicamente
no y no y no
melchor se echa a un lado y la espada no lo toca gaspar da un paso atrás y la espada no lo toca baltazar se agacha y la espada no lo toca
no

no quiero que sea la astucia ninja más que la fe la que mantenga las
cabezas reales sobre esos viejos hombros mágicos
sé que aquí mismo hay quien no cree en mis queridos reyes magos
me encanta que no haya unanimidad
no pretendo no quiero que digan a coro «los niños vienen de parís»
«los reyes magos existen»
pero sería muy bonito
¿qué dice mi coro?
ni abran la boca
el problema es que no nos asiste la fe
ponga de su parte
usted que tiene un «no» pintado en la frente colabore con el artista
y póngase para la fe
anda
¿ve? esa cara está mejor
reverenciar a demócrito asienta
atrás heráclito atrás
¿a alguien le queda ñinguitica de duda?
¿usted tiene duda o dudas? quizás esté lleno de dudas
heráclito no retrocede ni muerto
es buena y mala la duda para el cultivo de la fe de una fe poderosa
que necesite de razones
es la fe la que ahora mismo me inspira una canción de alabanza
a paris-baby-machine y a mula y vaca extintas y que dedicaré a la
memoria de esos magos venidos a menos o a casi nada o a nada
canción o poesía o silencio
en este punto debo interpretar la canción intitulada «canto a la fe»
adelanto que la canción es preciosa y que contiene en sí todas las
hermosas canciones del mundo
un solo hecho explica el mundo y también una sola canción
mmmm jnnn mmmm jnnn mmmm jnnn mmmm
así es la melodía
mmmm jnnn mmmm jnnn mmmm jnnn mmmm
linda

una epifanía
con esa canción me ocurre algo extraordinario
arranco la canción y mi voz empieza a ganar en calidad y más calidad
hasta que llega a ser la voz de las voces
epifanía de la entonación
pero no voy a deleitarlos con «canto a la fe»
aunque hay una parte
mmmm jnnn mmmm jnnn mmmm jnnn mmmm
¿por qué me costará tanto trabajo dar un paso?
se me ocurre interpretar la canción pero luego creo que no debo
hacerlo y más luego vuelvo al punto inicial
¿canto o no canto? ¿canto o no canto? ¿canto o no canto?
no canto
en su lugar y para que no se pongan tristes a lo heráclito recitaré una
poesía que escribí esta mañana
aclaro que soy actor y no poeta pero cometí poesía esta mañana
después del choque de carros y cepillado de dientes
no es larga
la tortura no es mi fuerte así que la leeré por corta y porque se deja
leer
se llama «en la lógica nada es casual»
quizás termine cambiándole el título por «una gota llena la copa»
a propósito necesito un vaso de agua
agua hervida sin bichos sin cólera sin dengue sin amebas sin mierda
residual de este mundo infecto con aguas pútridas aire malsano gente
pobre demasiado pobre gente loca demasiado loca
he dicho que necesito un vaso de agua
al fin el agua
no sabe a vino sabe a agua
tenía esperanza
pero qué fresca esta agua qué maravilla tener sed y glup glup
ah
este «ah» no es retórico, no machaca sobre la satisfacción por beber
agua este «ah» tiene que ver con lo que diré enseguida

ah si así hiciéramos con la canción con la poesía con el teatro con todo
quiero decir si pudiéramos tomar canción poesía y teatro hasta el fondo y qué delicia
pero cualquier cosa que se pretenda siempre trae algo que se atraviesa no hace falta leerles la poesía
creo que a eso de querer cantar pero no cantar y de querer leer pero no leer le llaman histeria y también conflicto
¿con-flicto? solavaya que esta es la tierra del sin-flicto
no se asusten es mentira era jugando
el estado de las cosas
ahora viene una parte que se llama «el estado de las cosas»
debo empezar diciendo que somos parte del estado de las cosas que anda manga por hombro y ni a palos se arregla
la cigüeña parisina puede traerle a un matrimonio de noruegos ambos rubios y de ojos azules un hijo no negro como el carbón pero sí mulato
fue la genética mi amor ¿quieres que ponga las manos en el fuego? ¿alguna de nuestras abuelas podrá tirar la primera piedra?
cabe que años después los reyes magos le traigan al F1 un estúpido camioncito de cuerda y no la ansiada bicicleta
qué mala suerte mi niño porque en la carta estaba claro pero los reyes magos se trocaron ¿o no tienen derecho a equivocarse?
mulato y camioncito son consecuencia del estado de las cosas
«el estado de las cosas» está escrito en las estrellas
bah el estado de las cosas es una patraña un cuento narrado por un idiota sin estruendo ni furia el estado de las cosas apesta como un ratón muerto bajo el escenario
se acabó ganaste entra
que acabes de entrar
es la muerte
es nuestra invitada de honor
camina a tus anchas sobre cadáveres de ratones muertos
estado de las cosas estado de una tripa donde se empozó la muerte

no hace mucho un tío mío pasó cuatro horas y media en el quirófano carnicero donde le sacaron una tripa de este tamaño que queda por aquí
la operación fue un éxito o no estuviera haciéndoles el cuento de manera tan plácida
a mi primo destripado le encanta enseñar la cicatriz
no creo que por falta de pudor sino por el orgullo de mostrar que burló a nuestra invitada de honor
¿y por qué ocurrió lo que ocurrió?
aposentado a sus anchas en la dichosa tripa medraba un tumor que era inmenso y malignísimo
era mi sobrino un hombre a un tumor atado era un tumor superlativo
durante aquellas cuatro horas y media de carnicería que llaman intervención quirúrgica mi hermano escuchó los dulces aullidos del can cerbero
durante los días que siguieron a la operación mi abuelo estuvo recibiendo visitas continuas de un enano con gorro verde al que interrogaba sin cesar
la morfina influyó bastante en ese punto
y el enano con gorro verde dio una orden pero antes escuchó diez preguntas de mi padre
las diez preguntas al enano con gorro verde más sus respuestas más la orden dada y obedecida
¿podemos representarnos objetos fuera del espacio?
no porque los objetos nunca están divorciados del espacio aunque el dichoso espacio esté vacío o con tripa en falta por culpa de un cáncer de este tamaño
¿y cuál es mi espacio y quién soy yo dentro del espacio?
tu espacio son imágenes multicolores con movimiento incesante y fisuras que se dejan ver y penetrar y en ese espacio eres invisible a los ojos como casi invisibles son al principio esas células desobedientes llenas de vitalidad a las que llaman cancerosas
¿cuándo ocurre este jaleo entre el espacio y yo?

ocurre en el tiempo de la desobediencia porque las células pujantes no hacen caso cuando le ordenan que no se reproduzcan que mueran que se suiciden
¿cabe representarse objetos sin conexión con el tiempo?
estamos atrapados en la tela de araña del estado de las cosas y el prisionero patalea pero la tela es resistente como las células inigualables que optaron por tener vida libre independiente y soberana
¿atrapados por el espacio y el tiempo se puede ser libre independiente y soberano?
libertad esclava independencia dependiente soberanía sumisa excepto en esas células que son un alarde de decisión y poder porque consiguen alimento por su cuenta sacándolo de donde sea y crean vasos sanguíneos y hasta venas si ha menester
¿no hay luz al final del espacio en forma de túnel?
según la jodedora luz de la razón y la estadística habrá para el enfermo una luz al final del túnel pero será el tren que vendrá de frente porque las células pujantes van a lograr la excelsitud de la metástasis y multiplicarán por aquí y por allá sus ideales de libertad independencia y soberanía
¿tiene que ser así en el espacio-tiempo?
es así porque tu tripa en falta era solo una casa matriz
¿cuánto le queda al espacio para fundirse con el tiempo en un oscuro insoportable?
antes debes pasar por las cámaras de tortura que son las quimioterapias las radiaciones una nueva cirugía y eso es ya que los verdugos esperan
¿se apagó la luz de la razón? ¿el tren me está pasando por arriba?
una sola pregunta cada vez y veo que no lloras heraclíticamente
tampoco soy el risueño demócrito que llena de alegría la casa del hombre
y a lo lejos veo un casa y el enano con gorro verde ordena
ve dale acaba de ir antes de que se te pase la morfina ve dale acaba de ir que te está esperando la alegría en la casa del hombre
la casa del hombre

ahora quisiera dibujar las palabras para que no solo las escuchen para
que las vean para que incluso las palpen
«casa del hombre» es una frase
«alegría en la casa del hombre» no lo es
«casa del hombre» me da que es un trasto tan abstracto como parís
«alegría en la casa del hombre» me da ganas de correr llegar tocar a
la puerta y que se abra y que se asome al fin un hombre alegre
¿qué se le ofrece?
se me ofrece conocer al hombre alegre de la casa alegre
aquí no es
el feliz no se da cuenta de su felicidad
que aquí no vive
el que participa de la epifanía tampoco sabe que anda epifánico
¿cree que me gusta tener la puerta abierta? ¿se va o entra? entra
¿tan pronto?
¿qué pasa ahora?
pensaba que íbamos a tener una discusión interminable
no me sobra el tiempo
¿de verdad puedo?
que acabes de entrar
imaginaba una casa morfiniana de muchos colores y la casa es un
silencio blanco con una sola ventana blanca por donde se ve un cielo
blanco si hasta el piso es una plasta blanca
¿cuál es el problema?
me dieron mal la dirección aquí no hay alegría
«alegría en la casa del hombre» no quiere decir ni que yo carcajee
ni que la casa tenga cosquillas pero tenga fe ¿no sabe lo que es tener
fe? cuando a la alegría se le ocurra aparecer aparecerá ¿entiende? y le
advierto que nunca viene por mucho tiempo ¿me entiende o no me
entiende? la alegría siempre es momentánea ¿o cómo pensaba que
era la cosa? no se haga ilusiones ¿por lo menos me está escuchando?
la alegría no es sinónimo de felicidad mal que le pese a demócrito
¿se siente bien? ¿se siente mal? ¿no se siente ni bien ni mal? ¿quiere

sentarse? es una frase hecha porque en la casa del hombre no hay asientos no hay descanso
¿la muerte también es momentánea?
sabía que íbamos a nombrar a la calva
¿es momentánea?
¿no te das cuenta que es una pregunta tonta?
me engañaron tu casa es la misma mierda que hay donde quiera y tú eres un recomemierda
no logrará ofenderme yo tengo un coeficiente de humillación altísimo ¿no me cree? a mí no se me humilla ni aunque me escupan en el ojo
quizás llegué demasiado temprano o demasiado tarde
¿a usted lo trajeron triste de parís o se fue entristeciendo con el tiempo? ¿o usted arrastra un viejo disgusto con los reyes magos desde su más tierna infancia por culpa de un carrito de cuerdas? a mí no me parece que esté buscando alegría ¿de verdad qué busca?
que me diga qué busca
la epifanía
¿la epifanía así a seca o la epifanía de los reyes magos o la epifanía con cangrejo al fondo?
la epifanía
suena mejor «epifanía del cangrejo»
la epifanía porque el cangrejo ya va conmigo
no coja ese encabronamiento por gusto ¿quiere un consejo? empiece por sonreír antes de decir la palabra «epifanía»
epifanía
no
epifanía
salió mejor
usted es el que no entiende
¿qué me falta por entender? quiero decir ¿qué me falta por padecer? vivo en una tragedia
la simple posibilidad de la muerte no es ninguna tragedia ¿o aquí alguien queda para semilla? da igual estéril que no, ¿quiere un consejo? mi consejo es que acepte el diagnóstico pero jamás el pronóstico

¿me escucha? si abandona la fe no viene la muerte ¿sabe que viene?
si abandona la fe viene algo peor que un choque
¿de qué está hablando?
vives
por ahora
estás vivo
usted es el que no acaba de entender
nosotros no acabamos de entender
¿nosotros?
yo soy tú y tú eres yo
vamos vamos vamos
es así es así es así
un cuento incaico
tengo dos noticias
una buena y otra mejor
hacía siglos que no me llegaba noticia que valga la pena
dirán que al fin escampa porque ya era más que demasiado el asunto
del cangrejo
la buena noticia es que cualquier espacio
este sin ir más lejos
contiene todos los espacios imaginados y por imaginar
pobres empeños postdramáticos y no-ficcionales y desfabulantes
el espacio más simple
este es bastante simple
incita y la incitación no puede vivir sin su peculiar tira y encoje
por ejemplo
ahora en este espacio soy un actor peruano que trabaja en el cuzco
a más de tres kilómetros sobre el nivel del mar
a esa altura de vértigo casi no se puede respirar y el actor peruano
que soy está mal respirando y bien representando a un chasqui que
es una especie de mensajero
qué sería del teatro sin mensajeros
¿cómo lograban los chasquis por estas cumbres de ahogo mantenerse
corriendo por más de dos minutos no ya por todo un día?

y la piedra rodante que no acumula musgo llamada chasqui
que es el actor peruano que soy yo
llega con la mala nueva de una muerte
siempre la muerte que gira que nos roza que no quiere seguir de largo
la mala nueva del chasqui-actor peruano-yo no es la muerte del
inca sino mi muerte que es la del actor peruano que es la del propio
chasqui
la catástrofe múltiple y una queda clara porque la luz se estremece
o hace algo que podemos llamar un estremecimiento que abarca al
cuzco al tahuantinsuyo al mundo y al teatro que lo contiene todo
anjá
muy bien ese efecto
los dioses tutelares con pachamama a la cabeza se preparan
aclaro que pachamama es muy buena persona pero a veces agarra
unos vértigos y le baja un encabronamiento terrorífico por cualquier
cosa por nada porque sí
en fin que pachamama es irascible y summa de equivocaciones y
naderías y padece de esa compulsión que la fuerza a hacer lo incon-
veniente como pasa con todos los dioses
el caso es que pachamama decide sobre la vida y la muerte y lanzan
un tronco descomunal contra el chasqui que es el actor peruano
que soy yo
oh lamentación de lamentaciones todo es lamentación
el tronco descomunal se avecina
oh *momento mori non desiderato* porque el chasqui estaba al coger
vacaciones como el actor peruano como yo para «alentar en la paz
de estos desiertos / con pocos pero doctos libros juntos / y entrar a
conversar con los difuntos / y escuchar con los ojos a los muertos»
porque los tres que somos uno pretendíamos vacacionar letradamente
aunque el chasqui no sepa leer y el actor peruano sea disléxico y yo
siento que cada día soy más analfabeto
el trancazo del tronco descomunal no nos lo quita nadie
entonces yo en un rapto de desesperación agarro la primera llama
que encuentro

en los andes hay cualquier cantidad de llamas a mano
el actor peruano coloca a la llama de modo conveniente
las llamas son de una docilidad insultante
y el chasqui rompe a llorar heraclitianamente
«mutter ich bin dumm» dice a la llama el chasqui que le mete al alemán en la misma costura
«madre soy tonto» traduce a la llama el actor peruano
y yo punto en boca porque el tronco descomunal abalanzándose me deja mudo
pero el trancazo del tronco descomunal se lo lleva la llama que se muere que se apaga que es borrada del mapa del espacio hasta de la memoria
remordimiento a perpetuidad en el chasqui en el actor peruano en mí porque somos medio ecologistas medio protectores de animales medio esas cosas
¿qué hubiera cambiado en el mundo si el tronco descomunal nos da de lleno y apaga nuestra llama y no la llama de la llama?
la muerte es una jugada cantada que se precipita o se demora
la muerte no es presuntuosa sino dueña
la muerte la distrae un quirófano carnicero o un animal llamado llama pero por poco tiempo
y esto que digo da pie a lo que sigue
y hechos versus substancia y final
¿quién decide entre dos males cuál es el peor y lo escoge? ¿los hombres? ¿los hechos?
los hechos
¿o no son los hechos los que desmundan el mundo?
hechos como troncos abalanzándose tienen la fuerza de lo contundente
pero de eso no se trata ahora
que acuda a mi auxilio la luz de la razón
y lanzo mi sonda y doy con un objeto cualquiera
los objetos son inútiles a perpetuidad
llámense quirófano carnicero o tronco descomunal

¿qué diferencia hay entre bisturí que te abre como un puerco o golpe
que te hace papilla? los dos son par de siervos de la muerte
los objetos son otra cosa los objetos nos confunden los objetos parecen diferentes
los objetos son legión pero todos iguales
pobre del que no le quede claro o la realidad se le vuelve tarequera
si los objetos se quitaran las máscaras una cuchara sopera y un cohete espacial tendrían el mismo rostro
lo mismo pasa con los hechos
no hay dos hechos diferentes
de ahí que la realidad no sean las cosas no sea lo que se ve no sea este gesto que hago con mi mano
tampoco la realidad es lo que sucede
gracias a la monotonía de los objetos y los hechos gracias al páramo desierto que suponen queda desbrozado el camino para
¿lo digo? ¿o ya se dieron cuenta?
prepárense para la mejor de las noticias
la idea que andaba cocinando está lista para servir
ah
este «ah» es de encantamiento porque precede lo que diré enseguida
voy a repetirlo para que lo aprecien
ah
ah qué agradable palpar la substancia
les sirvo con alegría la substancia
véanla
la substancia es morfínicamente colorida y suena y es cosa sólida aunque sin peso y no se agita antes de usarse y nos seduce con su forma sin forma y en ella no cabe ni tronco ni quirófano ni cuchara ni cohete ni accidente ni la madre de los tomates
la substancia nada tiene que ver con el estado de las cosas que es simple tumulto
¿y cuál es el alma de la sustancia?
la epifanía
con la epifanía hemos topado

gracias a la idea servida la tenemos bien sujeta
oigan como suena ahora
epifanía
¿no la respiran?
epifanía
deja de llorar como un condenado heráclito
deja de reír como un poseso demócrito
y el triunfo de la epifanía es el triunfo de la fe
no de cualquier fe no del ponerse para la fe
a estas alturas eso debe estar más que claro
disculpen pero soy un sentimental
yo no sirvo para el postdramatismo
uno corre y corre peor que un chasqui pero la fábula te alcanza te
agarra por el gaznate te restriega la historia a contar en las narices
te escupe un sentido
aquí la idea aquí la substancia aquí la epifanía
no es que sea un sentimental es que verlas es una proeza
ya ya pasó ya ya
hay que terminar
terminemos y salgamos con la proeza en el alma con la seguridad
de que aquí durante este tiempo compartido ocurrió
no es poco percibir el canto de la epifanía en el alma
conserven el tesoro que acabamos de encontrar
ahora los dejo
muerte ¿qué estás esperando? vamos vámonos
vámonos muerte no como cuervo que va a fecundar la cuerva
haz tu trabajo acaba
lleguemos juntos a nuestra epifanía particular a la epifanía del cangrejo
los dejo
me voy del brazo de la muerte
todas las noches me voy del brazo de la muerte todas las noches
actúo por última vez y salgo del brazo de la muerte todas las noches
pienso que mañana no voy a regresar porque la muerte no me dejará

regresar porque yo mismo no voy a soportar regresar a una noche más diciendo todas las noches me voy del brazo de la muerte pero sépanlo sepan sépanlo bien que todas las noches del mundo quisiera decir por última vez por una y otra y otra falsísima última vez todas las noches me voy del brazo de la muerte.

www.ingramcontent.com/pod-product-compliance
Lightning Source LLC
Chambersburg PA
CBHW020828160426
43192CB00007B/563